名师名校名校长

凝聚名师共识
回应名师关怀
打造名师品牌
培育名师群体

名师名校名校长书系

翻转课堂校本化研究

广东省教育科学"十二五"规划项目"构建翻转课堂,促进学生主体发展的教学改革研究"(批准号:2015YQJK177)的研究成果

梁哲 ◎ 主编

吉林人民出版社

图书在版编目（CIP）数据

翻转课堂校本化研究/梁哲主编. — 长春：吉林人民出版社，2019.9
（名师名校名校长书系）
ISBN 978-7-206-16365-4

Ⅰ.①翻… Ⅱ.①梁… Ⅲ.①课堂教学—教学研究 Ⅳ.①G424.21

中国版本图书馆CIP数据核字（2019）第207006号

翻转课堂校本化研究
FANZHUAN KETANG XIAOBENHUA YANJIU

主　　编：梁　哲　　　　封面设计：姜　龙
责任编辑：葛　琳
助理编辑：王璐瑶
吉林人民出版社出版发行（长春市人民大街7548号　邮政编码：130022）
印　　刷：北京虎彩文化传播有限公司
开　　本：787mm×1092mm　　1/16
印　　张：16　　　　　　　字　　数：288千字
标准书号：ISBN 978-7-206-16365-4
版　　次：2022年6月第1版　　印　　次：2022年6月第1次印刷
定　　价：40.00元

如发现印装质量问题，影响阅读，请与出版社联系调换。

致 谢

本书的出版是为了把课题研究成果进行全面梳理,以便进一步推进研究,让研究成果得到推广和应用。首先,本人根据课题研究方案,撰写了书稿的总体框架并组织了编委会。编委会成员的工作是把课题研究期间老师们的研究成果和文字资料进行收集、归类并一一署名。编委会成员工作效率很高,短时间内就圆满完成了任务,各位老师认真严谨的工作态度深深感动了我。其次,本书出版得到了北京三名书系编辑部张艳青主任和吉林人民出版社编辑的悉心指导。本书的完成有赖于很多人的支持和帮助,在此一并深表感谢。

主　编: 梁　哲

副主编: 林向翀　姚洪霞

编　者: 葛芬芳　罗俊松　杨　文　蔡树献　罗子芬
　　　　　邓晓鹏　戴文庆　张玉英　周春连

学校需要一个顶层性的课堂教学改革总体设计。2015年8月我设计的课题"构建翻转课堂，促进学生主体发展教学改革研究"被广东省教育厅批准为教育科学"十二五"规划项目立项（批准号为2015YQJK177），这是本校第一次有了省级教科研课题。经过近三年的探索，研究取得了预期成果。

"翻转课堂"是从美国传入我国的一种新教学模式，它有三个特点：一是教学流程由学生学习、教师指导、师生共进三个主线交互进行；二是信息技术与教学深度融合；三是教学结构主要由课前学习和课堂学习两部分组成。根据"翻转课堂"的理论、方法、技术等元素和本校的实际，重构本校的课堂教学结构为"一模式，两样态，N形式"的新课结构。这是基于翻转课堂理论、教育信息化的趋势，并立足于本校的实际而重构的新的课堂教学结构，从而使翻转课堂教学改革实现校本化，避免了我们的教学改革出现水土不服的被动情况。

"一模式"即课堂教学"两段七步"教学操作程式：第一段是课外预习——学生自主学习与建构。要求学习目标明确、具体、可达到，编发的《学习任务清单》要求合适、可行、可做完。第一段有三个步骤：一是学生自学，研读教材（教科书、微课等），消化教材；二是学生自测，完成《学习任务清单》（课本习题、学习案）；三是学生结疑，学生记录疑惑和问题或者准备分享课外预习的成果。第二段是课堂学习——师生协作学习。要求课堂呈现出"师教生，生教生，生促师"的氛围，知识学习的难度、深度和广度调控适合学生实际能力。第二段有四个步骤：一是评判。适宜的测试题检测和评价学生课外学习结果；二是分享，释疑。分享学习经验和成果；三是梳理。整理所学内容，形成自我知识系统；四是明确新任务。清楚预习新课的学习任务和要求。

"两样态"就是两种课堂教学形态。一是无信息技术支撑的翻转课堂教学，由于信息化设备和信息技术保障不足，部分教师的信息化素养有所欠缺，所以在一些班级里，教师指导学生通过纸质的《学习任务清单》，借助传统的媒体开展课堂教学活动。二是基于信息技术的翻转课堂。我们在大多数的班级里，教师指导学生借助平板电脑或手机，通过电子的《学习任务清单》，利用微课和信息技术媒体，形成学生"线上线下学"的新的课堂教学方式，实现信息技术与课堂教学的深度融合。

"N形式"是教师根据学科和个人实际对"两段七步"教学过程进行适当的或增或减的调整，同时，也可以从无信息技术支撑的"翻转课堂"和基于信息化的"翻转课堂"两种教学样态中，选择自己喜欢的教学形式实施教学，也就是有N个学科、N个教师，就有可能出现N种不拘一格、形式多样的教学风格和教学组织形式。

"一模式，两样态，N形式"的教学形态是我校新课堂教学结构形式，实质上，它是对现有的课堂教学结构的重构，并具有学校特色。在我们的课堂里，教师通过编设"学生学习任务清单"、创新教学设计和教学案、改革教学操作过程、教学与信息技术深度融合、加强师生互动、发挥学生"小老师"作用、调动学生主体学习积极性等，使教学更加契合学生的实际和教育信息化的要求；改革教学管理制度、开展教学比赛和展示、鼓励师生研讨反思、构建新的课堂教学评价体系等措施和机制，使得课堂教学改革的目的、愿景、任务、措施等落到实处，从而使课堂教学改革取得实实在在的效果，课堂教学的面貌发生根本性的变化，进一步促进了教师的教科研能力等方面的专业发展，学生的主动全面发展得到加强。近三年来，学校先后被评为"全国青少年校园足球特色学校""中国教育信息化教学示范学校""广东省基础教育研究实验基地学校""广东省信息化中心学校""广东省依法治校示范学校""广东省校园足球推广学校""广东省书法教育名校""湛江市教育信息化示范学校""湛江市高考先进单位""湛江市安全文明校园""湛江市特色文化校园"等，办学特色逐步鲜明，综合实力明显增强；获准建立了三个"湛江市名教师（班主任）工作室"，一批教师获得高级、中级职称和省、市级的奖励，教师队伍素质明显提升；教科研课题实现零的突破后，教师们申报获批的省、市级教科研课题增加到26项（其中省教育厅批准的有5项），涵盖全部学科，校本研修逐步成为教师专业发展的习惯行动，校本课程开发建设工作获省一等奖；学生参加各类各级比赛或评比都获得奖励，高考升学率达到90%，连续四年受到湛江市教育局奖励；每年报考本校的初中毕业生越来越多，录取分数线逐年提高。总之，课题研究的作用和影响是多方面的，学校的跨越式发展和内涵质量发展取得明显成效，特别是教育信息化工作及其成果走在全省前列。

学校发展进步的因素很多。但是因为有了改革，有了课题研究的推动，有了全体师生的积极参与，学校的发展才会出现跨越。改革是第一推动力，发展是第一要务。改革在路上，发展不止步。本书是老师们在课题研究中所思所行而积累起来的主要阶段性成果选编，研究工作持续进行，以后的研究成果会越来越丰富。对此，充满期待。

　　是为序。

梁 哲

2018年10月16日

第一章 重构课堂教学模式

第二章 学生学习任务清单

语文《阿房宫赋》学习任务清单 …………………………………… 19

化学《弱电解质的电离平衡》学习任务清单 ……………………… 25

《化学能转化为电能》学习任务清单 ……………………………… 28

英语《B4 U4 Reading》学习任务清单 …………………………… 32

英语《Reading——Apioneer for all people》学习任务清单 …… 35

通用技术《步入设计的殿堂》学习任务清单 ……………………… 38

《匀变速直线运动与汽车行驶安全》学习任务清单 ……………… 41

数学《椭圆及其标准方程》学习任务清单 ………………………… 43

数学《倾斜角与斜率》学习任务清单 ……………………………… 46

生物《物质跨膜运输的方式》学习任务清单 ……………………… 50

生物《降低化学反应活化能的酶》学习任务清单 ………………… 54

《大气的热状况与大气运动——热力环流》学习任务清单 ……… 57

政治《市场配置资源》学习任务清单 ……………………………… 61

信息技术《FLASH 片头动画的制作》学习任务清单 …………… 65

第三章 教学新设计

《虞美人》教学设计 ………………………………………………… 69

《高三英语话题词汇复习》教学设计 ……………………………… 73

《作用力与反作用力》教学设计 …………………………………… 76

《报刊类文本信息的加工与表达》教学设计 ……………………… 82

1

第四章 教学新案例

- 物理《测量分子的大小》教案 …………………………………… 91
- 《多彩的华夏之音——戏曲篇（京剧）》教案 ………………… 95
- 政治《新时代的劳动者》教案 …………………………………… 98
- 《氧化还原反应》教案 …………………………………………… 100

第五章 思行翻转课堂教学

- 促进学生自主学习课堂教学的新探索 …………………………… 107
- 基于"翻转课堂"的年级管理改革实践 ………………………… 114
- 把好"四大关"尺度初探"翻转课堂" ………………………… 117
- 高中数学翻转课堂的实践与反思 ………………………………… 119
- "翻转"的花儿慢慢开 …………………………………………… 121
- 翻转课堂教学模式在高中历史教学运用中的反思 ……………… 126
- 翻转课堂教学的思考 ……………………………………………… 129
- "翻转课堂"教学反思 …………………………………………… 131
- "翻转课堂"教学改革的认识与实践 …………………………… 133
- 初试翻转课堂教学改革 …………………………………………… 135

第六章 教学应用信息化

- 基于教育信息化的"智慧课堂"实施方案 ……………………… 141
- 手机进课堂：智慧课堂的另一种范式选择 ……………………… 146
- 智慧课堂范式的建构与实践 ……………………………………… 150
- 手机课堂的作业布置、交收、批改和质量评价 ………………… 155
- 手机课堂备课与传统课堂备课的同与不同 ……………………… 159
- 手机课堂教学过程设计与传统课堂教学过程设计的同与不同 … 165
- 激发高中学生学习信息技术课兴趣的实践研究 ………………… 171

第七章　教师谈课堂教学改革

与课改同行　与成长相伴 …………………………………………… 177
基于翻转课堂的微课应用模式探索 ………………………………… 180
浅谈翻转课堂在非重点高中英语教学中的应用 …………………… 182
"翻转课堂"教学模式在高中化学教学中的应用 ………………… 192
谈历史翻转课堂如何促进学生主体意识的养成 …………………… 195
"翻转课堂"的语文教学策略和实效 ……………………………… 199
"翻转课堂"理念下高中英语《学习任务清单》编写及课堂实施策略 … 204
"翻转课堂"背景下学生地图意识的培养 ………………………… 208
"翻转课堂"教学模式如何应用于体育课教学 …………………… 210

第八章　学生谈课堂教学改革

"翻转课堂教学"学生谈 …………………………………………… 216

第九章　教学管理制度改革

《构建"翻转课堂",促进学生主体发展的教学改革研究》实施方案 …… 225
《学生自主管理能力培养实施方案(试行)》 ……………………… 232
"变脸"我们的教学工作检查 ……………………………………… 234
湛江市爱周高级中学手机课堂教学评价表 ………………………… 236
湛江市爱周高级中学课堂教学评价表(文科试用) ……………… 237
湛江市爱周高级中学课堂教学评价表(理科试用) ……………… 238
湛江市爱周高级中学课堂教学评价表(技术科试用) …………… 239
湛江市爱周高级中学课堂教学评价表(艺体科试用) …………… 240
湛江市爱周高级中学学生课堂学习评价表(学生互评试用) …… 241

第一章
重构课堂教学模式

如何革新我们的课堂教学，策略技术和方法很多，但必须有一个顶层设计来统领。我们选择"翻转课堂"的理念、方式、方法，结合我们学校的实际，应用信息技术来总体设计我们的新课堂形态，构建"两段七步"的教学模式，促进信息技术与课堂教学的深度融合，从而全面改革、改进我们现有的课堂教学的方式、方法，在使课堂教学提质增效的同时，实现教师的专业发展和学生的自主发展。

一、从实际出发改革和改进课堂教学

随着信息技术在教育领域的深度融入，我们的学习方式、生活方式、交往方式都发生了深刻的变化。发端于美国的"翻转课堂"教学改革在我国学校中受到越来越多的重视。国内教育研究者和学校在对"翻转课堂"的起源、演变、教学模式创新和课堂应用等方面取得了很多的成效和经验，也指出了翻转课堂实施过程中所面临的种种挑战。这些为我们实施翻转课堂教学改革提供了借鉴。2015年秋季开学伊始，我校开展翻转课堂教学改革研究，其主要基于如下因素：

（一）实施"翻转课堂"是学校转型发展的需要

我校是一所迁建的综合高中，校园面积比较大，校舍新，但是作为市直属中学，又是一所薄弱学校。薄弱表现在：学生不但知识基础较薄、学习态度差，而且被动学习、厌学；大多数教师在课堂上一讲到底、满堂灌，缺乏学法指导，学生累，教师更累，传统教学方式使学校的教学质量和办学效益一直处于低位和落后状态。经上级批准实施的学校《十年发展规划》提出，学校要跨越式发展成为"优质综合高中"目标。因此，更新教育教学观念，构建新的教学组织形式，改变原有的师生角色关系，对课堂的结构、时间分配等进行重新规划，增加生师间的互动和个性化沟通，最大限度地激发学生的学习主动性，增强学生的自主学习能力和合作探究能力等，势在必行。"翻转课堂"就成为我们深思熟虑的不二选择。

（二）实现教学加工能力与质量"低进高出"的需要

我校的生源大都来自县镇级农村中学，学生不但成绩较差，学习方法、学习兴趣、思维能力、表达能力、合作能力、实践能力等综合素质都和优质生源有着一定的差距。《国家中长期教育改革和发展规划纲要（2010—2020年）》指出，教育要进一步转变教育思想，改革教学内容和教学方法，加强基本知识、基础理论和基本技能的培养和训练，重视培养学生分析问题和解决问题的能力，注意发现和培养有特长的学生。总而言之，就是要实施素质教育，培养学生的创新意识和实践能力。翻转课堂的实践方式是多元化、个性化的。其根本原因就在于学校是活生生的个性化的实践者的组织，有着个性化的生源与教师专业发展现状方面的差异。我校实施"翻转课堂"，不是照搬已有的经验，而是立足于本校的实际，以完善学生的人格成长、促进学生的主体发展、全面提高学生的素质为目标的教学改革，创造让学生健康成长的时间和空间。

（三）探索适应信息时代要求的学习方式的需要

教育部印发的《教育信息化十年发展规划（2011—2020年）》指出，教育信息化发展要以教育理念创新为先导，以优质资源和信息化学习环境建设为基础，以学习方式和教育模式创新为核心。基于电子书包、微课程、手机微信、课堂交互平台、学习终端等信息技术支持下的"翻转课堂"，能够充分尊重学生的个性，使信息技术与课堂教学深度融合，让学生主动学习、自觉学习、高效学习和先学后教、以学定教等成为教学的基本要求，"线上学、线下学、随时学"成为学生在信息时代的重要学习方式，使教育信息化能够在我校落地、生根和结果，信息化教学特色鲜明、突出。

改革实践表明，我校的翻转课堂教学改革能够促进教师的专业成长和学生的自主发展。具有我校特色的翻转课堂教学模式——"两段七步"教学模式，符合新课程改革理念和学生发展核心素养要求，能够多方面、多角度地推动教学工作的整体改革，是师生喜欢的高效课堂教学模式。它促进了教研组的建设和教师专业成长，创新了教学管理，生成了我校的新型课堂组织形式，使师生在课堂上的互动常态化；同时，有助于我们探索学生核心素养在课堂上如何落实，促进学生素质全面发展，为同类学校的课堂教学改革提供新的借鉴和参考。

二、教学改革需要理论支撑

从实际出发，构建我校翻转课堂教学改革的整体性运作框架，需要科学的理论指导。我们主要借鉴如下理论，以支撑我们构建"两段七步"教学模式的探索过程。

首先是元认知理论和最近发展区理论。元认知是美国心理学家弗拉维尔提出的，主要是指对个体的认知活动中知识、体验及行为进行调节和监控的过程，是人类对认知的自我认知。对于学生来说，元认知主要是指学生对自己的学习活动所进行的自我意识、评价与调控。它是帮助学生自我调节各自学习、养成自学习惯的理论，能够培养学生的创新思维和自主学习能力，促进学生自主学习效果的优化和完善。在"两段七步"教学中，学生在课前自定步调、自定学习时间和学习地点来完成基础知识的学习，自主学习时如何对自己的学习过程进行监控、如何对自己的学习过程及学习结果进行评测等都属于学生元认知的范畴，并且课堂中的知识内化部分也离不开学生元认知内驱力地推动和促进。最近发展区理论是指个体独立分析、解决问题的实际水平与潜在水平之间所存在的差距。实际发展水平是指学生已具有的、较为成熟的、独立解决问题的能力；而潜在发展水平则是指个体在现有能力的基础上，借助一定外在条件便能完成任务的机能水平。因此，最近发展区是指那些稍微超出现有水平的、有成熟潜在机能的区域，即个体能力发展的最近一个区域。在"两段七步"教学中，课前，学生预习的内容和练习的问题难度是在学生的实际发展水平之内的；而课中，学生学习的知识和解决的问题往往有一定难度，超出了学生的实际认识水平，学习者一般需要通过同伴的协作帮助、老师指导或相关资料的支撑才能顺利完成，这一部分内容的学习属于学生的潜在发展水平。

其次是建构主义理论和自主学习理论。建构主义强调世界的客观性，主张由个人自己决定对世界意义的理解。它指出学习是指学生以自己已有的知识经验为基础，通过与外界事物的相互作用，主动获取、建构新知识的内在心理表征过程，而不是被动地、机械地、原封不动地把知识从外界搬到记忆中。基于建构主义的教学，以学生为中心，为学生提供自主学习的素材，强调以问题为核心的驱动学习，重视协作学习的重要性，鼓励由学生自己完成对新知识的意义建构。我们的翻转课堂教学模式充分体现了建构主义思想理念，"两段七步"教学强调，教师在课前布置《学习任务清单》，指导学生自主学习和完成相关的学习任务，实际上是把知识学习的自主权和决定权交给学生；而课堂学习环节是以开展学习活动为主，帮助学生完成新知识地掌握与巩固。在这个过程中，教师则为学生的学习提供个性化的帮助。经过两个阶段的学习，学生已基本能完成对新知识的意义建构。按照自主学习理论把学习自主权交给学生，并由其自己确定学习路径、选择学习方式、监控学习过程、评价学习结果的过程，具有自立性、自为性和自律性三个特性。这充分说明了学习归根结底是由学生自己去完成，学生可以决定自己的学习过程、学习进度及学习方法等，能够自己主宰自己的学习。在"两段七步"教学中，无论是在课前知识预习环节，还是在课堂知识内化环节，都是把课堂学习的自主权交还给学生，让学生成为学习的主人，充分体现了自主学习理论的实际应用。

最后是协作学习理论。目前，世界各地的知名学者从各个方面研究和实践协作学习理论，虽然他们表述的协作学习定义有所不同，但都从一定程度上揭示了协作学习的内涵，即在一定教学目标的引导下，借助小组合作互助形式进行学习。在"两段七步"教学中，学生必须组建学习小组或者主动组成动态学习小组，开展协作式学习。协作学习能够增强学习者学习的主动性，培养学生的集体意识；当学生遇到疑问时，就会通过学习小组或者主动组成动态协作学习小组，相互交流，各抒己见，协同完成知识结构的构建，而那些难度特别大的疑难则是在教师的指导下完成的。协作学习增强了学生之间的团队协作意识，提高了学生独立思考和独立解决问题的能力。

三、教学新样态的创建

（一）构建"一模式，两样态，N形式"的新课堂

我们的翻转课堂与众不同，可以概括为："一模式，两样态，N形式。"一模式就是"两段七步"教学；两样态就是无信息技术支撑的翻转课堂和基于信息技术的翻转课堂；N形式就是教师可以根据实际选择适合的教学样态和形式，教学风格

不拘一格。这是基于翻转课堂教学的理论观点、学校的实际和教育信息化的发展趋势而设计，从而实现翻转课堂的校本化。

"两段七步"教学模式是这样的：第一段是课外预习——学生自主学习与建构。要求学习目标明确、具体、可达到，编发的《学习任务清单》要求合适、可行、可做完。第一段有三个步骤：一是学生自学，研读教材（教科书、微课等），消化教材；二是学生自测，完成《学习任务清单》（课本习题、学习案）；三是学生结疑，学生记录疑惑和问题或者准备分享的课外预习成果。第二段是课堂学习——师生协作学习。要求课堂呈现出"师教生、生教生、生促师"的氛围，知识学习的难度、深度和广度调控以适合学生的实际能力。第二段有四个步骤：一是评判。适宜的测试题检测和评价学生课外学习结果；二是分享，释疑。分享学习经验和成果；三是梳理。整理所学内容，形成自我知识系统；四是明确新任务。清楚预习新课的学习任务和要求。

课堂教学"两样态"是这样的：一是无信息技术支撑的翻转课堂教学。因为信息化设备投入有限，信息技术保障不足，所以在一些班级里，教师指导学生通过纸质的《学习任务清单》，借助教材、教辅等开展自主学习活动，从而提高学生自主学习的主动性和个性化学习能力、合作探究能力，形成基于传统教学媒介的"翻转课堂"教学模式。这个教学方式可能经历一段时间后，会逐渐退出课堂。二是基于信息技术的翻转课堂。我们在一些班级里开展"平板电脑课堂"或"手机课堂"教学，教师指导学生通过电子《学习任务清单》，借助微课、信息技术与课堂教学深度融合，实施让学生"线上线下学"的信息化教学新方式，有了比较快的发展，取得初步成果。我校已完成了教育信息化的基础设施建设，实现了光纤直通课室和教学区无线Wi-Fi的全面覆盖，每个课室安装新多媒体教学平台，并且允许学生自带智能设备包括手机到课堂学习，让课堂教学与信息技术深度融合，实现网络化环境下的云课堂教学。信息技术融合教学的新教学方式将会成为今后课堂教学的主要方式。

我们翻转课堂的核心思想是"先学后教，以学定教"，只要教师的教学设计恪守该教学理念，即使没有基于网络环境下某种设备的平台支撑，凭借纸质的《学习任务清单》也一样可以实施翻转课堂的教学，实现翻转课堂的预期效果。例如：高中英语阅读课第二课时《语言知识点的教学》，在传统的教学模式中都是教师在课堂上讲解词汇、短语、句型的用法，学生忙于记笔记，根本没有时间吸收、内化知识。在翻转课堂教学模式中，教师首先梳理、罗列好教材中的语言知识点，提前编写纸质的《学习任务清单》，把教学内容转换为学习资源和自学任务，再进行适当的学法指引，让学生明确学什么、如何学，初步理解新知，完成《学习任务清单》中与这些知识点相匹配的中低难度自测题，评价自己学得如何，并记录自学过程中的问题与困惑。教师在上课前最少要抽查、批改两个小组的纸质《学习任务清单》，及时了解学情，第二天在课堂上有针对性地引导学生协作解决共性困惑，然后再安排句子翻译、口头作文等进阶训练，并安排以小组为单位进行展示与评价，学生展示过程中会生成新的问题，教师可通过指导点拨、再设情境等方法解决问题。这样的翻转课堂为学生进一步练习和应用知识释放了一定的课堂时间，同时也可以让教师清楚地了解到学生学会了什么、还有什么没学会、还要在哪些方面进行延伸指导，真正落实了"以学定教"。

诚然，借助信息技术的力量实施翻转课堂教学更能适应时代的需要，实现翻转学习效果的最大化。我们采用平板电脑或手机开展云课堂教学，积极探索信息技术与课堂教学的融合。例如：在高中数学《基本不等式的实际运用》教学中，教师对基本不等式变形公式及其实际运用案例进行充分全面地解读，编写好电子《学习任务清单》、录制好三个包括重点和难点知识的微课，然后把微课和《学习任务清单》发送到Aischool"教学中心备授课一体化教学平台"让学生预习。学生课前登录教学平台，根据教师发布的电子《学习任务清单》的要求，观看微课视频，进行自主学习，然后在网络平台上做自学检测题并提交给老师（或者同学），学生通过平台反馈结果进行再学习。第二天上课时，教师会根据学生提交作业的错误率和错误答案评价学生自学的情况，引导学生合作交流，解决疑惑，然后教师借助教学平台的教学资源与教学功能，设计练习推送、研讨、游戏、画思维导图、投票、展示等多种形式的教学活动来巩固、运用与不等式相关的知识，检测学生对所学知识的掌握情况和运用能力，实现有信息技术支撑的翻转课堂教学。目前，基于智能手机为学习终端的云课堂翻转课堂教学模式逐渐受到教师和学生的喜爱，借助希沃助手、UMU互动平台、微信、猿题库、百词斩、沪江开心词场等各种实用应用软件，不但可以囊括各种高效的学习资源，微课录制、课件制作、资源推送、作业提交、统计、互评、检测等各种备课、上课功能一应俱全，信手拈来，为信息技术下的翻转课堂教学提供了方便实用的教学工具。

N形式的意思是："两段七步"教学模式，是一个统一性的名称或者说是一个基本的教学操作框架，教师在具体的课堂教学过程中，可以根据学科内容特点和个人实际，对"两段七步"教学过程进行适当的或增或减的调整，但是要自圆其说；同时，老师们也可以从无信息技术支撑的翻转课堂和基于信息化的翻转课堂两种教学样态中，选择自己喜欢的教学形式实施教学。所以，有N个学科、N个教师，就有可能出现N种不拘一格的形式多样的教学风格和教学组织形式。

（二）"两段七步"教学模式的本质和要求

"两段七步"教学模式，本质上是要翻转教师和学生的地位。传统的课堂，教师是教学的主体，学生是被体，学生总是被动地接受教师讲授的知识，学生无法自主学习，一切尽在教师的掌控之中。翻转课堂模式中，学生是主体，学生在课前充分预习和自主学习新知识，在课中根据预习的情况，提出问题，分享收获；教师通过与学生的互动即时了解学生在学习过程中的困难、问题，并给以针对性地引导和辅导。同时，传统的课堂，学生主要是通过教师的课堂教学来学习、吸收知识，然后在课外通过做作业的形式内化知识，学生有困难和问题难以及时得到帮助和解决。翻转课堂模式中，学生通过信息技术和《学习任务清单》，预习课本，一定程度上掌握新知；教师通过网络和批改学习清单，了解学情，在课堂上就能有针对性地教学，解决问题，学生的困难和问题在课堂上得到及时有效地解决，这就把原来的课上吸收、课下内化翻转为课下吸收、课上内化，大大提高和巩固了学生的学习效率。

  "两段七步"教学给学生创造进行自主学习的时间和空间并保证能够被学生充分利用，让学生有学习选择的权利，可以自主学习。因此，教学活动必须做到三点：一是教学目标具体。教师必须编写《学习任务清单》，落实因材施教、先学后教、以学定教、教学互动等教学原则；学生按照《学习任务清单》的要求，在课前预习中带着问题学，带着任务学，有目标地学，清楚地知道如何学、学什么、学到什么程度。教师编写《学习任务清单》首先要深入研读课程标准、教科书和教学参考书，分析学生的学科能力基本情况，以学生的"最近发展区"为目标，确定《学习任务清单》的具体内容。在这个基础上认真编写清单的各项内容，包括学习目标、学法指导、知识梳理、重点难点疑点解释（纸质的或微课视频的）、自测题、成果展示要求、我的疑惑、自我小结等。学习目标要具体、适宜和可达到；学法指导要具体、管用、示范性强；知识梳理要有条理、完整、主次分明；重点难点疑点解释要针对性强、化繁为简；自测题的知识和能力要素的覆盖面要大、难易适中、检测性强；成果展示要求要具体、明确、全员参与；疑惑和小结要问题化、要点化、明确、简洁。二是能者为师。学生的老师不仅仅是老师，班中的每一个同学都可以是老师；遇到不懂的问题、困惑时，小组或班中有一个懂的，就让这个懂的来当老师，同学们合作学习，协同学习；互相帮助，互相促进。三是以学定教。学生能学什么，怎样学的，学到了什么，有什么困难、疑惑等，决定了教师如何教、教什么、教到什么程度、如何评估学生学习的结果等，教学必须有清晰的基点和针对性。

四、改革要有序推进

  本课题是课堂教学改革，着重于构建和实践课堂教学新模式，因此采取行动研究法。我们在充分查阅资料，充分了解翻转课堂的相关理论和经验的基础上，根据本校实际，构建具有本校特色的"翻转课堂"模式——"两段七步"教学模式。将该教学新模式在全校三个年级和所有学科（体育和艺术学科除外）中进行实验；在实验中，遇到困难和问题时，我们通过专题培训、主题研讨、典型示范、公开课引领等校本研修的方式，采取"一个问题，多种解决方案"的思路，及时分析出现的困难和问题，全面总结经验、教训，推广普遍性的好经验，稳步推进教学改革，确保研究基本按预定的方案达到目标。教学改革研究，是教育科学研究，涉及学校教育教学工作的方方面面，涉及教师和学生的利益，必须组织严密，操作有序，风险可控，确保改革稳步推进。

（一）成立课题研究小组，清晰研究方案和教学操作要求

校长任课题组长，精选在高中各学科教学中具有丰富的教学经验和较强的教改能力并热心课题研究的骨干教师为课题组核心成员，全校三个年级、所有学科教师都是课题组研究成员。

（二）加快教育信息化设施、设备建设，实施研究有保障

为了让学校信息化与课堂教学改革深度融合，保证课题研究的顺利进行，学校加快了校园信息化的脚步，"智慧课堂"硬件设备、云图书馆和云阅览室、"未来教育空间站"网真课室、微课录播室、校园网络基础设施提升工程、网络管理中心改造工程、新型多媒体教学平台等都按计划建成并投入使用，有力地推进了课题研究的进程。

（三）加强教师培训工作，提升教师的研究素养

为了提高课题研究的针对性，避免教师在研究实践过程中的盲目性，学校加强了教师的理论学习和培训指导。一方面，学校统一购置了一批与翻转课堂研究相关的专著，供教师研读与思考，做好读书笔记，自觉更新观念，提高理论水平。另一方面，学校采取请进来、走出去以及校本培训等方式，来拓宽教师们的视野。两年间，我们先后为教师们安排了有关课题研究、微课制作等讲座8次，并由岭南师范学院徐洁博士、曾本友教授等专家主讲先后两次组织教师外出到阳东一中等学校取经，通过一系列学习与培训，老师们初步明确了课题研究的方向和方法，明确了自己在课改实践过程中的角色定位。

（四）先"磨"再"合"，稳步开展课题实践研究

在课题研究的初始实践阶段，先在高一（1）（2）两个实验班开展基于信息化的"智慧课堂"翻转教学实践，然后由各学科带头人、骨干教师、青年教师率先在各个非实验班级开展翻转课堂的"两段七步"法的教学实践和公开课、示范课，并要求所有的校内公开课都在学校网真录播教室开展，进行录像。观课、议课、磨课活动成为一种教研常态，通过"磨"达到"合"——教与学的融合，理念与实践的融合。在此期间，课题组组长梁哲校长多次深入一线课堂，亲临现场，认真观察课堂上师生的教学行为，及时表扬、及时反馈、及时指导，极大地调动了师生参与课改的积极性和主动性。一些观念滞后的老师也跃跃欲试，课堂教学改革的实践在全校各班级各学科全面铺开，也就成了顺理成章的事情。

（五）定期研讨交流，重视过程调控

为了及时发现与反思课题研究过程中的问题与困惑，学校通过组织全校教研专题会议、教研组长会议、备课组会议、学生代表座谈会等多种形式来查找"两段七步"教学实践中存在的问题和不足，反复改进。课题组也每月集中研讨一次，书面交流学习和研究的心得、体会和成果，提出研究中所遇到的问题和难点，布置下一阶段的研究工作等。

（六）发动学生积极参与，促进学生主体发展

翻转课堂教学改革的关键是改变学习方式，因此如何让学生全身心地参与自主学习与合作学习是我们关注的重点。同时，改革是要冒风险的，学生、家长和班主任等方面都有各种各样的担心，所以我们一方面耐心地做好各个方面的思想工作，定期进行教学心理反应调查，跟踪学生对改革的支持程度；另一方面我们积极组织各班班长、学习小组长进行培训，让学生了解课改的目的、意义、操作过程和小组长、组员的职责，争取得到他们的支持和配合。学生的支持和参与是课改成功的最有力、最有效的资源保证。

（七）做好激励评价，巩固、推广研究成果

为了进一步巩固课题研究成果，激励教师把基于我校学情的翻转课堂"两段七步"教学法校本化、常态化，学校制定了《教研成果奖励制度》等几个文件，为教师们搭建了充分展示教学、教研成果的平台，开展了一系列和课题研究相关的活动：

（1）举行一年一度的校级青年教师课堂教学比赛。以青年教师为主的课堂教学大比武，倡导教师教学理念和教学行为的改变，不断促使教师课堂教学水平的提升，一批青年教师脱颖而出。如陈楚、苏文文、袁雅、宁国平、杨观月等几位都获得了一等奖。

（2）推荐教师参加市举办的高效课堂比赛。借助市教育局举办学科高效课堂比赛的机会，我校推荐了11名学科骨干教师代表参加比赛，张玉英、罗子芬、罗俊松3人获得一等奖，潘丹等8人获得二等奖。这些教师不仅为自己赢得了荣誉，同时也展示、推广了学校的课题研究成果，使我校的翻转课堂"两段七步"教学法得到了上级领导部门和兄弟学校的一致肯定。

（3）进行校际课堂"同课异构"教学研讨活动。借省级骨干教师在我校进行跟岗学习的机会，与兄弟学校互派教师进行课堂教学展示和交流。2016年11月，我校历史教研组的罗子芬、魏嘉嘉老师先后与湛江一中的袁毅、湛江二中的靳瑞、廉江中学的谭建生、遂溪大成中学的张旭霞等老师登台进行同课异构教学交流活动，进一步凸显了我校教学改革的优势与亮点；另外，英语、美术、语文、数学等教研组开展的同课异构活动也有声有色。

（4）开展各级的课题申报、教学论文、《学习任务清单》评比等活动。在课题组大课题研究的指引下，各学科教师积极申报基于学科教学的翻转课堂小课题研究，主动撰写相关论文，认真编写学生课前《学习任务清单》，实现了教师个人与学校教研成果的双丰收。

（八）改革中的反思与调适

翻转课堂教学改革实施以来，大家遇到了不少的困难和问题，归纳起来主要有6个方面：

（1）指导学生课前或课外自主学习的策略和方法有哪些？

（2）督促学生完成《学习任务清单》的策略和方法有哪些？

（3）指导学生展示时正确写板书的策略和方法有哪些？

（4）学习小组组长的任务和要求有哪些？

（5）在学习小组内，学生之间展开讨论和交流的方式和方法有哪些？

（6）学生积极有效地在课堂上进行展示的方式和方法有哪些？

这些困难和问题的出现，是旧的做法、经验在改革过程中与新的做法、经验产生冲突而成的，需要我们积极去想办法解决，具体的措施需要老师们去探索，要求做到：

第一，原来的、传统的课堂，学生们普遍厌学，老师苦教，同学们苦学。现在提倡改革教学方式，改变教法，先学后教，重视并调动学生们的积极性，要求老师重视学生们的学、指导学法，学生们认真做笔记、互相帮助、能者为师。"翻转课堂"不是在课堂上全由学生们讲（"展示"）而老师不讲，而是能让学生们讲的老师尽量不讲，老师只讲难点、疑点和示范学法，正如苏格拉底（古希腊）所说："教育不是灌输，而是点燃火焰。"

第二，"先学后教"既是方法，也是原则。学生们只有"先学"了，才知道哪些懂了、哪些未懂、哪些似懂非懂，才会带着需求去听老师讲或同学（这里叫"同伴"或"学伴"更贴切）讲，才能学有所得、学有所悟；而老师才能针对学生们的需求去有的放矢地讲。怎样判断学生们懂、不懂或似懂非懂的学情呢？我们尝试采用《学习任务清单》来引导学生进行有效的预习和自主测评。依据学生们完成《学习任务清单》的程度可判定学生们的学情。因此，编写一份符合《课程标准》的要求和学生实际的《学习任务清单》就非常重要了。

第三，编写《学习任务清单》很重要。首先，教师要研读课程标准、教科书和教学参考书，再分析学生的学科能力等基本情况，确定《学习任务清单》的具体内容，使教学目标更明确。其次，认真编写清单的各项内容，包括学习目标、学法指导、知识梳理、重点难点疑点解释（最好制作微课视频）、自测题、展示要求等，教学内容更加有利于学生知识的吸收和能力的培养。

第四，课堂上如何有效地让学生"展示"（讲、讨论、书写等）呢？请看李雅老师在高三（6）班的语文教学反思录：陈昌德同学的基础不太好，可他在解答句子排序题时很有办法，他讲，利用指代和句首句尾，就能把句子的正确顺序排出来：①本来的历史是一去不复返了，但是还留下一些痕迹；②这些痕迹包括当时的文字、器物和较早的记载；③它们统名之曰"历史资料"，简称为"史料"；④史料收集是历史研究的前期基础性工作；⑤历史研究不仅要发掘史料，还要审查史料、分析史料，然后将所得结论写出来，这就是书写历史。他讲完后，我马上表扬他善于利用指代和顶真又快又准地找出了答案。我趁热打铁，讲了顶真的作用，并引导同学们重读韩愈的《师说》（文中有五处用了顶真）。这样一引导，同学们就掌握了解答语序题的主要方法，同时对顶真这种修辞手法有了更深刻的印象。"翻转课堂"上，老师有效的引导可以避免学生们讲不下去或不得要领地争来争去的尴尬。所以，老师有效的"引导"是翻转课堂非常重要的一环，老师们可以借鉴、尝试。

五、改革取得预期成果

经过全体教师两个学年的共同努力，课题研究的实施和推进，取得了预期的成果。主要体现在师生双方都实现了自己的生命价值和自身发展，教师观念更新，业务素质得到提高和发展；学生学习主动性和自信心增强，学习方式得到转变。课题研究实现了教、学、研的一体化，使教师在教学中研究，在研究中教学，不断改进教学行为和提高教学质量，实现了教师发展、学生发展和学校发展的高度统一。

（一）学生自主发展的时间越来越多，空间越来越宽广

1. 新的学习方式拓宽了学生的学习时空，培育了学生的主动学风

学生根据老师编发的《学习任务清单》进行学习，无论是在课内还是课外，遇到疑难问题和感兴趣的话题时，随时可以找老师、家长、社会名人和同学等请教，或者上网查询解决，也可以在线学习和组织讨论等；翻转课堂顺应了互联网时代的潮流，学生可以根据自己的学习情况利用教学资源进行课前学习，并合理安排学习的进度，能满足不同层次学生的学习需求，丰富了学习内容、灵活了学习时间，给予了学生自主学习的平台和机会。这些新的学习方式给学生增加了协作学习的时间和拓宽了学习的空间，激发了学生的学习热情，促使学生由被动学习转向自主、主动学习，这实在是我校教学面貌的根本性变革。2016届高三的黄青青同学在她的作文中写道："自从老师们改变了上课模式，同学们都很积极、很主动地去学习。我觉得翻转课堂对同学们的学习是挺有帮助的，在这种教学模式下，同学们更专注并且更加主动地去学习。"

2. 新的课堂结构促进了学生的合作交流，提高了学生的综合素质

在翻转课堂教学的各个环节中，在课前，学生充分预习；在课内，学生轮流展示、提出问题、相互解答、相互启发、补充答案，或者老师引领，推进学习。特别是对有难度的问题，同学们可以讨论完成；对有争议、观点不一致的问题，运用相应知识进行辩论或者由教师引领解决。这样，课堂上的讨论、答疑和探究活动使学生有了更多交流表达、运用知识和动手实践的时间和机会。所以，同学们在课堂上互动交流和互相帮助的时间和机会大大增加，相互之间的合作也得到进一步的加

强，学生的综合素质如思维能力、表达能力、合作能力、动手实践能力、解决问题能力等都获得了相应的锻炼和提高。

2015级（1）班的肖浩源同学在关于翻转课堂教学改革的学生座谈会上说道："传统教学方式，都是老师为学生解决难题，而'翻转课堂'都是学生当小老师，上课的时候，每名学生都有机会摇身一变成为一名'老师'；学生在讲台上的表现很有范儿，自己不懂讲解的时候，老师就在一旁指点迷津。这样一来，不仅学生的口才能力提高了，甚至还锻炼了自己的领导能力，最重要的是学生的学习效率也大大提高了。"

3. 新的教学模式激发了学生的学习兴趣，提升了学生的学业成绩

美国学者布卢姆认为，决定学生学习效果与学习持续性的因素有两类：一是学生认知准备；二是学生的情感准备，即学生是否愿意学习新的知识。《学习任务清单》、微课、课堂展示、小老师等新学习方式，使学生不仅投入精力对知识的学习更充分，而且更能够集中精力投入学习活动的全过程。正是这一原因，翻转课堂才能有效地提升学生的学业成绩。我校2016、2017届毕业生都是翻转课堂教学模式的参与者，两届高考都顺利完成了市教育局下达的高考目标，尤其是2016届中职班的学生在高三一年实施翻转课堂的教学模式下，学生学习兴趣和积极性明显提高，学习成绩也明显进步，2016年高考，学生上线率57.9%，远远超过往年。2017届高考，在本科上线考生中有31名考生中考成绩在650分以下，中考排名段在30 000名左右，根据湛江市教育局制定的2017年高考目标规划系数，本分数段的考生上本科的比例是0.96%，而我校这个分数段的本科上线率达15%，另外中考成绩702分的全宇媚同学以超出一本线25分的成绩被国家211院校安徽大学录取。这些都足以证明，我校开展的翻转课堂"两段七步"教学实践有效地提高了学生的学业成绩，凸显了我校的教学加工能力，实现了"低进高出"的预期成果。

4. 新的角色定位培养了学生的自主能力，促进了学生的可持续发展

翻转课堂教学的实施，保证了学生在教学中的主体地位。学生们不仅在课堂上充当小老师的表现令人满意，在课堂之外的各种表现也可圈可点。无论是学校组织的全校范围的活动，还是各个班级组织的活动和学生们自己主持的社团活动，学生们的行为表现都明显有着翻转课堂上的影子。学生们关心集体、分工合作、安排过程、积极参与、自我完善等行为表现，明显体现了翻转课堂要求的自主学习、自主管理、自主发展和协同合作的烙印。学生们在这些活动中的表现表明，翻转课堂对学生的影响已经超出课堂学习小范围，延伸到生活、工作、社团活动等其他方面，必将对学生们今后的成长有深远的影响。比如2016年冬季的家长会，各个班的班主任把自己班的家长会交由学生来组织、主持，班主任和科任老师全都"靠边站"，家长会开得很成功，家长、老师和同学们都很满意，都没有想到学生能有这样的表现。又比如高三（6）班，在语文老师的指导下，自主编辑出版两本作文集，其中的一本《起航》还找校长写了《序言》。考上大学的学生，寒假回来探望老师时，都说自己在学校有与众不同的素养如组织能力、淡定在众人面前讲话等良好表现。

（二）教师的教学专业能力提升越来越明显

1. 教师教育教学观念更新，教学行为明显改进

观念指导实践，观念的更新必然带来教师教学行为的变化，而且有些变化已成为教师日常教学的自觉行动。例如：在备课时教师由注重编写教案转变到注重编写课前《学习任务清单》；从过去注重知识点的讲解转变到注重问题探究内容的设计；在课堂上从过去的主讲转变为主导；从关注学生的课堂纪律转变为关注学生的学情；从过去的被动观课转变成主动观课等。这些改变对于教学改革来说是可喜可贵的。李雅老师在《翻转的花儿慢慢开》中说："自从翻转课堂教学改革以来，我发现自己也成长了不少，新的教学模式让我获取了更多的教学自信；我把课堂还给学生的同时，也把自己解放了出来。"

2. 教师业务素质不断提高，教研成果更加丰硕

教师在课题研究的实施过程中，听取专家报告，学习教育科学理论，积极进行课题研究实践，总结交流实践经验，对实践过程中出现的系列问题进行理性综合思考和实证研究。通过自身的实证研究，教师从中学会了如何开展课题研究、撰写论文与反思，教师的教育科研能力不断提高，为学校积累了丰硕的教研成果。在进行课题研究两年的时间里，与翻转课堂相关的论文多篇，共有20篇获奖，小课题立项研究18项，获奖《学习任务清单》29篇，35位青年教师参加了市、校级翻转课堂教学比赛并全部获奖，其中3人获市级比赛一等奖，8人获市级比赛二等奖。三项课题研究成果获市基础教育教学成果二等奖，四项小课题分别获广东省教育学会教研成果二、三等奖。李雅老师用翻转课堂的教学模式激发学生写作文的兴趣，并把学生的优秀作文结集成册《起航》；历史教研组教师开发并编写了校本教材《湛江特色历史文化》，指导学生开展研究性学习。

3. 教师科研意识不断增强，校园科研氛围浓厚

在本课题研究开展前的时间里，全校除了两位老师开展过小课题研究外，大部分老师都对课题研究了解甚少，对研究知识一片空白。"翻转课堂"的课题研究实践要求以点带面，全员参与，极大地调动起教师投身于教育改革、进行教学研究的积极性，使教师从中收到实效，不仅理论素养有很大的提高，教科研水平也普遍提高，许多教师对课堂教学中的问题不断进行诊断与反思，边教边研，开始申报自己的学科科研课题，在本课题研究的两年时间里，学校及教师个人申报立项的省、市级课题（含广东省教育学会小课题）共计27项，"科研兴教"的良好氛围已在我校逐步形成。

（三）学校的多向发展越来越明确

翻转课堂教学改革有力地促进了学校教育教学质量的提升和学校的美誉度，学校出现了多向发展的态势。

1. 翻转课堂教学改革,优化了师生关系和课堂教学

课堂教学改革既对标学生发展核心素养,同时又将德育工作改革、课堂教学改革和校务管理改革三者有机地结合起来,总体探索学校的改革与发展。经过不断的努力,学校的总体面貌发生了可喜的变化。校本化、信息化的"翻转课堂"教学改革,"两段七步"教学过程设计与"云课堂"信息化技术的紧密融合,"智慧课堂"教学逐步走向常态化,全校课堂出现了"师教生、生教生、生促师"的"智慧课堂"新气象,师生都喜欢这种新的教学模式,在湛江市同行中产生巨大影响,前来观摩的不同学校的领导和老师络绎不绝;报考我校的初中生越来越多,彻底改变了生源不足的被动局面,今年高一招生爆棚。

2. 翻转课堂教学改革,促进了学校的多向发展

翻转课堂教学改革实践,推动了学校的多元化发展,学校为学生在人文关怀、文化基础、自主发展、社会参与和实践创新等方面的发展创造提供了条件和方向。"书以载道"德育课题研究,将审美教育和传统文化教育与校园特色文化培育充分结合起来,学生的"自主管理"教育也取得初步成效,学生的"有温度感"的公民意识与行为充满校园;我校也因此先后承办了湛江市教育局主办的湛江市中小学教育信息化的试点现场会和应用推广现场会,我校的教学与信息化的融合应用走在湛江市的最前沿,经验在全市推广,进入全省先进行列;我校学生在高考、专业技能证书考试、学科竞赛、社团活动等方面一直名列全市同类学校前茅,2016年和2017年高考成绩连续有新的突破,实现一本上线增长250%,二本上线增长150%,居全市前列,被授予湛江市高考达标(先进)学校;我校先后被评为湛江市文明校园、湛江市教育信息化应用试点学校、广东省依法治校示范学校、首批广东省校园足球推广学校、全国青少年校园足球特色学校等,学校的多向发展特色逐渐鲜明起来。

六、改革总是在路上

经过两年的教学改革实践,课题研究的优势和成果已初步显现。但研究过程中也存在一些实际问题,需要反思和不断探索解决。

(一)教师的信息化教学素养有待进一步提高

我校翻转课堂"两段七步"教学的第一段课外预习,教师利用互联网资源的能力不足,编写的学生《学习任务清单》质量难以保证;提供给学生自学的"微课"制作的数量不足,质量不高,有明显的局限性。这些现象表明教师们认知互联网、利用信息技术融合教学的能力明显不足,这样就在一定程度上制约了学生在课前的有效预习。究其原因除了教师普遍认为微课制作技术难度大、耗费时间长外,学生自主学习微课的时间与平台也受到一定的限制。

（二）新的课堂教学评价体系和标准有待有进一步完善

翻转课堂教学是新的教学方式，教学评价体系必须能够反映学习者的学习效果，为教师完善教学内容改进教学方法和学生正确评价学习成果、确定合理目标提供依据。反之，不适宜的翻转课堂评价体系，不仅不能提供准确的反馈信息，还会使评价失去原有的教育功能。因此，建立与翻转课堂教学模式、教学组织形式、微课制作、《学习任务清单》编写等相适应的评价体系与标准，是保证翻转课堂教学功能充分发挥的重要因素。

（三）教师的教学观念有待进一步更新

翻转课堂教学对教师的角色和能力提出了更高的要求，教师的信息技术素养、学科素养、课堂管理素养等都需要更新和提升。个别教师在实施翻转课堂教学的实践中，缺乏对"两段七步"教学内容的认真思考与设计，导致翻转课堂教学效果欠佳。有些老师在编写课前《学习任务清单》的过程中拘泥于学校的清单模板，不懂得遵循由易到难、由表面到本质、由一般到特殊的认知规律，问题的设计缺乏由浅入深的梯度，导致《学习任务清单》编写出现教案化、作业化、共性化、离心化倾向。

总之，信息时代教育发展道路广，翻转课堂教学改革天地宽。回顾我校两年来课题研究的历程，还是取得了一定的成效的。研究无止境，今后我们仍将以这个课题的思想内涵来指导我们的课堂教学改革，在后续的研究工作中继续探索，针对存在的问题开展进一步的研究，使我们的"两段七步"教学模式与信息技术更好地融合于课堂教学改革之中。我们深信，只要有一颗以"以学生为本"的初心，翻转课堂教学改革的明天会更加美好。

（梁 哲）

第二章
学生学习任务清单

编写《学习任务清单》是落实新的课堂教学过程的重要环节。首先,老师在研读课程标准、教科书和教学参考书的基础上,分析学生的学科能力基本情况,以学生的"最近发展区"为目标,确定《学习任务清单》的具体内容。其次,认真编写清单的各项内容,包括学习目标、学法指导、知识梳理、重点难点疑点解释(最好制作微课视频)、自测题、展示要求等。学习目标要具体、适宜和可达到。学法指导要具体、管用、示范性强。知识梳理要有条理、完整、主次分明。重点难点疑点解释要针对性强、化繁为简。自测题知识和能力要素的覆盖面要大、难易适中、检测性强。展示要求要具体、明确、参与面广。

下面的《学习任务清单》,基本上按照要求编写。

语文《阿房宫赋》学习任务清单

拟稿:郑志英　　　　审稿:林书羽

班级:＿＿＿＿＿　　小组:＿＿＿＿＿　　姓名:＿＿＿＿＿

◆· 第一课时 ·◆

【学习目标】

(1)让学生理解并积累常见文言词语的含义和用法。

(2)让学生了解时代背景和作者,知道"赋"的大体特点。

(3)让学生厘清文章的结构脉络,概括文章的主要内容。

(4)让学生赏读第一、二自然段。

【学习重难点】

(1)学习目标(1)和(3)。

(2)古今异义和文言虚词义项总结。

【学习方法建议】

学习本文,要先借助注释、工具书和教辅资料读懂课文大意,然后在反复诵读中领会它们的丰富内涵,积累一些常见的文言实词、虚词、活用现象、通假字及特殊的文言句式等,然后做到正确朗读。

【学习方法】

诵读法、讨论法、探究法。

（一）自学任务

完成《全优课堂》自主学习篇第76页。

（1）作家作品。

（2）背景剖析。

（3）文学常识。

（4）基础积累。

（二）自主测评

教师抽查学生对基础知识的掌握情况。

（三）知识点梳理

（1）诵读指导。

（2）掌握重点词语，要求学生在书本上画出来。

（3）疑难语句。

（4）本文各段写了什么内容？

①写阿房宫的雄伟壮观。

②写阿房宫里的美人和珍宝。

③用排比句式，尽情揭露秦王朝的奢靡给人民带来的深重灾难及奢靡结果。

④总结历史教训，发出警告。

（四）问题探究

1. 第一自然段作者是从哪几个角度来描写阿房宫的建筑的？为什么会有巨大的艺术感染力？答案《全优课堂》第79页。

2. 第二自然段中"明星荧荧"等四句话用了哪些修辞手法？这样写的好处在哪里？

分析："明星荧荧""开妆镜也"，是倒置式的暗喻。"明星荧荧"是比喻句的喻体，"开妆镜也"是本体。以璀璨晶亮的明星来比喻纷纷打开的妆镜，既贴切又形象。将喻体置放在前，先予以人鲜明的画面，令人惊奇，再出现本体，解释原因，使读者印象更为强烈。"绿云扰扰，梳晓鬟也"，与上一句的表达方式相仿。第三句说丢弃脂水竟使渭流涨腻，用的是夸张手法，极言梳洗美女之多。第四句写焚烧椒兰竟至烟斜雾横也是夸张，效用同第三句一样。四句字数相等，句句押韵，加之新鲜的比喻，巧妙的夸张，读来使人有眼花缭乱、目不暇接之感。作者正是借助于开镜、梳妆、弃脂水、焚椒兰这些生活细节形象地写出了宫中美女之多，宫室之广。写宫室，是承接上文；写美女，则是开启下文。所以，作者紧接着便写美女望幸。这一层都是写美人，但是从美人的生活际遇也可以看出秦始皇的荒淫无度。汉代大赋不少作品铺张扬厉，堆砌辞藻。杜牧则发挥了赋的长处，着意铺陈夸张，但所有的铺叙又都为后文的议论张本，为表现主题思想服务。从这一节对美人的描写可见一斑。

（五）课堂巩固训练

1.阅读第一自然段

（1）根据提示用文中语句填空。

阿房宫建造的历史背景：（六王毕，四海一。）

阿房宫面积之大，地域之广：（覆压三百余里，隔离天日，骊山北构而西折，直走咸阳。）

阿房宫楼阁之高：（隔离天日。）

阿房宫楼台之多：（五步一楼，十步一阁，蠢不知其几千万落。）

人们进入阿房宫内部的感受：（高低冥迷，不知西东。歌台暖响，春光融融；舞殿冷袖，风雨凄凄。）

（2）作者描写阿房宫运用了：（对偶、排比、比喻、夸张、对比、想象等手法。）

（3）概括第一自然段内容。

①细写阿房宫的：（楼、台、殿、阁、长桥、复道、歌台、舞殿。）

②用一两个词概括阿房宫的特点：（宏伟、雄伟、壮美、壮丽、庞大等。）

2. 阅读第二自然段

"朝歌夜弦，为秦宫人。明星荧荧，开妆镜也；绿云扰扰，梳晓鬟也；渭流涨腻，弃脂水也；烟斜雾横，焚椒兰也。雷霆乍惊，宫车过也；辘辘远听，杳不知其所之也。"

这一节运用了（夸张、对比）手法极显宫女之（众）珍宝之（多），宫廷生活之（奢靡荒淫）。

（六）我的疑惑

（七）布置作业

（1）复习本节课学习的内容。

（2）背诵第一、二自然段。

第二课时

【学习目标】

（1）使学生学习本文描写为议论蓄势、议论使描写增加了深度的写作特色。

（2）使学生了解秦亡的原因及作者做本赋借古讽喻的目的。

（3）使学生背诵全文。

【重点难点】

（1）本文"状物"和"写志"的各自特点及两者的关系。

（2）学习目标（2）。

【学习方法建议】

在疏通文义的基础上，进一步了解作者的写作目的和写作特色。

【学习方法】

讨论法、探究法。

（一）问题探究

1. 这篇课文写了哪些内容？作者的用意是什么？

分析：细读全文，不难看出作者旨在总结秦王朝灭亡的历史教训。第一自然段铺陈阿房宫的宏伟壮丽。第二自然段叙写宫中美女之众，珍宝之多。第三自然段夹叙夹议，点明正是由于秦王朝统治者的骄奢淫逸，滥用民力，致使农民起义，一举亡秦。第四自然段转入议论，进一步指出，六国衰亡，秦朝覆灭，其根本原因都在于不能爱民。篇末四句言简意赅，暗寓讽谏之意，含蓄地告诫后人，如不以历史为鉴，还会重蹈覆辙。

由此可见，总结秦王朝灭亡的历史教训，用以警诫后人是全文主旨。

2. 作者写《阿房宫赋》，是为了总结秦王朝灭亡的历史教训，讽喻朝政。但为什么写阿房宫被焚，却说"楚人一炬，可怜焦土"，这里作者流露了怎样的思想感情？

分析：现代文中的"可怜"是"值得怜悯"的意思，但在文言中除"值得怜悯"外，还有可爱、可惜的意思。这里的"可怜"解释为"可惜"。作者用这二字，使无穷感慨充溢于字里行间。一度威震四海的秦王朝在农民起义的冲击下土崩瓦解，迅速灭亡；覆压三百余里的阿房宫，也在一场烈火之中化为灰烬。秦朝速亡的史实说明，不能爱民，难以久安。但是，当时的唐朝统治者无视历史教训，沉湎于声色，又大起宫室，身居积薪之上，仍以为安。历史兴亡，激荡胸中；目睹现实，感慨万千。神奇瑰丽之阿房宫付之一炬令人可惜，显赫一时的秦王朝毁于一旦令人可叹，前事不忘，后事之师，不意今人又在步秦人之后尘，唐王朝的命运不也令人可忧吗？"楚人一炬，可怜焦土"，作者的不安与忧愤溢于言表。辞赋不同于论文，许多地方并不直说，读时需细加玩味，方能体会作者的用心。

3. 杜牧写这篇赋，既然是为了总结秦王朝灭亡的历史教训，借以讽谏时弊，为何开头要从六国覆灭下笔？

分析：作者讽谏时弊，以秦王朝灭亡为借鉴；写秦朝覆灭，又以六国衰亡为铺垫。六国何以会灭？赋中说到"灭六国者六国也，非秦也……使六国各爱其人，则足以拒秦"，可见，六国灭亡，是不能爱民的结果。从何看出六国之不爱民呢？"燕、赵之收藏，韩、魏之经营，齐、楚之精英，几世几年，摽掠其人，倚叠如山。""秦之珍宝"（财富之代称），来自六国；六国之珍宝取自百姓，统治者为满足奢华生活之需要，对百姓肆意搜刮，锱铢不留。"六王"因不爱民而"毕"其统治；秦如吸取教训，"复爱六国之人"，那就不致迅速灭亡。然而"蜀山兀，阿房出"，秦王朝由此又走上了六国灭亡的老路。开头12个字，既在广阔的历史背景上引出阿房宫的修建，又起到了笼盖全篇、暗示主题的作用。

4. 文章语言精练，而含意丰富。试举例说明。

分析：本文起笔就不同凡响。《古文观止》编者的评语是："起四语。只十二字，便将始皇统一以后纵心溢志写尽，真突兀可喜。"开头两句，写六国覆灭，由秦一统天下。形似泛泛叙事，实则为下文伏脉："六王"为何会"毕"？"四海"为何能"一"？一亡一兴，关键何在？读完全篇，就知道作者正是由此开始总结历史教训的。后两句，说伐尽蜀山林木，才将阿房宫建造而成，言建造工程规模之浩大，蕴含着更为深广的社会内容。李白有诗云：蜀道之难，难于上青天。砍伐蜀山之木，运往关中，要耗多少人力物力，需经多少艰难险阻，作者没有细说但读者自可想见。而要建成如此奇伟之宫室，伐木运木只是一项工程。统一天下不久，即如此滥用民力，势必酿成严重后果，于此作者已有暗示。"纵心溢志""骄奢淫逸"，正是取祸之由。起首四句，不仅气魄宏大，且含意深广，耐人寻味。从语言上看，两两对偶，各个押韵（全押仄声韵），音调急促有力，确系"突兀可喜"。

文中言简意深之处并不少见。又如第三自然段写秦人挥金如土，用"鼎铛玉石，金块珠砾"八字，构成四个比喻。一面是挥霍无度，另一面必定是搜刮不已。此处铺叙也为下文生发议论奠定基础。作者锤字炼句皆有所指，这些地方宜深入体会，认真学习。

（二）自主测评

根据所给内容填空：

（1）"奈何取之尽锱铢，用之如泥沙？使负栋之柱，多于南亩之农夫；架梁之椽，多于机上之工女；钉头磷磷，多于在庾之粟粒；瓦缝参差，多于周身之帛缕；直栏横槛，多于九土之城郭；管弦呕哑，多于市人之言语。"

此描写用连贯的（排比）句式，用（前后对比）手法，展现了秦王朝（奢侈、腐化、浪费、挥霍无度、穷奢极欲、滥用民力），同时也指明了秦灭亡的原因。

（2）"使六国各爱其人，则足以拒秦；使秦复爱六国之人，则递三世可至万世而为君，谁得而族灭也？"

作者设计了两个（假设）兼论六国和秦的灭亡，共同原因：（不爱其民。）

（3）根据文意"秦人不暇自哀，而后人①哀之；后人②哀之而不鉴之，亦使后人③而复哀后人④也"。

第一，句中四处"后人"所指是：（①②④：秦以后唐以前的人；③唐以后的人。）

第二，这句话表明作者的写作意图在于：（借古讽今，以历史教训警示后人，讽谏统治者。）

（三）我的疑惑

（四）课后任务

（1）背诵全文。

（2）完成《全优课堂》的积累与运用，阅读与鉴赏第80页。

（3）预习下一课《学习任务清单》。

化学《弱电解质的电离平衡》学习任务清单

拟稿：戴文庆　　　　　　审稿：梁文华

班级：_____　　小组：_____　　姓名：_____

【学习目标】

（1）学生通过学习能应用化学平衡理论描述弱电解质在水溶液中的电离平衡，理解弱电解质的电离平衡以及外界条件对电离平衡的影响。

（2）学生通过学习了解电离常数、电离度的概念，能用电离平衡常数解释有关离子浓度的问题，能用电离度进行一些简单的计算。

【学习重难点】

弱电解质的电离平衡、电离常数、电离度。

【学习方法建议】

电离平衡是化学平衡中的一种，主要讨论溶液中的化学平衡状态，对化学平衡观点和化学平衡移动原理的综合应用。

【学习任务】

（一）自学任务（复习）

弱电解质的电离：

（1）弱电解质电离平衡

在一定条件下，当电解质分子电离成离子的速率和离子重新结合成分子的速率相等时，电离过程就达到了平衡状态。

（2）影响电离平衡的因素：①温度；②加水稀释；③酸碱盐。

醋酸的电离平衡 $CH_3COOH \rightleftharpoons CH_3COO^- + H^+$

条件改变	电离平衡	$c(CH_3COOH)$	$c(CH_3COO^-)$	$c(H^+)$	$n(H^+)$	$c(OH^-)$	pH
升温							
加水稀释							
加HCl							
加NaOH							
加CH_3COONa							

（二）知识点梳理

1. 电离常数

（1）电离平衡常数的概念。在一定温度下，当弱电解质在水溶液中达到电离平衡时，溶液中电离出的_____与_____的比值是一个常数。

（2）表达式：Ka表示弱酸电离平衡常数，Kb表示弱碱的电离平衡常数。

① 醋酸：_____。

电离平衡常数_____。

② 一水合氨：_____。

电离平衡常数_____。

（3）注意：

① 电离平衡常数只与_____有关，升高温度，K值_____。

② 电离平衡常数的意义：判断弱酸、弱碱的相对强弱。

如：在相同条件下，弱酸的电离常数越大，酸性_____。

③ 多元弱酸的各级电离常数的大小关系是一级电离_____二级电离，所以其酸性决定于_____电离。

2. 弱电解质的电离度α可表示为α=_____

例题：在一定温度下，0.10 mol·L^{-1}的一元弱酸HA水溶液中，HA的电离度为20%，求该酸电离常数。

_____

_____

_____

（三）自主测评

1. 在100 mL 0.1 mol·L^{-1}的醋酸溶液中，欲使醋酸的电离程度增大，H$^+$浓度减小，可采用的方法是（　　）。

A. 加热　　　　　　　　　　B. 加入100 mL 0.1 mol·L^{-1}的醋酸溶液

C. 加入0.5 mol·L^{-1}的硫酸　　D. 加入1 mol·L^{-1}的NaOH溶液

2. 下列说法正确的是（　　）。

A. 根据溶液中有CH$_3$COOH、CH$_3$COO$^-$和H$^+$即可证明CH$_3$COOH达到电离平衡状态

B. 根据溶液中CH$_3$COO$^-$和H$^+$的物质的量浓度相等可证明CH$_3$COOH达到电离平衡状态

C. 当NH$_3$·H$_2$O达到电离平衡时，溶液中NH$_3$·H$_2$O、NH$_4^+$和OH$^-$的浓度相等

D. H$_2$CO$_3$是分步电离的，电离程度依次减弱

3. 在25 ℃时，0.1 mol·L^{-1}的HNO$_2$、HCOOH、HCN、H$_2$CO$_3$的溶液中，它们的电离平衡常数分别为4.6×10^{-4}、1.8×10^{-4}、4.9×10^{-10}、K$_1$=4.3×10^{-7}和K$_2$=

$5.6×10^{-11}$,其中氢离子浓度最小的是（　　）。

  A. HNO_2 B. HCOOH   C. HCN   D. H_2CO_3

  4. 已知下面三个数据：$7.2×10^{-4}$、$4.6×10^{-4}$、$4.9×10^{-10}$分别是三种酸的电离平衡常数，若已知这些酸可发生如下反应：①$NaCN+HNO_2 \rightleftharpoons HCN+NaNO_2$，②$NaCN+HF \rightleftharpoons HCN+NaF$，③$NaNO_2+HF \rightleftharpoons HNO_2+NaF$。由此可判断下列叙述中，不正确的是（　　）。

  A. HF的电离平衡常数为$7.2×10^{-4}$

  B. HNO_2的电离平衡常数为$4.9×10^{-10}$

  C. 根据①③两个反应即可知三种酸的相对强弱

  D. HNO_2的电离平衡常数比HCN大，比HF小

  5. 下列对氨水溶液中存在的电离平衡$NH_3·H_2O \rightleftharpoons NH_4^+ + OH^-$，叙述正确的是（　　）。

  A. 加水后，溶液中$n(OH^-)$增大

  B. 加入少量浓盐酸，溶液中$c(OH^-)$增大

  C. 加入少量浓NaOH溶液，电离平衡正向移动

  D. 加入少量NH_4Cl固体，溶液中$c(NH_4^+)$减少

（四）问题探究

  6. 在一定温度下有：a.盐酸　b.硫酸　c.醋酸三种酸。

  （1）当其物质的量浓度相同时，$c(H^+)$由大到小的顺序是_____。

  （2）同体积、同物质的量浓度的三种酸，中和NaOH能力的顺序是_____。

  （3）当其$c(H^+)$相同时，物质的量浓度由大到小的顺序为_____。

  （4）当其$c(H^+)$相同、体积相同时，分别加入足量锌，相同状况下产生气体的体积由大到小的顺序为_____。

  （5）当$c(H^+)$相同、体积相同时，同时加入锌，若产生相同体积的H_2（相同状况），则开始时的反应速率为_____，反应所需时间为_____。

  （6）将$c(H^+)$相同的三种酸均稀释10倍后，$c(H^+)$由大到小的顺序是
_____。

（五）我的收获与疑惑

我的收获	我的疑惑

（六）课后任务

  3-1-3常见的弱电解质。

《化学能转化为电能》学习任务清单

拟稿人：杨观月　　　　　　审稿人：赵小丽

班级：＿＿＿＿＿＿　小组：＿＿＿＿＿＿　姓名：＿＿＿＿＿＿

【学习目标】
（1）引导学生通过实验探究铜锌单液原电池的工作原理，掌握原电池的工作原理（电极、电子、电流，溶液中离子的流动方向），培养其与组员合作、探究的能力。

（2）引导学生通过将已掌握的原电池工作原理应用到水果电池上，促进知识迁移能力的培养，将生活与化学联系起来，增强学生对化学的热爱。

【学习重难点】
重点：原电池的概念、工作原理、原电池的构成条件。
难点：原电池的工作原理。

【课前任务】
（1）阅读课本第39—42页预习本节内容，并完成《全优课堂》第31、32页概念填空。

（2）请选择合适的金属或非金属材料、你喜欢的水果，设计水果电池。

（一）学习方法建议
（1）结合宏观现象与微观原理（电子、电流、离子流动方向），从而理解原电池的工作原理。

（2）微观原理较为抽象，与组员共同讨论，遇到疑难点做好相应的标记，待课堂展示、讨论或老师点拨予以解决。

（二）梳理知识

1. 化学能转化为电能

化学能转化为电能的两种方式。

① 火力（火力发电）

＿＿＿＿能 —燃烧→ ＿＿＿＿能 —燃烧→ ＿＿＿＿能 —发电机→ ＿＿＿＿能；缺点：＿＿＿＿＿＿。

② 原电池：将_____能直接转化为_____能的装置；优点：清洁、高效。

2. 原电池

（1）定义：

（2）工作原理：

① 负极：　　　　　　　　　　　② 正极：

电极材料：_____。　　　　　　电极材料：_____。

电极反应：___电子，发生___反应。　　电极反应：___电子，发生___反应。

电极反应式：_____。　　　　　电极反应式：_____。

3. 温故而知新

画出该反应的单线桥，并写出还原剂、氧化剂：$Zn+H_2SO_4 == ZnSO_4+H_2\uparrow$

（三）自主测评

（1）根据图示，填空。

锌片做_____极，发生_____反应。

铜片做_____极，发生_____反应。

（2）对原电池的电极名称，下列叙述中错误的是（　　）。

A. 电子流入的一极为正极

B. 比较不活泼的一极为正极

C. 电子流出的一极为负极

D. 发生氧化反应的一极为正极

（四）问题合作探究

1. 探究原电池的工作原理

（1）实验探究原电池的工作原理

实验步骤	实验装置图	实验现象	实验结论
将锌片和铜片的上端连起来，接电流表，观察现象			

（2）动动脑筋：

① 负极是？正极是？它是如何判断的？写出负极的电极反应。

② 铜片上的气体是？它是如何产生的？写出正极的电极反应式。

③氢气在铜片的表面产生，说明铜片上有哪种微观粒子？

④铜片的电子是谁提供的呢？

⑤外电路电子、电流如何流动？在下面装置图上标画出流动方向。

⑥内电路阴阳离子如何流动？在下面装置图上画出流动方向。

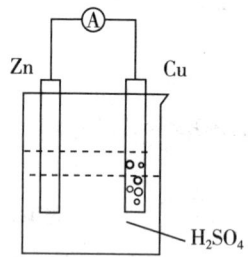

2. 探究原电池的构成条件

实验步骤	Zn-Zn稀硫酸	Cu-Cu稀硫酸	Zn-Cu酒精	Zn-Cu稀硫酸（两烧杯）
实验装置图	Zn Ⓐ Zn 稀硫酸	Cu Ⓐ Cu 稀硫酸	Cu Ⓐ Zn 酒精	Zn Ⓐ Cu 稀硫酸 稀硫酸
实验现象				
实验结论				
构成原电池的条件				

（五）课堂巩固训练

见PPT。

（六）课堂展示准备

苹果、橙子、番茄，废弃钥匙、螺丝钉等金属材料。

（七）我的收获及疑惑

我的收获	我的疑惑
1.	
2.	
3.	

（八）课后任务

（1）预习教材内容，熟悉常用的化学电池。

（2）预习燃料电池的工作原理。

（3）预习简单电极反应式与电极反应式的书写。

英语《B4 U4 Reading》学习任务清单

拟稿：宁国平　　　　　　　　　审稿：姚洪霞

班级：_____　　小组：_____　　姓名：_____

【学习目标】

使学生通过自学教材第25、26页的内容，了解本单元的主题，把握文章段落的主旨大意，快速获取具体的信息。通过小组合作和角色扮演阅读课文，加深对文章的理解，培养语言表达能力和合作精神，激发对跨国际文化学习的兴趣，了解不同国家的文化差异。

【学习重难点】

重点：学习和了解不同国家有关问候的肢体语言，了解不同国家的文化差异。运用略读和精读两种阅读技巧来把握段落主旨大意，快速获取具体的信息，通过创设情景进行角色扮演，体验不同国家有关问候的肢体语言的不同之处。

难点：在生词、难句较多的情况下理解课文、简单复述课文故事，整体理解文章的大意和每段的细节，通过创设情景进行角色扮演，了解不同国家有关问候的肢体语言的不同之处。

【学习方法和建议】

阅读前，可先通过标题与文章插图来猜测文章的内容，再浏览全文，了解大意。对于生词，可以通过上下文来猜，对于影响理解课文的生词可参考单词表。把握段落主旨大意时，重点关注每段的中心句，每段的第一句和最后一句很有可能是中心句。在进行小组角色扮演时，小组长和成员要分配好不同的角色，在扮演的过程中要注意英语旁白的流利性、环节的衔接性、肢体语言的协调性和默契性。

【学习任务】

（一）自学任务（Self-learning Task）

1. Please learn a song with sign language（手语）called *The Grateful Heart*（《感恩的心》）and show us by body language. Try to understand the meaning of it.

2. Listen to the tape, read the passage carefully and finish the exercise 1 on P27 of the textbook and the exercise 1, 2 on P45 of the *Exercise Book*.

（二）知识点梳理（Text Analysis）

1. Fast reading: Read the passage fast and match the main idea of each part.

Part 1（Para.1）   A. To suggest studying international customs.

Part 2（Para.2、3）   B. Go to the airport to meet the international students.

Part 3（Para.4）   C. The different greeting ways of international students.

Part 4（Para.5）   D. To explain different body language in different cultures.

2. Careful reading: How do different international students behave when they greet people? Complete the chart with information from the passage.

Name	Description	Body language	To whom
Tony Garcia			everyone
		not touching	
	man from Japan		
George Cook			
			to men / to women
		Shake hands and kiss twice on each cheek	

（三）自学检测（Self-learning Test）

Role-play: Discuss the body language among different countries in the passage and act out the greeting body language among six different countries.

（四）问题探究（Inquiry Learning）

1. Surf the Internet and list the greeting body language of different countries and act them out with your group members. For example:

① In China：

② In America：

③ In India：

④ In Russia：

⑤ In Japan：

⑥ In New Zealand:

2. The same hand gesture has different meanings in different countries. Discuss with your group members and find them out. For example:

（五）展示准备

请每个小组派代表准备展示本组学习任务。

（六）我的疑惑

在完成本课时的学习任务过程中，你还有什么疑惑，请记录下来，各位小组长把小组内的普遍性疑问或错题汇总到科代表处，反馈给老师。

英语《Reading——Apioneer for all people》学习任务清单

拟稿：黄绮欣　　　　　审稿：杨文

班级：_____　小组：_____　姓名：_____

【课题】
Unit 2 Reading——Apioneer for all people

【学习目标】
使学生通过课前自学教材第10页的课文，了解文章的结构和大意；通过完成自学任务，从整体到细节品味语言，认识到世界性粮食难题，了解袁隆平对人类温饱的贡献，感受他的人格魅力，从而培养学生的人道主义和社会责任感。

【学习重难点】
重点：在"学习任务"的帮助下，从四个角度逐步了解袁隆平，培养学生的人道主义和社会责任感。

难点：在规定时间内有效地理解和品读课文，能用口头英语输出所学。

【学习方法和建议】
上网了解世界性粮食危机和袁隆平的杂交水稻。

【学习任务】

（一）自学任务——阅读篇章学习（Self-learning Task）

1. 听录音，阅读第26页课文，了解文章结构和大意。

选用适当的词填空。

The passage is mainly about Yuan Longping _____ himself _____ Super Hybrid Rice to help China as well as the world _____ hunger.

本文分为四部分，请为各部分寻找关键词。

　　Part 1　　　　　　　　A. Dr. Yuan's dreams

　　Part 2　　　　　　　　B. Dr. Yuan's personality

　　Part 3　　　　　　　　C. Dr. Yuan's biography

　　Part 4　　　　　　　　D. Dr. Yuan's appearance

2. 分段式阅读，品读细节。

Part 1　细读第一段，回答以下问题。

Q1：What does Dr. Yuan look like?

Q2：What is his achievement?

Part 2　根据第二段对袁隆平的生平描述，完成以下排序。

a. He was born in a poor farmer's family in 1930.

b. He graduated from Southwest Agriculture College in 1953.

c. In 1950, Chinese farmers produced 5.5 billion tons of rice.

d. In a recent harvest, 20 billion tons of rice was produced by growing his hybrid rice.

e. When he was young, he searched for a way to increase rice outputs without expanding the area of fields.

f. Now he is helping rid the world of hunger by circulating his knowledge in less developed countries.

_____→_____→_____→_____→_____→_____

Part 3　品读第三段，欣赏袁隆平的人格魅力。

感受袁隆平对金钱和生活的态度，判断以下说法是否正确。错误的请划出，并把正确的写上。

1. He is satisfied with his life because he is now rich and famous.

2. He cares much about money and fame.

3. He would rather work than lead a comfortable life.

4. He enjoys a simpler life than most rich and famous people.

作为一位忙碌的科学家，袁隆平有哪些兴趣爱好？请写出来。

Part 4　梦无止境，品读第四段，找出袁隆平的两个梦。

（1）The first dream.

（2）The second dream.

（二）课堂检测（Checking Task）——Ask and answer the questions

请翻译以下问题，再用英语回答。

1. 他是如何看待金钱的？

2. 他有什么兴趣爱好？

3. 袁隆平有多少个梦想？第一个是什么？

4. 你认为他的梦想能够实现吗？

5. 饥饿问题将得到解决吗？

（三）问题探究（Inquiry Task）

Discussion：If you had the chance to do something to rid the world of hunger, what would you do? （讨论：如果你有机会为粮食危机或世界饥饿做一些事情，你会做什么？）

（四）展示准备

（五）我的疑惑

通用技术《步入设计的殿堂》学习任务清单

拟稿：胡汉祥　　　　　　　审稿：罗涛

班级：_____　小组：_____　姓名：_____

【学习目标】
（1）使学生通过课程学习，认识设计、了解设计。
（2）使学生通过课程学习对设计的作用及特点有所认识。
（3）使学生通过课程学习，掌握设计的相关要求。
（4）使学生学以致用，能够进行一些简单的设计，培养其创新精神。

【学习重难点】
（1）设计的特点、设计的相关要求。
（2）在设计的作品中如何体现相关特点及要求。
（3）进行设计要考虑哪些方面的因素？
（4）如何在设计中体现创新精神？

【学习方法建议】
（1）阅读课本第28—35页，带着学习目标，学习重难点，借助《学习任务清单》预习本节课内容。
（2）小组合作探究，认真完成相应的设计制作。
（3）课后要及时整理学习任务单，学有所思。

【学习任务】
（一）自学任务
（1）课前认真阅读课本第28—35页，对知识内容进行自我梳理。
（2）课前认真阅读第三部分材料，并根据所给出的问题进行分析，小组探讨。
（3）对不理解的地方做好记录，利用相关工具进行搜索或请教老师答疑。

（二）知识提炼与梳理

1. 认识设计、了解设计

现今的我们身处在一个五彩斑斓的技术世界里。而在技术的活动中，有一项极为重要的工作——_____，它是所有技术活动的基础。新技术的发展和应用通过_____来体现，而层出不穷的新产品都是人们的设计而诞生的。那设计该怎么理解？它的定义是什么？

2. 认识设计的作用

设计是人的思维意识、知识、见识、能力等_____的过程。它可以把创意应用于各项活动中，把意念转化成不同的_____，如产品、服务、过程或一个富有创意的商业模式。

尤其是在人类要求越来越高、产品结构越来越复杂、竞争越来越激烈的今天，设计工作的作用就显得更加重要！

3. 认识设计的特点及要求

设计有如下特点：

（1）设计的源泉是人类的_____。

（2）设计的本质是_____（关键）。

（3）设计的领域很广泛。

（4）设计工作需要考虑多方面问题。

（5）设计需要发挥_____。

（三）材料阅读：《2015年德国红点设计大赛》

世界上最好的设计都在这里了。

德国当地时间2015年6月29日，2015年红点设计奖在德国艾森揭晓。更为特别的是，2015年是这个让全球设计师狂热的奖项的60岁生日。该年红点产品设计大奖一共收到来自56个国家的4 928件设计作品，但只有81个作品荣获红点最佳设计奖。关注过这个奖项的小伙伴们应该知道最佳设计奖是多高的荣誉，有多大的难度。那么这些最佳设计究竟优秀在哪里呢？下面我们来欣赏其中一款设计作品。

问题：婴儿产品——结合所学知识，请你分析这款设计的特点。

（四）当堂设计与制作

注：内容及相关要求由PPT给出，同学们根据给出的材料进行相应的作品设计与制作。

（五）学生随堂设计作品展示

（六）我的收获及疑惑

我的收获	我的疑惑

《匀变速直线运动与汽车行驶安全》学习任务清单

拟稿：陈墨源　　　　　　审稿：劳茵

班级：_____　小组：_____　姓名：_____

【学习目标】

（1）使学生了解汽车行驶的特点和安全行驶的常识。

（2）使学生能用匀变速运动规律处理汽车的刹车与启动问题。

（3）使学生掌握匀加速直线运动物体追匀速运动物体题型的解题方法。

【学习重难点】

重点：通过对汽车安全行驶问题的研究，进一步加强对此过程的分析和应用规律的理解。

难点：对匀变速直线运动公式的选取及物理过程的分析。

【学习方法建议】

（1）阅读课本第40、41页，带着学习目标、教学重难点，借助教辅资料和《学习任务清单》预习本课内容。

（2）认真完成"课前基础知识清单"。

（3）课后及时整理《学习任务清单》，进行纠错反思。

（一）知识点梳理

1. 安全距离是指在同车道行驶的机动车，后车与前车保持的_____距离。安全距离包含_____和_____两个部分。

2. 由 $v^2 = 2as$ 得 $s = \dfrac{v^2}{2a}$ 刹车距离由_____和_____决定，而刹车的最大加速度由路面和轮胎决定。

（二）观察下图，回答问题

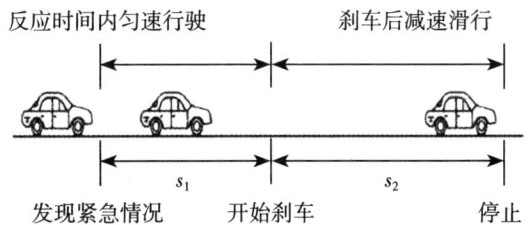

问题设计1：在汽车行驶的过程中，什么叫反应时间？在驾驶员反应的过程中，汽车做什么运动？运动的距离称为什么？用公式如何表示？

问题设计2：在汽车行驶过程中，什么叫刹车时间？刹车过程中，汽车做什么运动？运动的距离称为什么距离？用什么公式表示？

（三）自主测评

一辆汽车以20m/s的速度匀速行驶，司机发现前方有危险，0.7s后做出反应马上制动，设刹车时能产生的最大加速度为10 m/s^2，试求汽车的停车距离。

（四）小组讨论

为什么酒驾和超速都易造成交通事故呢？

（五）问题合作探究

汽车以45 km/h的速度匀速行驶。

（1）若汽车以0.6 m/s^{2}的加速度加速，则10s末速度能达到多少？

（2）若汽车以0.6 m/s^{2}的加速度减速，则10s末速度为多少？

（3）若汽车以3 m/s^{2}的加速度刹车，则10s末速度为多少？

（六）课堂巩固训练

1. 以20m/s的速度行驶的汽车，制动后以5m/s^{2}的加速度做匀减速直线运动。则汽车在制动后的5s内的位移是（　　　）。

A. 45m　　　　　　　　　　　　B. 37.5m

C. 50m　　　　　　　　　　　　D. 40m

2. 一辆汽车（视为质点）在平直的公路上以25m/s的速度匀速运动，某时刻开始刹车做匀减速直线运动，其加速度大小为5m/s^2，求：从刹车开始汽车第3s末的速度及刹车后8s内的位移各是多少？

（七）我的收获与疑惑

我的收获（知识精华）	我的疑惑

数学《椭圆及其标准方程》学习任务清单

拟稿：刘天秀　　　　　审稿：罗俊松

班级：_____　　小组：_____　　姓名：_____

【学习目标】

使学生通过自己画椭圆的过程，理解椭圆的定义，从而根据定义的限制条件推导椭圆的标准方程，进一步掌握求曲线方程的一般方法，并学会运用定义法和待定系数法求椭圆的标准方程。

【学习重难点】

重点：掌握椭圆的定义及标准方程。

难点：椭圆标准方程的推导过程及应用。

【学习方法建议】

（1）利用课余时间认真研读教材第38—42页。

（2）小组内合作动手画图，探究、讨论，完成《学习任务清单》，把不懂之处记下来，写在"我的疑惑"处。

【学习任务】

（一）实验操作

每小组准备好一根没有弹性的细绳，两颗图钉，一块纸板，一支铅笔。

（1）回顾如何画圆。

（2）根据条件画出点的轨迹（第38页探究）：

思考：①动点是在怎样的条件下运动的？②动点运动的轨迹是什么？

结论：

（二）推导椭圆的标准方程

1. 回顾如何求圆的方程。

2. 回顾求动点轨迹方程的一般步骤（坐标法）。

3. 用坐标法推导椭圆方程。

（1）建系：以 F_1、F_2 所在直线为 x 轴，线段 F_1F_2 的中心为原点建立直角坐标系。

（2）设点：设 $M(x,y)$ 是椭圆上的任意一点，$F_1(-c,0)$，$F_2(c,0)$。

（3）列式，即由限制条件，列出几何等式，写出适合条件 P 的点 M 的集合 $P=\{M|P(M)\}$。

（4）代换化简：用坐标法表示条件 $P(M)$，列出方程 $f(x,y)=0$，化简方程 $f(x,y)=0$，得出椭圆的标准方程（请在清单上详细写出化简方程的过程）。

思考：

将（1）建系改为：以 F_1、F_2 所在直线为 y 轴，线段 F_1F_2 的中心为原点建立直角坐标系。

（2）设点改为：设 $M(x,y)$ 是椭圆上的任意一点，$F_1(0,-c)$，$F_2(0,c)$。

（3）（4）不变，得到的椭圆方程又是什么样的？

4. 小结：椭圆两种标准方程的不同点和相同点：

	标准方程	
不同点	图形	
	焦点坐标	
相同点	定义	
	a、b、c 的关系	
	焦点位置的判断	

（三）例题探究

例：已知椭圆的两个焦点坐标分别是（0，-2），（0，2），并且经过点 $(-\dfrac{3}{2},\dfrac{5}{2})$，求它的标准方程。

（四）巩固练习

写出适合下列条件的椭圆的标准方程：$a=4$，$b=1$，焦点在坐标轴上。

通过例题及练习，小结求椭圆的标准方程的关键点：

（1）

（2）

（五）展示准备

（1）交流个人学习收获，并迅速整理出本组协作学习成果的要点。

（2）推荐代表本组参加全班展示的人选。

（3）评价本组代表在全班展示活动中的表现，发现优点，指出不足，提出改进建议。

（六）我的疑惑

同学们，通过你的自主学习，你还有哪些疑惑，请把它填在下面的表格中。

疑惑点	疑惑内容

（七）课后练习与提高

1. 椭圆 $\dfrac{x^2}{m}+\dfrac{y^2}{4}=1$ 的焦距是2，则 m 的值是（　　）。

  A. 5   B. 5或8   C. 3或5   D. 20

2. 如果方程 $x^2+ky^2=2$ 表示焦点在 y 轴上的椭圆，那么实数 k 的取值范围是（　　）。

  A.（0，+∞） B.（0，2） C.（1，+∞） D.（0，1）

3. 已知椭圆 $\dfrac{x^2}{25}+\dfrac{y^2}{16}=1$ 上的一点 P 到椭圆一个焦点的距离是3，则 P 点到另一焦点的距离为（　　）。

  A. 2   B. 3   C. 5   D. 7

4. 已知 F_1，F_2 是椭圆 $\dfrac{x^2}{a^2}+\dfrac{y^2}{b^2}=1$（$a>b>0$）的两个焦点，$AB$ 为过 F_1 的弦，则 $\triangle ABF_2$ 的周长为（　　）。

  A. $2a$ B. $4a$ C. $8a$ D. $2a+2b$

5. 已知椭圆的焦点是 F_1（-1，0），F_2（1，0），点 P 为椭圆上的一点，且 $|F_1F_2|$ 是 $|PF_1|$ 与 $|PF_2|$ 的等差中项，则椭圆的方程是（　　）。

  A. $\dfrac{x^2}{16}+\dfrac{y^2}{9}=1$ B. $\dfrac{x^2}{3}+\dfrac{y^2}{4}=1$

  C. $\dfrac{x^2}{3}+\dfrac{y^2}{4}=1$ D. $\dfrac{x^2}{3}+\dfrac{y^2}{4}=1$

6. 如果椭圆 E：$4x^2+y^2=k$ 上两点间的距离最大是8，则 k 的值为（　　）。

  A. 32   B. 16   C. 8   D. 4

7. 已知椭圆的标准方程是 $\dfrac{x^2}{25}+\dfrac{y^2}{9}=1$，$M_1$、$M_2$ 为椭圆上的点。

 （1）该点不在椭圆上与焦点的距离分别是_____，_____。

 （2）点 M_2 到一个焦点的距离等于3，则它到另一焦点的距离等于_____。

数学《倾斜角与斜率》学习任务清单

拟稿：王翠明　　　　　审稿：张丽　李薇

班级：_____　　小组：_____　　姓名：_____

【学习目标】
(1) 使学生正确理解直线的倾斜角和斜率的概念。
(2) 使学生掌握倾斜角与斜率的关系。
(3) 使学生掌握过两点的直线的斜率公式。
(4) 使学生会求已知倾斜角、已知直线上两点的坐标直线的斜率。

【学习重难点】
重点：倾斜角与斜率的概念。
难点：直线的斜率与倾斜角的关系。

【学习方法建议】
(1) 认真研读教材第82—85页，完成《学习任务清单》。
(2) 把学习中自己易忘、易出错的知识点和疑难问题以及解题的方法规律，及时整理在错题本，多复习记忆（尤其是特殊角的正切三角函数值，斜率的计算公式必须牢记）。

【知识链接】
(1) 一次函数图像的形状是——（一条直线）。
(2) 确定一次函数图像的条件是——（两个点）。
(3) 锐角正切函数的定义——（对边比邻边）。

【学习任务】
(一) 自学任务
阅读教材，回答下列问题。
(二) 问题探究
探究点一：直线的倾斜角及斜率的概念
问题1：在平面直角坐标系中过一点P能确定几条直线？观察并思考这些直线有什么共同点和不同点呢？

画图说明：

问题2：在平面直角坐标系中怎么确定直线的位置？（画图说明）

（1）已知直线过点P，能否确定直线的位置？

（2）已知直线的倾斜角时，能否确定直线的位置？

（3）当直线过定点P并已知它的倾斜角时，能否确定直线的位置？

结论：

直线倾斜角的定义：

问题3：日常生活中，还有没有表示倾斜程度的量？

问题4：什么是斜率？

探究点二：直线的斜率公式

问题1：如图1、图2所示，任给直线上两点$P_1(x_1, y_1)$，$P_2(x_2, y_2)$（其中$x_1 \neq x_2$），过点P_1做x轴的平行线，过点P_2做y轴的平行线，两线相交于Q，那么Q点的坐标是什么？

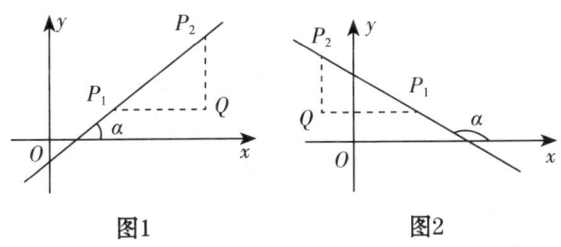

图1　　　　　　图2

问题2：推导过两点的直线的斜率（倾斜角如图1时和倾斜角如图2时的两种情况）。

（三）课堂巩固训练

例1：如图3所示，已知$A(2, 1)$，$B(-4, 1)$，$C(0, -1)$，求直线AB、BC、CA的斜率，并判断这些直线的倾斜角是什么角？

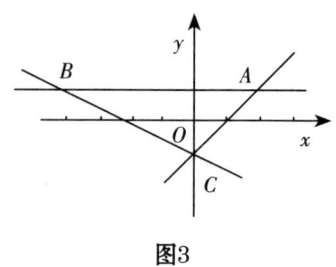

图3

例2：过点$P(-2, m)$和$Q(m, 4)$的直线的倾斜角为45°，求m的值。

（四）自主检测

1. 下列四幅图中，表示直线的倾斜角的是（　　）。

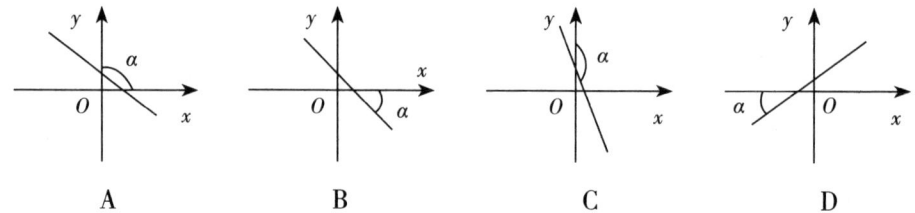

     A   B   C   D

2. 已知直线l向上方向与y轴正向所成的角为30°，则直线l的倾斜为_____。

（五）知识点归纳

1. 直线的倾斜角$α$：x轴正向与直线_____的方向所成的角叫作这条直线的倾斜角。

    规定：与x轴平行或重合的直线的倾斜角为$α=$_____。

2. 直线的倾斜角$α$的范围为：_____。

3. 已知直线的倾斜角为$α$，则该直线的斜率$k=$_____。

4. 过点$P(x_1, y_1)$和$Q(x_2, y_2)$的直线的斜率公式：_____。

5. 求过两点的直线的斜率及倾斜角的方法。

（1）已知两点坐标求直线的斜率时，首先应检验其横坐标是否相等，若相等，其斜率不存在；若不相等，可用公式来求。

（2）$\begin{cases} α=0° \Rightarrow k=\tan 0°=0 \\ 0°<α<90° \Rightarrow k=\tan α>0 \\ α=90° \Rightarrow \tan α（不存在）\Rightarrow k\text{不存在} \\ 90°<α<180° \Rightarrow k=\tan α<0 \end{cases}$

若求$α$的具体值，可用公式$k=\tan α$求解。

6. 用斜率公式解决三点共线问题。

斜率公式为：$k=\dfrac{y_2-y_1}{x_2-x_1}$（或 $k=\dfrac{y_1-y_2}{x_1-x_2}$），与 P_1、P_2 的顺序无关。

（六）展示准备

请每小组派代表准备展示本组学习任务。

（七）我的疑惑

在完成本课时的学习任务过程中，你还有什么疑惑，请记录下来，各位小组长把小组内普遍存在的疑问或错题汇总到科代表处，反馈给老师。

生物《物质跨膜运输的方式》学习任务清单

拟稿：袁雅　　　　　　　　　审稿：张玉英

班级：＿＿＿＿＿＿　　小组：＿＿＿＿＿＿　　姓名：＿＿＿＿＿＿

【学习目标】

（1）引导学生通过阅读与理解教材中的概念与图示，分析物质进出细胞方式的类型及特点。

（2）引导学生通过比较，总结被动运输和主动运输的异同点。

（3）引导学生学会正确解读图表数据，提高图文转化能力。

【学习重难点】

重点：①小分子和离子跨膜运输的方式：自由扩散、协助扩散和主动运输；②大分子跨膜运输的方式：胞吞和胞吐。

难点：主动运输。

【学习方法建议】

根据学习目标，全体同学要积极主动，参考辅导资料认真预习并完成导学案，小组长做好督促与检查，确保每位同学都能认真及时地预习。

结合清单中的问题提示，认真研读教材，运用已学的知识分析问题，小组内合作探究，巩固知识，熟悉考题的考法，并完成（联系高考）。

【课前学习任务】

（1）阅读教材第70—73页，完成知识点梳理和自主测评。

（2）阅读理解教材第70—71页的被动运输和主动运输的概念与图示，小组合作探究完成问题合作探究——物质的跨膜运输方式，阅读理解第72页胞吞和胞吐的概念和图示，小组合作探究完成问题合作探究二物质的非跨膜运输方式。

（3）要求每个同学都要认真预习，勾画课本，找出不明白的问题用红笔画出来，在清单上写上"我的疑惑"。

（一）考纲解读

考点	要求	高考实例	常考题型	预测热度
物质进出细胞的方式	Ⅱ	2016全国课标Ⅰ，2，6分 2016江苏单科6，2分	选择题	★★☆

（二）知识点梳理

物质进出细胞的方式
- 小分子物质的跨膜运输
  - _____（扩散）　_____
  - _____（顺、逆）浓度梯度的扩散
  - _____（顺、逆）浓度梯度的运输
- 大分子物质的运输
  - _____（内吞）
  - _____（外排）

（三）自主测评

1. 下列与细胞膜有关的四个选择项中，能说明细胞膜具有流动性的是（　　）。
   A. 选择性　　　B. 主动运输　　　C. 保护作用　　　D. 胞吞和胞吐

2. 下列跨膜运输的生理活动中，属于主动运输的是（　　）。
   A. 酒精进入胃黏膜细胞　　　　　　B. CO_2由静脉血进入肺泡内
   C. 原尿中的葡萄糖进入肾小管上皮细胞　　D. 水分子进出细胞

3. 能保证细胞按照生命活动的需要吸收营养物质的主要方式是（　　）。
   A. 自由扩散　　　B. 胞吞　　　C. 主动运输　　　D. 胞吐

（四）问题合作探究

探究一：物质的跨膜运输方式（把你所知道的例子和表示曲线全部列出来）

（1）自由扩散的概念、特点、举例、表示曲线

概念：

特点：

举例：

表示曲线：

（2）协助扩散的概念、特点、举例、表示曲线

概念：

特点：

举例：

表示曲线：

（3）主动运输的概念、特点、举例、表示曲线

概念：

特点：

举例：

表示曲线：

探究二：物质的非跨膜运输方式（把你所知道的实例全部补充上）

运输方式	运输方向	运输特点	实例
胞吞	细胞____→细胞____	需要____，不需要____	
胞吐	细胞____→细胞____		

（五）课堂巩固（联系高考）

1.下图为物质出入细胞膜的示意图，请据图回答。

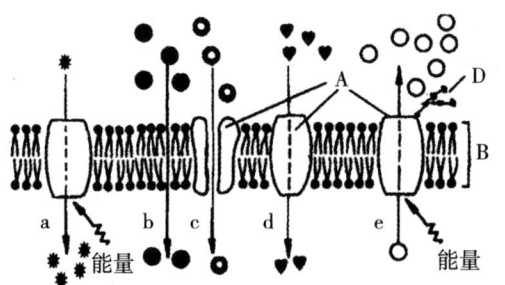

（1）A代表_____分子；B代表_____；D代表_____。

（2）细胞膜从功能上来说，它是一层_____膜。

（3）动物细胞吸水膨胀时B的厚度变小，这说明B具有_____。

（4）在a—e的五种过程中，代表被动运输的是_____。

（5）可能代表氧气转运过程的是图中编号_____；葡萄糖从肠腔进入小肠上皮细胞的过程是图中编号_____。

2.（2015全国Ⅱ）下列过程中，不属于胞吐作用的是（　　）。

A. 浆细胞分泌抗体到细胞外的过程

B. mRNA从细胞核到细胞质的过程

C. 分泌蛋白从胰腺的腺泡细胞到胞外的过程

D. 突触小泡中神经递质释放到突触间隙的过程

3.（2016全国Ⅰ）离子泵是一种具有ATP水解酶活性的载体蛋白，能利用水解ATP释放的能量跨膜运输离子。下列叙述正确的是（　　）。

A. 离子通过离子泵的跨膜运输属于协助扩散

B. 离子通过离子泵的跨膜运输是顺着浓度梯度进行的

C. 动物一氧化碳中毒会降低离子泵跨膜运输离子的速率

D. 加入蛋白质变性剂会提高离子泵跨膜运输离子的速率

（六）展示准备

第一组准备探究一中的自由扩散。

第二组准备探究一中的协助扩散。

第三组准备探究一中的主动运输。

第四组准备探究一中的例题。

第五组准备探究二中的非跨膜运输。

第六组准备探究二中的例题。

其他组的同学认真听，可以及时提问与补充。

（七）我的收获及疑惑

我的收获	我的疑惑

（八）下一节课任务

认真复习必修一第四章，准备测验。

生物《降低化学反应活化能的酶》学习任务清单

拟稿：李婧　　　　　　审稿：张玉英

班级：＿＿＿＿＿＿　　小组：＿＿＿＿＿＿　　姓名：＿＿＿＿＿＿

【学习目标】
（1）说明酶在细胞代谢中的作用、本质。
（2）进行有关的实验和探究，学会控制自变量，观察和检测因变量的变化，以及设置对照组和重复实验。

【学习重难点】
重点：酶的作用、本质。
难点：酶的作用原理。

【学习任务】
（一）自学任务
（1）带着学习目标、重难点，借助教材辅导资料和《学习任务清单》预习课文内容，将自学中遇到的问题小组内交流，用红笔做好标记。
（2）认真完成《课前学习任务清单》，及时思考、积极讨论、展示到位、认真点评。

（二）知识点梳理
见金榜学案第64页。

（三）自主测评
1.关于酶生理功能的叙述，下列哪一项是正确的（　　　）。
A.为生物体内的化学反应提供能量
B.能加快生物体内的生化反应速度
C.酶是一种高效、专一的无机催化剂
D.能促进生物体内营养物质的运输
2.下列条件中，不能使酶失活的是（　　　）。
A.高温　　　　B.低温　　　　C.强酸　　　　D.强碱

3. 下列关于酶的叙述中正确的一项是（　　　）。
①酶是活细胞产生的；②酶都有消化功能；③酶的本质是蛋白质，蛋白质都是酶；④酶能够降低化学反应活化能，具有专一性、高效性；⑤酶促反应与外界条件无关；⑥淀粉酶能促进淀粉水解；⑦酶只有在生物体内才起催化作用

A.①②③　　　　B.①②④⑤　　　　C.①②④⑥　　　　D.①③⑥

（四）问题探究

探究一：酶在细胞代谢中的作用

用3分钟的时间，阅读第80页第一、二段内容，回答下列问题。

1. 第79页图中2号试管的H_2O_2分解的活化能来自哪儿？

2. 第79页图中3号和4号试管并未供给过氧化氢能量，那为什么也会产生气泡？

3. 驾车翻越一座高山，给车提供能量，能量是否会消耗？给车提供隧道，隧道是否会消失？那么，酶催化反应之后是否会消失？

4. 结论：酶催化化学反应的原理是_____。在反应前后，酶的数量是_____。

探究二：酶的特性

1. "比较过氧化氢酶在不同条件下的分解"实验（实验中每一滴$FeCl_3$溶液中Fe^{3+}数量是每滴肝脏研磨液中过氧化氢酶数量的25万倍）。

得出结论：酶作为催化剂具有_____特性。

2. 下图为表示某类酶作用的模型。

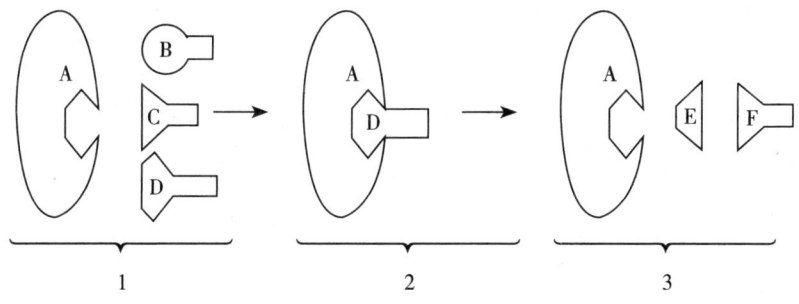

（1）该反应中字母_____代表着酶，理由是_____。字母_____代表着反应物（底物），_____代表着产物。

（2）该图反映了酶作为催化剂具有_____特性。

（3）如果D代表的二糖是蔗糖，则E、F代表_____和_____。如果D代表着二肽，则E、F代表_____。

3. 根据图表回答问题。

方法步骤	分组	1	2	3
	淀粉溶液	2mL	2mL	2mL
	淀粉酶	1mL	1mL	1mL
	将上述两种物质分别放入两支试管中，再分别用以下温度处理			
	温度处理	37℃	沸水	冰块
	混合	将相同温度的两支试管混合		
	滴加碘液	1—2滴	1—2滴	1—2滴
结果	现象	不变蓝	变蓝	变蓝
结论				

（1）由实验结果可以得出什么结论？

（2）温度过高和温度过低，化学反应速率都很低，从酶的结构角度谈谈，这两种情况有什么区别？

4. 根据以下实验回答问题。

（1）材料用具：新鲜的质量分数为20％的肝脏（如猪肝、鸡肝）研磨液，体积分数为3％的过氧化氢溶液，质量分数为5％的HCl溶液，质量分数为5％的NaOH溶液、蒸馏水、试管、量筒、滴管、试管架、酒精灯、pH试纸、卫生香、火柴。

（2）实验步骤：

序号	内容	试管1	试管2	试管3
1	注入等量的新鲜肝脏研磨液	1mL	1mL	1mL
2	注入等量的不同pH值的溶液	1mL蒸馏水	1mL NaOH溶液	1mL HCl溶液
3	注入等量的过氧化氢溶液	2 mL	2 mL	2 mL
4	预期实验结果	气泡较多	气泡较少或没有	气泡较少或没有
5	将点燃的卫生香插入试管内液面的上方	燃烧猛烈	燃烧较弱	燃烧较弱

（1）不同酶的最适温度和最适pH都相同吗？

（2）结论：酶的作用条件为_____。

《大气的热状况与大气运动——热力环流》学习任务清单

拟稿：詹梅鑫　　　　　　审稿：郑丽君

班级：_____　　小组：_____　　姓名：_____

【学习目标】

（1）让学生理解冷热不均是引起大气运动的根本原因，掌握热力环流原理。

（2）通过读绘热力环流图，培养学生读图、绘图能力，能运用热力环流的基本原理解释生活中的大气现象如城市风、海陆风等。

【学习重难点】

重点：运用示意图说明热力环流的成因及环流模式。

难点：用热力环流原理解释身边的实例。

【学习方法建议】

（1）阅读教材第35页关于热力环流部分的文字内容和大气热力环流示意图，完成知识梳理。

（2）课前完成自学任务、小组内讨论，课上提出疑问，共同解决问题。

【学习任务】

（一）知识点梳理

常用概念：

（1）气压：单位面积承受的上方空气柱的总重量。

气压随着海拔高度的增加而_____。

（2）高压、低压：同一高度（水平面）上空气由_____向_____运动。

（3）等压面：空间中气压值相等的点所构成的面。

（4）等压线：用同一高度平面截取不同值的等压面得出的就是这个高度上的等压线。

（5）空气在垂直方向上的运动规律：_____、_____。

（二）自主测评

通过预习教材第35页的大气热力环流示意图，在下面尝试画出热力环流图。

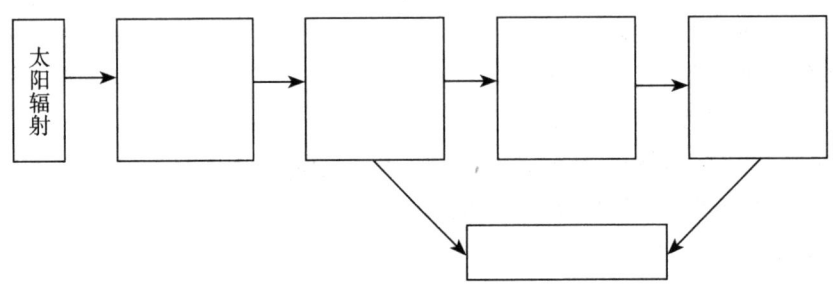

冷却B　　　　　　受热A　　　　　　冷却C

总结：热力环流过程规律

（1）近地面气温、气压与垂直方向上气流运动方向的对应关系：

气温_____——近地面_____压——_____。

气温_____——近地面_____压——_____。

（2）A处近地面"低压"与高空"高压"，气压值孰高孰低？_____

（提示：气压值随着高度的增加而降低，高低压是针对同一高度而言的。）

（3）等压面弯曲规律：高压处_____，低压处_____。

还有什么其他规律呢？

（4）在同一地方的垂直方向上，高空与地面气压状况_____。

热力环流形成过程结构图：

```
太阳辐射 → □ → □ → □ → □
                    ↓       ↓
                    → □ ←
```

小结：热力环流是由地面冷热不均引起的大气运动，是大气运动的一种形式。

（三）问题探究

探究一：热力环流实例

（1）海陆风：白天，近地面风由_____吹向_____；夜晚，近地面的风由_____吹向_____。

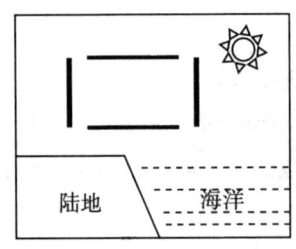 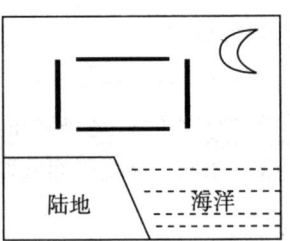

（2）山谷风：白天，近地面风由_____吹向_____；夜晚，近地面的风由_____吹向_____。

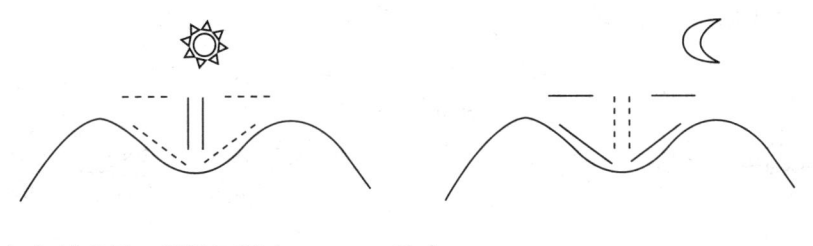

（3）城市风：近地面风由_____吹向_____。

郊区　　　　　　A 城区　　　　　　郊区

探究二：区分等高面的气压

读图讨论并回答，图中黑色实曲线为等压面，虚线为某一等高面：
（1）比较A、B、A′、B′四点气压的大小。
（2）判定A、B两地可能的天气状况。

小结：

1.热力环流产生的根本原因	
2.热力环流形成的过程	地面（　　）——空气的（　　）运动——同一水平面出现（　　）——空气的（　　）运动——形成（　　）
3.生活实例	城市风	近地面风从_____吹向_____
	海陆风	白天_____；夜晚_____

（四）课堂巩固训练

1. 正确表示热力环流示意的图是（　　）。

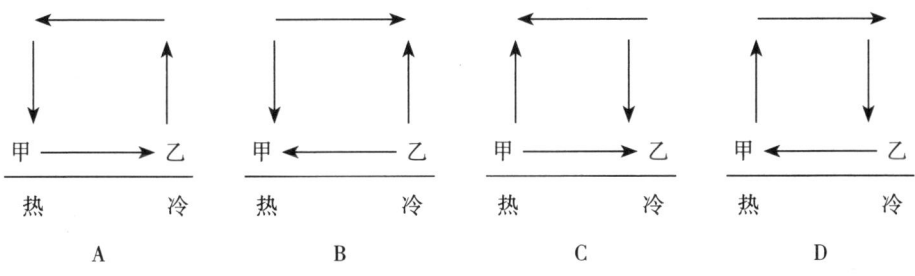

A　　　　　　B　　　　　　C　　　　　　D

2. 在下面四幅热力环流示意图中，不能正确表示热力环流的是（　　）。

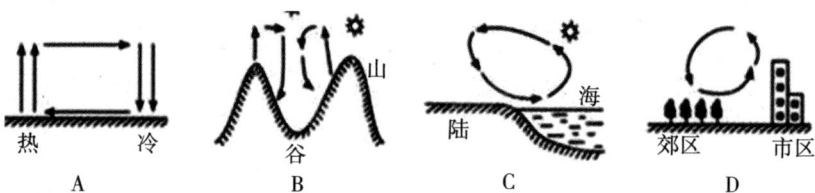

由于城市人口集中，工业发达，释放出大量废气和废热，导致城市气温高于郊区，从而引起城市和郊区之间的小型热力环流，称之为城市风。下图是城市风示意图，读图回答第3—4题。

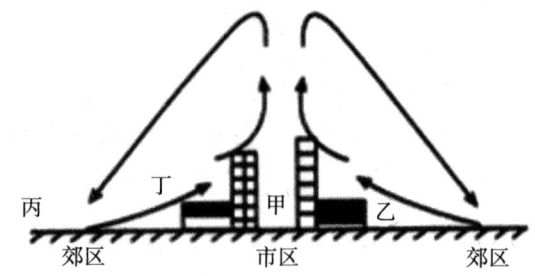

3. 如果要在图中布局火电厂，为了减少城市风对市区的空气污染，工厂应该选择在（　　）。

　　A. 甲地　　　　　B. 乙地　　　　　C. 丙地　　　　　D. 丁地

4. 根据城市风的原理，今后城市造林的重点应该在（　　）。

　　A. 市区　　　　　B. 郊区　　　　　C. 市中心　　　　D. 农村

（五）我的疑惑

政治《市场配置资源》学习任务清单

拟稿：蔡树献　　　　　　　　审核：张梦华

班级：_____　姓名：_____　学号：_____　评价：_____

【学习目标】

通过本课学习，使学生了解资源配置的基本手段，理解市场配置资源的具体机制，知道市场配置资源的优点和市场失灵的原因及后果，懂得建立公平公正市场秩序的重要性及措施，增强对市场配置资源优缺点的辨析能力，树立自觉遵守、维护市场秩序与规则的观念，抵制一切扰乱市场秩序的行为。

【学习重难点】

重点：市场配置资源的优点及缺陷，规范市场秩序的措施。

难点：结合现实分析和应用市场配置资源的优点及市场调节的不足。

【学习方法建议】

（1）多读、多记，背诵课本重点词句。

（2）结合《学习任务清单》和《金版学案》第79—83页的内容，巩固知识，突破重难点。

（3）关注相关时事材料，运用知识分析现实生活，做到理论联系实际。

【学习任务】

（一）自学任务

（1）完成《金版学案》第79页"自主预习"和第81页"核心点拨"部分。

（2）自主阅读课本第78—81页，画出本节课的思维导图。

（二）知识点梳理

自主阅读课本第78—81页，在课本上画出以下问题：

（1）市场配置资源的优点是什么？

（2）如何规范市场秩序？

（3）市场调节的弊端及导致的后果是什么？

（三）自主测评

1.计划和市场是资源配置的两种基本手段，人们必须对资源进行优化组合的原因是（　　　）。

① 人的需要是多种多样、永无止境的

② 在一定时期和范围内，社会能够加以利用的资源是有限的

③ 配置资源有计划和市场两种手段

④ 为了解决资源短缺和人类的需要之间的矛盾

A. ①②③　　　　B. ②③④　　　　C. ①②④　　　　D. ①③④

2. 计划和市场是资源配置的两种基本手段。下列选项中属于市场配置资源的有（　　　）。

A. 浦发银行收购上海信托97.33%的股权

B. 向低保、困难家庭和残疾人等发放物价补贴

C. 加大政府对生态环保等公共产品和基础设施的投入

D. 强化城镇棚户区和城乡危房改造及配套基础设施建设

3. 市场经济之所以是实现资源优化配置的一种有效形式，是因为（　　　）。

A. 市场经济是社会化的商品经济

B. 市场调节作用无所不能

C. 市场经济能通过价格、竞争、供求等充分调动各方面的积极性，实现优胜劣汰

D. 市场经济受政府政策的制约

4. "羊群效应"一般出现在一个竞争非常激烈的行业，而且这个行业有一个领先者（领头羊）占据了主要的地位，那么整个羊群就会不断模仿这个领头羊的一举一动，领头羊到哪里去"吃草"，其他的羊也去哪里"淘金"。"羊群效应"反映了单纯市场调节具有（　　　）。

A. 自发性　　　B. 盲目性　　　C. 滞后性　　　D. 竞争性

5. 据商务部统计，目前我国每年签订的合同约40亿份，而履约率仅占50%，企业每年由此导致的损失高达6000亿元，为防止受骗，一些企业在市场交易中甚至倒退到"一手交钱，一手交货"的原始状态。这一现象说明（　　　）。

A. 现货交易是避免经济损失的最佳选择

B. 社会信用制度是规范市场秩序的根本

C. 市场调节具有盲目性和滞后性的弊端

D. 政府要发挥对资源配置的决定性作用

6. 著名跨国药企葛兰素史克中国公司采取直接行贿或赞助项目等方式，向政府部门个别官员、医药行业协会和基金会、医院、医生等大肆行贿，提高药价。对材料认识正确的有（　　　）。

① 市场调节具有盲目性的弊端

② 市场调节具有自发性的弊端

③ 健全的法律法规是规范市场秩序的根本

④ 良好的市场秩序依靠市场规则来维护

A.②③   B.①④   C.①③   D.②④

（四）课堂探究

区分市场调节的自发性、盲目性和滞后性。

（结合课本第81页）

	自发性	盲目性	滞后性
原因			
表现			
共同导致的后果			

（五）巩固训练

1. 2015年10月4日，广元游客肖先生一家在青岛旅游，吃饭前明明问清楚了"38元一份"的大虾，结账时却"身价"倍增，变成了38元一只，并被老板威胁。后经当地派出所"调解"，2 150元的菜钱硬是被迫支付，此事一经网络曝光，便引起轩然大波，各种调侃的段子纷至沓来，青岛市的形象遭到严重破坏。对这一事件认识正确的是（　　　）。

① 体现了市场调节的自发性缺陷

② 企业要讲究诚信，建立和完善社会信用体系

③ 国家需加强市场监管，维护消费者合法权益

④ 消费者可采取一切手段维权

A.①③   B.①②   C.③④   D.②④

2. 所谓市场失灵，是指市场本身不能有效配置资源的情况，或者市场机制的某种障碍造成配置失误或生产要素浪费性使用。下列属于市场失灵的有（　　　）。

① 建在河边的工厂排出的废水污染了河流，对他人造成损害

② 随着劳动力价格的快速攀升，低端制造业向劳动力成本更低的国家和地区转移

③ 某商家为排挤竞争对手，以低于成本的价格销售商品

④ 央行下调存款准备金率，定向支持小微企业、三农、重大水利工程的发展

A.①②   B.①③   C.②④   D.③④

3. 对于政府和市场的关系，政府要多当市场经济中的"指导员和教练员"，而不能当"运动员"。这主要是指政府要（　　　）。

A. 为企业的经济活动制定规则

B. 发挥自身对资源配置的决定性作用

C. 主动参与企业经营管理活动

D. 对市场经济活动进行规范和引导

4. 农业部新修订的《绿色食品标志管理办法》进一步严格了申请人的资质条件，包括生产加工条件、原料基地建设、质量管理水平和承担责任的能力，使得绿色食品准入"门槛"进一步提高。这一管理办法的实施是政府（　　）。

A. 通过制定完善法律体系促进公平竞争

B. 通过市场调节保护消费者的合法权益

C. 通过健全社会信用体系优化资源配置

D. 通过健全市场准入规则保障食品安全

5. 如今，各种各样的消费卡随处可见，但有些商家在出售了大量消费卡后，要么关门大吉，要么改头换面，致使消费者手中几百元甚至上千元的消费卡成为废品。这表明要规范市场经济秩序，就必须（　　）。

A. 禁止各种形式的垄断经营

B. 加快建立信用监督和失信惩戒制度

C. 充分发挥市场调节的决定性作用

D. 逐步放开市场，培育市场主体

6. 2016年11月11日，天猫成交金额超过1 207亿元。随着互联网与电子商务技术的快速发展，网购已经成为人们日常生活的一个重要部分。

"网购"以其低廉的价格，吸引了大批消费者。然而，消费者在享受实惠的同时，也遇到了"欺诈""违约"等问题。网购在给我们带来方便、快乐购物的同时，也存在不少问题，而正是这些还有待解决的问题又阻扰了迅速发展的网购。有关人士表示，今后政府部门将采取措施规范引导网络市场发展，净化网购市场环境。

结合材料，运用经济生活知识，为规范网购市场发展提出合理化建议。

（六）展示准备

请展示本清单"课堂探究"材料题。

（七）我的疑惑

信息技术《FLASH片头动画的制作》学习任务清单

拟稿人：谢铁昌　　　　　　　审稿人：白果

班级：_____　小组：_____　姓名：_____

【学习目标】
（1）使学生学会利用各种技术动作制作创意动画效果。
（2）使学生理解动画创作的一般技术手段和技巧，从而掌握片头动画的制作方法。

【学习重难点】
重点：①片头制作的一般规律；②绘画工具的具体应用；③透明度渐变、旋转动画的制作方法。
难点：①各种特效的合理规划；②片头制作的一般规律归纳；③信息学科之间的技术互用。

【学习任务】
自学任务：阅读《FLASH动画》课本第97—157页，理解相关概念，完成"科技艺术周——无人机"引导动画的制作。

（一）梳理知识
1. FLASH动画主要应用_____和_____，具体有_____等。
2. 动画的分类一般有_____种，具体有_____。
3. 动画产生的五大条件：_____、_____、_____、_____、_____。
4. 动画的制作流程分为三个阶段：_____、_____和_____。
5. Flash动画分为_____和补间动画，其中，补间动画又分为_____和动画。

（二）自主测评
1. 下列最适合在因特网上传输的动画类型是（　　）。
   A. FLC　　　　B. AVI　　　　C. swf　　　　D. MPG
2. 以下（　　）都可以对图形进行变形操作。
   A. 选择工具　　　　　　B. 部分选取工具

C. 橡皮擦工具　　　　　　　　　　　D. 任意变形工具。

3. 要从一个比较复杂的图像中"挖"出一小部分不规则的图形，应该使用（　　）工具。

A. 选择　　　B. 套索　　　C. 滴管　　　D. 颜料桶

4. 在FLASH生成的文件类型中，我们常说的源文件是指（　　）。

A. ".swf"　　　B. ".fla"　　　C. ".exe"　　　D. ".html"

5. 在按钮编辑模式中，其时间轴上有（　　）个帧。

A. 2　　　B. 3　　　C. 4　　　D. 5

6. 时间轴上用空心小圆点表示的帧是（　　）。

A. 普通帧　　　B. 关键帧　　　C. 空白关键帧　　　D. 过渡帧

（三）合作探究

任务一：设计："我的班级"动画片头，根据自己的创意简要策划片头主要元素及内容。

主要图形：	标题内容：
主要动画形式：	背景音乐：

（四）课堂巩固

任务二：应用元件中Alpha值制作"我的班级"渐变动画。

任务三：应用旋转效果制作"我的班级"旋转动画。

（五）拓展训练

任务四：制作"古越书画院"动画片头。

（六）我的收获及疑惑

第三章

教学新设计

3

《虞美人》教学设计

梁影静

【教学目标】

1. 知识与技能

（1）引导学生了解李煜的生平及作品风格，感受其词作的艺术魅力及艺术价值。

（2）引导学生诵读词作，赏析重点词句，把握艺术技巧，提高对词的鉴赏能力。

2. 过程与方法

在诵读、品味的过程中，寻找意象，感悟意境，培养学生的审美情趣，提高其鉴赏能力。

3. 情感态度与价值观

理解、把握作品中蕴含的亡国之痛与故国之思。

【教学重难点】

重点：赏析重点词句，把握艺术技巧，提高词的鉴赏能力。

难点：鉴赏李煜词深远的意境美，真挚的情感美，动人的音乐美。

【教学方法】

诵读法、点拨法、合作探究交流法。

【自学任务】

知识积累（学生介绍作者）。

失败的君王：李煜（937—978），五代时南唐国主。精于书画，谙于音律，工于诗文，尤以词著名，词尤为五代之冠，后世称其为南唐后主。作为南唐的国君，生活相当奢侈。宋兵破金陵，李煜出降，被囚汴京，封"违命侯"，实际上如囚徒一般，过着"北中日夕，只以泪水洗面"的日子。三年后，李煜42岁生日时，做《虞美人》词，并令歌伎演唱，此曲触怒宋太宗，不久便赐酒将他毒死。这首《虞美人》便成了李煜的绝笔之作。

杰出的词人：李煜的前期作品大都描写宫中的享乐生活，风格柔靡。后期则抒写一个亡国之君的生活与感受，抒发了深沉的故国之思、亡国之恨，形象鲜明，语言清丽，意境阔大，有大家气概，开后世豪放派之先河。

【教学过程】

（一）歌曲导入

上课前先播放《问君能有几多愁》的片尾曲《虞美人》。

这是一个失败的帝王的故事。"落花流水春归去，一种销魂是李郎。"有"梦里不知身是客"的片刻欢悦，有"剪不断，理还乱"的离愁别恨，更有"流水落花春去也""小楼昨夜又东风"的故国感念。他跌宕起伏的薄命人生，蜕变而成一首首人间绝唱。后世称其为"做个才子真绝代，可怜薄命做君王"。请问这个人是谁？

（二）整体感知——咏诗韵

（1）听录音范读。

（2）教师做诵读指导，学生自由朗读。

（3）把握基调：悲哀伤感（问君能有几多愁，恰似一江春水向东流）。

这首词的整体情感基调是悲哀伤感，词中有不堪回首的回忆，有痛苦难耐的现实，诵读时语调要低沉，语速应缓慢，要以一种长叹的语气表现出来。"问君能有几多愁，恰似一江春水向东流"是整首词情绪的高潮。"向东流"是指愁绪的绵长无尽，声音要延长，要把这无尽的哀愁表现出来。

（4）指名学生试读并点评。

（5）全班齐读，感受愁情。

（三）合作探究——品愁情

（1）这首词充满了作者凄凉哀伤的情感，那么词中哪个字能直接抒发这种情感？请找出这首词的词眼，写出词眼所在的句子。

明确：词眼：愁。问君能有几多愁，恰似一江春水向东流。

（2）从某种意义上说，诗是意象的艺术。为写"愁"，词人主要选取了哪些意象？

明确：春花秋月、往事、小楼、东风、故国、明月、雕栏玉砌、朱颜、一江春水。

（3）"春花秋月"本是美景，作者为什么要追问它"何时了"？

明确：李煜降宋后被封为"违命侯"，过着囚徒般的生活，他对人生已经绝望，所以对生活感到绝望，这一年又一年如期开放的春花，一岁又一岁悬挂在碧空的明月，在李煜那里却丝毫唤不起欣赏的兴趣。一个被囚禁的亡国之君要忍受无尽的屈辱，一年一度的春花秋月只是意味着这种屈辱生活的延续罢了，"春花秋月"对他是一种讽刺，从而对花谢花开、月圆月缺感到厌烦，希望这一切早点结束。

（4）"往事知多少"中的"往事"具体指什么？换句话说，李煜到底在怀念什么？

明确：锦衣玉食、后宫佳丽、国君的尊荣富贵的生活。

精神上的欢乐、尊严、自由及生存的安全感。

（5）"小楼昨夜又东风，故国不堪回首月明中"中的"又东风"表现了作者怎样的思想感情？

明确：囚居的小楼昨夜又吹来了东风，预示着又一个难熬的春天到了。一样的东风，一样的明月，不一样的境遇。故国已经不在了，皇帝的身份也已经不在了。故国凝聚了自己人生的荣耀和梦幻。"又"点明他降宋后又过了一年。季节的变化引起他无限的感慨，感慨人的生命随着花谢月残而长逝不返，感慨复国之梦随着花开月圆而逐步破灭。

（6）"雕栏玉砌应犹在，只是朱颜改"中的"改"指的是什么改变了？"朱颜"的含义有哪些？这一句表达了什么感情？

改：朱颜、地位、生活、感受。

地位改变：一国之尊（尊贵）——阶下囚（卑贱）。

生活改变：荣华富贵、锦衣玉食、后宫佳丽——窘迫不堪。

感受改变：快乐、幸福——羞辱、悲痛。

（后宫佳丽的容颜，词人自己的容颜，国家的容颜）

表达了今非昔比、物是人非和亡国之痛的感情。

（7）"问君能有几多愁？恰似一江春水向东流"这一千古名句用了哪些修辞手法，在表达上有什么好处？

明确：运用了设问、比喻、夸张的修辞手法，把无形的愁绪化为有形的江水，抽象的感情形象化，生动感人。江水的特点有：浩荡奔涌，奔流不息，连绵不尽，不舍昼夜，无穷无尽。因此，把愁比作春水，显示出诗人内心积蓄已久的愁思如浩荡奔涌的江水一般释放出来；这愁又如江水不舍昼夜，奔流不息，无穷无尽。正因为想起了美好的往事、已经灭亡的故国和远在千里之外的家乡，词人在词的最后发出了对于愁的感叹：问君能有几多愁，恰似一江春水向东流。

愁，本是抽象的，没有体积和重量的，在这里作者运用比喻的修辞手法，把满腔的愁绪比作一江春水，将抽象的情感用具体形象的春水表现出来，把无形的愁思具体化，沉重的情感生动化。

（四）课堂小结

通过抓意象、把握关键词句和艺术手法，我们感受到作者的满腔愁绪：往事之叹、亡国之痛、故国之思。一个亡国之君对他曾经的美好生活念念不忘，自然会惹来忌恨，招来杀身之祸，《虞美人》自然就成了李煜的绝命词。

（五）自主测评

相见欢

李煜

林花谢了春红，太匆匆，无奈朝来寒雨晚来风。

胭脂泪，相留醉，几时重？自是人生长恨水长东。

①谢：凋谢。②胭脂泪：原指女子的眼泪，女子脸上搽有胭脂，泪水流经脸颊时沾上胭脂的红色，故云。在这里，胭脂是指林花着雨的鲜艳颜色，指代美好的花。③几时重：何时再度相会。

1. 下面对于词句比喻的理解不正确的一项是（　　）。

A. 以"林花谢了春红，太匆匆"比喻自己帝王生活结束之快。

B. 以"无奈朝来寒雨晚来风"比喻国亡家破，是由于外力的打击。

C. 以"胭脂泪，相留醉，几时重？"比喻帝王生活一去不复返，企其重来之不可再得。

D. 以"水长东"比喻自己的愁苦将会像东流水一样滚滚而去，这样自己就能摆脱忧愁，自由生活了。

2. 下列对于词作内容理解不够确切的一项是（　　）。

A. 词的上阕，描写在寒雨急风的摧残之下，林花凋谢，春去匆匆。字里行间，寄寓着词人因感到人生短促，好景不长而产生的极度哀伤。

B. 词的下阕，抒写好景不再的哀愁和人生痛苦的怨恨。整首词的结句使主题更加深刻。

C. 这是一首即景抒情的小词。词人通过描绘春残花谢的自然现象，抒写了人生失意的无限怅恨。它是李煜早期词作的代表作之一。

D. 这首小词语言清新、情调哀怨、意味深长。词人把自己的主观感情灌注于自然景物之中，情景交融，物我一体。

（六）布置作业

（1）完成《全优课堂》。

（2）背诵诗词。

《高三英语话题词汇复习》教学设计

Book 2 Unit 4 Wild Life Protection

杨 文

一、教材分析

本单元的中心话题为"动物保护",词汇以阅读词汇为主,但要求学生掌握部分短语和句型,用于表达自己的观点和看法。该课时为本单元的第二课时词汇应用部分,要求学生在自主学习和记忆课本话题词汇后,掌握派生词和短语,并能准确运用。同时,能够表达动物濒危的原因和保护措施,为口语表达和话题写作积累素材。

二、学生分析

授课对象为高三(6)班文科学生,学生英语水平参差不齐,表达能力欠缺。在词汇掌握方面,学生通过自主学习,能完成相关练习,存在的问题是学生单词记忆不准确,对派生词不够重视,只局限于记忆,实际运用能力较弱。很多学生侧重句子理解、阅读,却忽略了以输出为目的的写作、口头表达等目标,学以致用的能力还有待加强。

三、设计思路

本节词汇复习课运用手机软件,结合我校"翻转课堂"教学模式,师生以智能手机为辅助工具,利用手机APP、采取"先学后教"的方法完成教学任务。一方面培养学生的自主学习能力,另一方面教师在课前可以在手机上查看学生的自学情况和作业完成情况,使课堂讲解更具针对性;同时可以在课堂上关注学生的学习过程,了解学情,及时对学生提出的问题进行反馈释疑。本节课以"动物"话题词汇为载体,通过手机软件,完成词汇闯关和翻译等课堂检测练习。再通过小组合作与讨论方式,探讨动物濒危的原因和保护措施,把所学知识整合成书面材料,并口头表达出来,使学生能够学以致用。本节课的教学主线是课前自主学习掌握词汇、课堂讨论交流、展示学习成果、小组合作探究,表达动物濒危的原因和保护措施。教师引导学生进一步掌握词汇，为听说训练积累素材，提高学生口头表达的能力。

四、教学目标

通过课前自学话题词汇，学生能掌握词汇的用法，并能够灵活运用。学生通过讨论动物濒危的原因和保护措施，锻炼听说能力，提高保护动物的意识。

五、教学重难点

1. 学生掌握话题词汇的用法，并能够灵活运用。

2. 学生通过小组合作方式，讨论动物濒危的原因和保护措施，进行语言的运用和输出。

六、教学方法

翻转课堂，小组合作学习，课堂展示分享。

七、教学媒体

手机APP（希沃授课助手、UMU互动、微信、沪江开心词场）。

八、教学过程

Before class

1. The teacher designs the learning tasks by UMU APP, and sents them to the students' Wechat. And then asks the students to finish the learning tasks, and hand in their exercises by their mobile phones.

2. The teacher examines the students' exercises on the mobile phone, records the common mistakes, and prepares for the class.

In class

Step 1 Lead-in

Step 2 Sign-in（1'）（希沃授课助手、UMU、微信）

Ask the students to scan the UMU code to sign in.

Step 3 Self-study test（5'）（希沃授课助手、UMU）

1. Show the results of self-study tests to the whole class, and ask them to ask questions if they still have problems after getting the answers and explanations.

2. Let some students explain the questions to the other students.

3. Read the words together.

Step 4 Consolidation（14'）

1.Have a word test.（Round 18）（APP《沪江开心词场》）

2.Make sentences.（希沃授课助手、UMU、微信）

Ask the students to choose one phrase to make a sentence. Look through the other students' sentences, and give him/her a thumb-up if you think it is right.

① protect ... from

② die out

③ take action

④ in danger（of）

⑤ in peace

⑥ raise the awareness of

⑦ be concerned about

⑧ do harm to

Step 5 Inquiry learning（15'）（UMU、微信）

1. Watch a video, and finish the following two tasks.

Task 1：How many animals are mentioned in the video? What are they?

Task 2: Retell the reasons why people killed animals according to the video. And then discuss with your partners and list some other reasons why animals are in danger.

2. Work with your group, and discuss "What should we do to protect animals?". Ask the students to write down their opinions and then upload the exercises.

3. Ask several groups to show their opinions to the whole class.

Step 6 Summary（1'）

What have we learned from this class?

Step 7 Self-evaluation（3'）（UMU、微信）

Ask the students to hand in the results of the survey.

Step 8 Next-learning tasks（1'）

《作用力与反作用力》教学设计

杨敏丹

【教学思路】

基于新课程改革的探索,笔者在教学中践行"先学后教""以学生为主体,教师为主导"的教学理念,让学生通过课前预习、小组讨论协作和查阅资料等方式完成基础知识的自主学习,在课堂上展示协作学习成果,将学习的主动权还给学生,建立"翻转课堂"的教学模式。

本节课教学设计如下:环节一,学生预习《学习任务清单》,完成课前基础知识清单以及自主测评;环节二,结合课前自测情况,引导学生回顾力的知识点,重点分析平衡力;环节三,以"鼓掌"为例,引导学生得出作用力与反作用力的定义;环节四,从"力的三要素"出发,引导学生对课前小组协作学习成果进行展示,归纳得出牛顿第三定律;环节五,结合环节二的平衡力,引导学生在原图中做出作用力与反作用力,和平衡力进行对比,归纳得出作用力与反作用力和一对平衡力的异同,并通过大人小孩拔河比赛加深学生对其的了解;环节六,让学生说出课前疑惑和收获,引导学生进行课堂小结;环节七,当堂检测学生对本节课知识地掌握情况;环节八,布置课后作业。

【教学分析】

1. 教材分析

作为牛顿三大定律之一,牛顿第三定律是牛顿力学的重要内容。自然界中的物体都是相互联系的,一个物体在受到其他物体作用的同时也会对其他物体有作用,而牛顿第三定律就是研究物体间相互作用关系的,所以牛顿第三定律的学习是必要且重要的,是我们完整认识这个世界的基础。

教材主要是让学生探究作用力与反作用力的关系,然后得出牛顿第三定律的内容。但是在探究作用力与反作用力之前,学生对作用力、反作用力的概念并不是很了解。所以,教师在授课之前要先帮助学生理解这两个概念,然后通过生活中的例子,如拔河比赛等引起学生的兴趣和思考,继而再小组讨论探究作用力与反作用力间的关系,这样会得到更好的效果。而在教学中,在让学生利用弹簧测力计探究后,教师再次利用力传感器探究,可以使实验结果更准确、更直观,同时加深学生的印象和理解。最后通过举出生活中的例子让学生学会解释实际的简单问题,做到从生活中来，到生活中去，从而提高学生分析和处理问题的能力。

2. 学情分析

学生对力的概念比较熟悉，之前学习了"力的作用是相互的"也学会了对物体的受力分析等，有一定的基础。然而学生容易混淆作用力与反作用和平衡力的关系。学生对"力的作用是相互的"这一知识停留在知识的记忆上，并未真正理解其内涵，而且受日常生活经验的影响，在学习过程中容易形成错误的认识。如在大人小孩拔河比赛中，学生认为大人的力大于小孩的力。

【教学目标】

1. 知识与技能

（1）让学生认识作用力与反作用力的关系。

（2）让学生理解平衡力和作用力与反作用力的区别。

（3）让学生能运用牛顿第三定律解决问题。

2. 过程与方法

（1）通过实验总结规律的能力。

（2）在具体受力分析中应用牛顿第三定律的能力。

3. 情感、态度与价值观

（1）进一步掌握实践是检验真理的唯一标准的哲学思想。

（2）通过学习，使学生了解到物理世界中普遍存在的对称美。

【教学重难点】

重点：①掌握牛顿第三定律；②区分作用力与反作用力和一对平衡力。

难点：①作用力与反作用力的大小关系；②大人拉小孩和小孩拉大人的力是否一样大，为何会出现赢的一方？

【教学资源】

1. 实验器材

弹簧测力计、力传感器、条形磁铁、小车等。

2. 教学资源

视频或图片资源。

【教学方法与手段】

本节课主要采用"翻转课堂"教学模式，通过小组探究——课堂分享的模式，对知识传授和内化进行翻转的安排，改变传统教学中的师生角色，增强学生的自主学习能力和合作探究能力，有效提高课堂教学效率。

【课时安排】

1课时。

【教学过程】

(一) 回顾旧知识——二力平衡

教学内容	教师活动	学生活动	设计意图
二力平衡	（图示：物体受 F_N 向上、G 向下） 二力平衡的条件：同物、等大、反向、共线	小组讨论，派代表上台做出平衡力，并归纳出二力平衡的条件	由平衡力引出作用力与反作用力，对比鲜明，为学生探究作用力与反作用力的关系做好准备

(二) 作用力与反作用力的定义

教学内容	教师活动	学生活动	设计意图
1. 引入新课	（1）大小相等、方向相反，作用于同一直线上就一定是平衡力吗？ （2）学生鼓掌欢迎听课的教师，在鼓掌时右手用力拍打左手，左手掌是否有感觉？右手掌是否也有感觉？	学生鼓掌欢迎听课的教师，体会双手的感觉	（1）与学生互动，让学生进入积极主动的思考状态，激发学习热情 （2）联系新旧知识
2. 回顾知识——力是物体对物体的作用	力是物体对物体的作用 （1）涉及几个物体 （2）分别命名为	（1）2个 （2）受力物体、施力物体	
3. 作用力与反作用力的定义	（1）鼓掌时，左手感觉到痛，右手作为施力物体，对左手施加了一个力；右手也感觉痛，是否左手也对右手施加了一个力 （2）像鼓掌一样，当右手对左手有力的作用的时候，左手对右手也有力的作用，这种物体间的相互作用力，我们称为作用力与反作用力 （3）如果把右手作用于左手的力称为作用力，那么左手对右手的力就称为反作用力	观察实例，理性分析，理解作用力与反作用力的定义	从学生感兴趣的例子出发，符合学生的认知规律，有助于学生建立感性的认识

（三）牛顿第三定律

教学内容	教师活动	学生活动	设计意图
1.回顾知识——力的三要素	力的作用效果由什么决定？力的三要素是	力的三要素：大小、方向、作用点	联系新旧知识
2.实验探究 3.实验总结	请同学们带着作用力与反作用力的大小、方向和作用点这三点进行以下实验 （1）推动小船 （2）手推桌子（忽略摩擦力） （3）条形磁体同极相斥 推动小船 手推桌子 条形磁体同极相斥	以小组的形式进行实验 学生对这三个小实验进行受力分析，总结作用力与反作用力的方向、作用点	以小组为单位，培养学生的团队意识，给予学生探究问题的思路引导学生画出物体的作用力与反作用力，再根据图示，引导学生总结归纳出作用力与反作用力的特点
4.探究作用力与反作用力的大小	（1）以卵击石 有人认为，之所以会蛋碎石全，是因为鸡蛋受到的作用力大于石头受到的反作用力。你们认同这个观点吗 （2）静止的物体间作用力与反作用力的大小关系 让学生用弹簧测力计或力传感器在同一直线上相互拉，保持两弹簧测力计静止，帮助学生总结探究结论 （3）运动的物体间作用力与反作用力的大小关系 让学生用弹簧测力计或力传感器在同一直线上相互拉，且让两弹簧测力计以不同的形式运动，帮助学生总结探究结论	（1）不认同/认同 （2）按照活动要求，探究静止物体间的作用力与反作用力的大小关系。观察弹簧测力计/传感器的示数，归纳总结实验结论	通过对生活实例提出质疑，引导学生明白大小关系是一个定量的问题，仅仅靠日常观察和经验是解决不了的，还需要进行实验，科学探究

（四）作用力与反作用力和一对平衡力的异同

教学内容	教师活动	学生活动	设计意图
1. 例子分析	静止放置于桌面上的书本（图：F_N 向上、G 向下、F'_N 向下）	在原有平衡力的原图上再做出作用力与反作用力	以静止于桌面的书本为例，系统简单易懂
2. 归纳作用力与反作用力和一对平衡力的异同	（见下方小表）		
3. 应用——大人小孩拔河比赛	（图：$F_{拉}$、$F'_{拉}$、$f_{大人}$、$f_{小孩}$）		

	作用力与反作用力	一对平衡力
作用点	作用于两个物体上	作用于同一物体上
性质	同种性质	不一定是同种性质
同时性	共生共灭	不一定同时消失、产生
联系	大小相等、方向相反、作用于同一直线上	

（五）课堂小结

教学内容	教师活动	学生活动	设计意图
知识点总结	作用力与反作用力的定义 牛顿第三定律 作用力与反作用力和一对平衡力的异同	分享课前疑惑和课中收获	通过记录课前疑惑，再对照该节课所学知识，看是否解决了疑惑，培养学生思考和总结的能力

（六）当堂检测

教学内容	教师活动	学生活动	设计意图
当堂检测	《学习任务清单》里当堂检测的三道习题	当堂完成	通过让学生当堂完成三道典型例题，可了解该节课学生的掌握情况

（七）布置课后作业

书本第69页
第2题（与拔河模型类似）
第4题（检测学生是否理解作用力与反作用力，是否掌握其和平衡力的区别、联系）

（八）板书设计

§3.6 作用力与反作用力

1. 定义
两个物体间的相互作用力称为作用力与反作用力
2. 牛顿第三定律
（1）内容：两物体之间的作用力与反作用力总是大小相等、方向相反、作用在同一直线上
（2）公式：_____。
3. 平衡力和作用力与反作用力的区别和联系

项目	作用力与反作用力	一对平衡力
作用点	作用于两个物体上	作用于同一物体上
性质	同一性质	不一定是同种性质
同时性	共生共灭	不一定同时消失、产生
联系	大小相等、方向相反、作用于同一直线上	

《报刊类文本信息的加工与表达》教学设计

黄中秋

【教学说明】

对学生的基本技术要求：学生能熟练使用Word等软件。

硬件：多媒体计算机房、局域网、可连接到Internet网。

软件：Windows操作系统、网络教室教学软件、微课导学视频、PPT授课课件、Word排版软件。

素材：教师给出部分素材，学生也可以上网查找。

素材所在地：计算机桌面或E盘的《电子报刊》。

小组代表作品提交：网上邻居教师及《学生作品》。

【教材分析】

本节课是粤版高中《信息技术基础》（必修）的第三章第一节的第三部分。本节课内容是《报刊类文本信息的加工与表达》，即使用常用办公软件Word加工和处理电子报刊类的信息，是对学生已有学习经验和技能地提炼与提高，目的在于提升学生处理信息、表达信息的素养和能力，使学生能够根据具体需要恰如其分地表达意图。

本节课着重点是引导学生制作、排版"校运会"电子报刊作品的局部内容，学习排版、加工信息的过程，为完成整体排版提供局部排版内容；主要考核学生对文本框、艺术字、图片、形状等工具的操作应用，激发学生的学习兴趣和创作欲望，实现用恰当的技术表现形式呈现主题，表达意图，培养学生的整体规划能力和审美情趣。

【学生分析】

教材内容设置是以有一定基础的学生作为对象，但学生的实际情况仍然是零起点，大多数学生在初中阶段没有系统地学习过文本信息的加工与处理的基本知识，更谈不上学习Word的使用技巧。对于根据任务需求解决实际问题，他们大多数缺乏问题分析、整体规划和设计制作等能力。通过引导学生制作、排版"校运会"电子报刊作品的局部内容，学生掌握图文搭配排版技术，逐步领会使用工具软件解决问题的各种方法，形成良好的习惯和信息表达能力。

【教学目标】

知识目标：①了解并体验报刊局部排版的一般制作过程；②掌握设计电子报刊

的版面结构及对象排版法的实际应用；③能够根据任务需求，熟练使用文字处理工具软件加工信息，表达意图。

能力目标：排版"校运会"电子报刊作品的局部内容要用到多方面的知识、技能，同时给学生提供了自由发挥的空间，学生可以充分发挥自身的创造力与想象力，培养学生综合运用和学习知识的能力。

情感目标：促进学生获取信息的能力、设计能力、审美能力的提高，鼓励学生融入自己的个性，制作出新颖、吸引人的作品。

【教学重难点】

重点：掌握设计电子报刊的版面结构及对象排版法的实际应用；掌握使用文字处理工具软件加工信息，并以电子报刊的形式表达意图；培养学生的自主评价意识和独立见解，学会客观评价事物。

难点：根据任务需求，熟练使用文本处理等工具软件加工信息，并选择恰当的形式充分表达主题内容。

【教学方法】

任务驱动教学法、协助教学法、自主学习法、实践教学法。

【教学思路】

本节课，重点培养学生使用Word排版软件表达意图的能力，培养学生的规划能力，提高学生的审美情趣。

上课前教师提供预先录制的微课视频给学生提前预习或课中学习使用，同时回顾电子报刊的制作过程理论和结构组成，解答《学习任务清单》中的疑惑问题；然后展示示例"校运会"电子报刊效果图，吸引学生的制作兴趣，并导入新课。

教师分析示例电子报刊的版面结构，提供一些电子报刊作品供学生欣赏，让学生从中可以获得一些创作灵感，同时要求学生分析其版面结构，最后向学生布置本节课的任务。

本节课的任务是完成"校运会"电子报刊作品，将报刊版面划分成四个需要编排的区域，然后以抽签的形式分给学习小组并完成制作；学习小组的每位成员都必须完成所负责区域的局部排版作品一个，可以以小组成员之间协作的形式完成作品制作；每位同学完成作品后，小组之间进行互评，评出对方小组中最优秀的作品，并提交到教师电脑上；收齐各小组的代表（优秀）作品后，将所有局部排版作品组合到完整的电子报刊中，成为全班同学共同完成的"校运会"电子报刊作品，最后再集中点评。

在作品制作过程中，教师鼓励学生自主学习，学会与他人协作，创作出新颖的作品，同时在作品的创作中得到知识的升华与提炼。学生在学习过程中一直处于积极主动的主体地位，教师在整个过程中只是起解惑、组织好课堂的指导作用。在自主、探索的学习过程中，学生的自学能力、创新能力、审美能力都得到发展，学生的知识综合应用能力也得到加强。

教学思路简要示意图：

课前发放《学习任务清单》，学习小组传阅预习 → 回顾电子报刊及其制作流程 → 展示"校运会"电子报刊示例效果图 → 分析"校运会"示例电子报刊结构版面 ↓
评价作品并小结 ← 收集作品 ← 小组之间相互评出最优秀的作品 ← 学生进行局部排版设计 ← 布置"校运会"示例设计任务

【教学过程】

	教学过程		
教学环节	教师活动	学生活动	教学意图
1.新课引入（3′）	（1）回顾上节课学习的内容 ①报刊类文本信息的加工过程 确定主题→收集与选择素材→设计版面→制作作品→评价作品 ②电子报刊结构内容：报头、报眉、标题、正文、图片以及装饰图案。 （2）解答《学习任务清单》中的疑惑问题。（若有较多疑惑问题，可适当增加2′） （3）展示"校运会"电子报刊示例效果图，引入新课 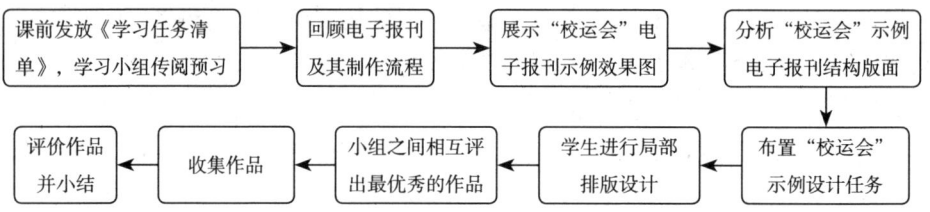	（1）回顾报刊类文本信息加工过程知识，为本节课学习做好准备 （2）提出疑惑问题 （3）学生解答疑惑问题 （4）赏析示例效果图	（1）温故而知新 （2）学生帮学生解答疑惑问题，是学生相互协作学习的方法 （3）对于学生无法解答的疑惑问题，再由教师解答 （4）向学生展示作品，激发学生的学习兴趣

教学环节	教师活动	学生活动	教学意图
2. 理论认识（3′）	（1）认识电子报刊及其版面结构 电子报刊是指运用各类文字、绘画、图形、图像处理软件，参照电子出版物的有关标准，创作出的电子报或电子刊物。 电子报刊应含有报名、刊号、出版单位或出版人、出版日期、一定的内容版面及导读栏等 （2）分析示例效果图的版面结构 （3）展示、欣赏其他电子报刊效果图，酝酿创作灵感，并要求学生分析其版面结构	（1）听讲解并认识电子报刊 （2）学习规划电子报刊版面结构图 （3）学生欣赏别人的排版作品，从中学习借鉴排版效果，为自主开展排版提供经验	（1）对电子报刊的完整认识，加深对电子报刊的理解，有助于学生开展排版创作 （2）对电子报刊版面结构的规划，培养学生的规划能力 （3）排版灵感源自经验，再优秀的排版者，开始时，都离不开模仿与借鉴。在所提供的素材中，将提供更多的排版案例效果图供学生欣赏借鉴
3. 提出任务（2′）	（1）布置"校运会"电子报刊操作任务。给出素材，在事先划分好的版面图上，标出四个区域，由学习小组来抽签决定负责编排区域；完成排版制作后，每个小组通过评价，推荐一份最优秀的排版作品，提交给老师 注：由于时间有限，所以每个区域的文本内容，都是预先准备好的。 报头① 长×宽：18×3.5cm 局部内容②：长×宽 8.5×23cm 局部内容③：长×宽 10×10.5cm 局部内容④：长×宽 10×12.5cm	学生了解操作案例的任务安排；小组长抽签选择负责排版的区域	电子报刊的信息量比较大，要求学生在一节课内完成信息等素材收集并排版好，有非常大的难度；所以，采取了化整为零的学习方法：排版前为学生准备好素材（有时间的同学可以自行搜集素材），将整个版面划分成四个小区供小组完成，最后再组合

续表

教学环节	教师活动	学生活动	教学意图
3.提出任务（2′）	（2）在此基础上引导学生根据所提供的素材开始自主设计排版效果，可模仿制作或创新制作，但内容必须要健康、积极向上 提示：如果操作过程中遇到技术问题，可寻求学习小组成员的帮助，或请求老师指导；重要的是要学会自主学习、自主解决问题		
4.作品评价（28′）	（1）学生完成排版制作（用时约15′） 巡视学生操作过程，技术指导学生制作，或引导学生通过微课视频学习解决问题 （2）小组互评（用时约2′）。 小组之间分别对对方小组的每位成员所做作品进行评价，并选出最优秀的一份作品，作为小组代表作品提交上来 （3）将所收集到的每个小组的代表作品合成到"校运会"电子报刊版面上，得到全班同学共同完成的作品（用时约2′） （4）作品展示及评价（用时约7′）。 将合成好的作品展示给同学；每个小组都对共同完成的作品进行评价，然后各派一名代表进行评价 （5）教师总结性评价（用时约2′）	（1）学生制作排版作品 （2）完成制作后，开展互评，选出小组优秀作品，作为代表作，并提交给教师 （3）合成完整作品。（学生代表） （4）学生欣赏合成作品，进行评价，并提出改进意见 （5）教师归纳总结	（1）学生制作过程中，可能会遇到各种问题，要及时指导学生完成制作 （2）小组互相评选作品，培养了学生自主评价的意识；通过对比，对学生有促进的作用；同时，争取成为小组代表作品，学生更有制作动力和成就感 （3）组合作品，可根据学生的完成情况和时间原因，由教师完成这一步；重点是引导学生评价作品
5.课堂总结（4′）	总结本节课的教学内容，对学生的制作成果进行表扬与鼓励，并指出其中的不足之处，让学生正视问题和寻求解决办法。同时，布置课后作业： 请为本班制作一期《班级园地》的电子报刊		引导学生学以致用，巩固学习知识，激发学生继续学习的兴趣

【教学评价】

本节课以培养学生掌握信息技术技能和自主评价意识为主。为实现预定的教学目标，我们采用了《学习任务清单》的形式加完成操作案例，让学生可以有选择地学习，从而提高学习效率。以完成操作案例的形式，供学生学习并考核知识掌握情况；采用分区域制作案例的方法，减轻了学生一节课内要完成的排版量，让学生可以在一节课内排版出完整的作品，提升学生的学习成就感。小组制作案例，使学生在制作过程中相互协作、竞争，增强了学生的团队合作意识和相互竞争的进步意识。小组之间评价，以及小组评价，让同学们参与共同评价，这一过程是一个再学习再提高的过程，对于知识掌握较好的学生是表现自我的时候，是最有成就感的时候，对于知识掌握不太好的少数学生，是一个再学习的过程。通过评价，发掘了自身的优缺点，实现相互交流，培养学生独立的自主评价意识。

学生完成任务评分表

组别	思想性 科学性 （28分）	创造性 （27分）	艺术性 （25分）	技术性 （20分）	总分 （100分）
一					
二					
三					
四					

报刊类作品参考评价表

评价标准	评价指标	得分
思想性 科学性 （28分）	主题明确，内容积极、健康向上（7分） 能科学、完整地表达主题思想（7分） 内容切合学习和生活实际（7分） 文字内容通顺，无错别字和繁体字（7分）	
创造性 （27分）	素材获取及其加工属原创（10分） 具有想象力和个性表现力（7分） 内容、结构设计独特（5分） 主题表达形式新颖，构思独特、巧妙（5分）	
艺术性 （25分）	版式设计生动活泼，各页风格协调（7分） 版面设计合理，色彩运用得当（7分） 图文并茂，文字清晰易读（7分） 反映了作者一定的审美能力（4分）	
技术性 （20分）	选用制作工具和制作技巧恰当（7分） 技术运用准确、适当、简洁（7分） 包含报刊各要素（6分）	
总分		
评价等级	优秀：100—90，良好：89—80，一般：79—60，差：59—0	

第四章

教学新案例

物理《测量分子的大小》教案

柯绍豪

【实验目标】

1. 知识与技能

让学生了解油酸分子的结构特点,学会用油膜法估测其大小。

通过实验探究过程,使学生体会科学探究的一般方法,初步学会用统计的方法求物理量。

2. 情感态度与价值观

(1)在实验探究的过程中,使学生有克服困难的信心和决心,体验战胜困难、解决物理问题时的喜悦。

(2)使学生养成实事求是、尊重自然规律的科学态度,促进学生科学世界观的形成。

【实验重难点】

重点:学会用油膜法估测其大小。

难点:用正确的方法进行实验。

【实验用具】

①1:200油酸—酒精溶液;②铁架台;③20mL注射器;④注射用皮管;⑤10mL量筒;⑥塑料水槽(30cm×30cm);⑦30cm×30cm玻璃;⑧坐标纸;⑨彩笔;⑩痱子粉。

【实验分析和实验建议】

用油膜法估测分子的大小这一学生实验的目的,是让学生学习一种方法,即用宏观手段来研究微观问题。该实验具有很强的探索性,因此指导学生做好这个实验是非常有意义的。要做好这个实验,需注意以下三个主要问题:

(一)浓度配制

教材中要求老师事先配制好一定浓度的酒精—油酸溶液,并无明确指明要配多大的浓度,而这一浓度大小的选择正是这个实验成功的关键。通过多次试验,我们认为浓度选取1‰较合适,配制浓度为1‰的油酸溶液可经两次配制。第一次配制,在100mL的量筒中准确地放入96mL无水乙醇,再用5mL的量筒量入4mL油酸,充分搅拌后,得到浓度为4%的油酸溶液。第二次配制,取97.5mL的无水乙醇放入另一个100mL量筒中，用5mL的量筒准确量入第一次配好的浓度为4%的油酸溶液2.5mL，充分搅拌，便得到浓度为1‰的油酸溶液。

通过两次配制，既可减小取液时的相对误差，又可用尽量少的液体配出较准确浓度的溶液。在配制过程中应注意：

（1）小量筒量取的溶质要全部放入溶液。

（2）充分搅拌。

（3）油酸溶液配制好后不要长时间放置，以免酒精挥发改变溶液浓度。

（二）粉的厚度

实验中痱子粉的作用是界定油膜大小的边界，痱子粉过厚，油膜不易扩散，使水面的痱子粉开裂；痱子粉太少，油膜边界不清。教材中要求学生将痱子粉均匀地撒在水面上，如何"撒"是关键。为了让学生撒好痱子粉，可先将痱子粉装入小布袋中，然后拿一细木棒在水面上方轻敲布袋，即可得到均匀的、很薄的一层痱子粉。具体撒多薄的痱子粉，教师要事先试验，做到心中有数，并指导学生操作。

（三）点的滴法

实验时，取配好的浓度为1‰的油酸溶液约3—5mL分到5mL的量筒中，发给各小组，让学生用液管抽取溶液，一滴一滴地滴入小量筒，训练准确、均匀地滴点。在练习之前，教师应示范滴管的拿取姿势，用左手食指、中指夹住滴管的中部，右手拇指和食指摄住滴管的胶头，两手掌靠拢，形成一个稳定的姿势，再把两肘支在桌上，这样可保证滴出每滴溶液时所用的力始终不变，数出的滴数误差就会减小。学生按上述方法操作，记下小量筒内增加一定体积（例如1mL）时的滴数。接下来把一滴油酸溶液滴入撒好痱子粉的水面中央，这滴油酸溶液立刻伸展为一个80—140cm^2的以痱子粉为边界的近圆形油膜，边缘是锯齿形，当油膜中的无水乙醇挥发、溶解后，油膜便自动收缩为60—120cm^2的近圆形油膜。浅盘上盖好玻璃，用彩笔描出油膜边界，用坐标纸量出油膜面积。

注意了以上三个问题后，这个实验就不难成功了。实验过程中，还要注意浅盘选深度为5cm左右的圆盘，口径选40cm以上，底色用棕、黑等深色，痱子粉应保证干燥，浅盘中的水应提前放置（静置）10小时以上，滴管往浅盘水面上滴油酸溶液时，滴管口距下面的高度应在1cm之内，当重做实验时，应用大量清水把浅盘及量筒、滴管洗净，有条件的学校用热水清洗或酒精擦拭后再冲洗效果更佳。总之，只要教师精心准备，对学生认真指导，则可观察到应有的实验现象，一定会得到与油酸分子公认值1.12×10^{-9}m很接近的测量估算值。

【实验原理】

油酸分子式为$C_{17}H_{33}COOH$，是一种结构较为复杂的高分子。它由两部分组成，一部分是$C_{17}H_{33}$，是不饱和烃，具有憎水性；另一部分是$COOH$，对水有很强的亲和力。被酒精稀释过的油酸滴在水面上时，油酸溶液会在水面上很快散开，其中酒精先溶于水,并很快挥发,最后在水面上形成一层纯油酸薄膜。

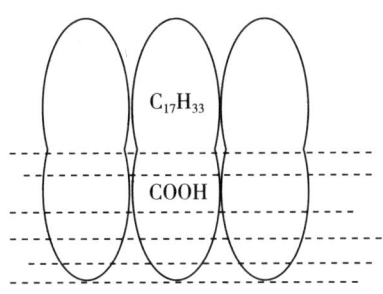

其中,$C_{17}H_{33}$部分冒出水面,另一部分COOH则浸在水中,油酸分子直立在水面上,形成一个单分子层油膜。如果那滴油酸的体积V可以算出,再测出单分子油膜的面积S,即可估算出油酸分子的直径(大小)$d=V/S$。

【实验过程】

(1)用注射器吸取10mL 1∶200的油酸—酒精溶液,用铁夹夹住后固定在铁架台上。用注射皮管做滴管,向小量筒内数数滴入5mL溶液的滴数,按1滴/秒的速度滴下,5mL约420滴。每滴含油酸体积5mL/420×1/200≈0.00 006mL。

(2)在塑料水槽中倒入适量的水,水面完全稳定后均匀地撒上痱子粉。

(3)等粉完全静止后开始滴溶液。下滴点距水面2—3cm为宜。过几分钟后油酸薄膜的形状趋于稳定。若不够大则再滴一滴。

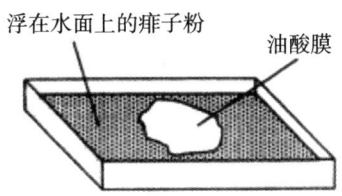

(4)把玻璃板盖在塑料盆上。用彩笔把油酸薄膜的形状勾勒在玻璃板上。

(5)把画有油酸薄膜轮廓的玻璃放在坐标纸上(边长1cm),算出油酸薄膜的面积S(用四舍五入的方法统计有多少个$1cm^2$的面积)。

(6)根据每一滴油酸的体积V和薄膜的面积S即可算出油酸膜的厚度$L=V/S$,及油酸分子的大小。

【实验纪录】

项目	油酸酒精溶液浓度	1mL溶液的滴数	一滴油酸酒精溶液的体积	一滴油酸的体积	油膜面积
数值					

【本课点评】

　　本次实验溶液浓度选取1‰正是这个实验成功的一个关键,第二个关键是粉的厚度,痱子粉的作用是界定油膜大小的边界,痱子粉过厚,油膜不易扩散,使水面的痱子粉开裂;痱子粉太少,油膜边界则不清。

　　大部分学生在操作过程中,第二点做得不太好,以致误差较大。

《多彩的华夏之音——戏曲篇（京剧）》教案

陈 楚

【教学目标】

（1）让学生初步了解京剧的脸谱，京剧行当的划分。

（2）让学生初步了解有关戏曲"唱、念、做、打"的基本知识，感受和体验各种唱腔艺术。

（3）通过几首著名戏曲选段的欣赏，使学生了解我国戏曲文化的基本特征，对戏曲艺术产生兴趣。

（4）引导学生接受戏曲音乐，搜寻与戏曲有关的文化知识，并参与各种创造性实践活动。

【教学重难点】

重点：了解有关戏曲"唱、念、做、打"的基本知识。

难点：既提高学生学习戏曲的兴趣，又能让学生了解一些戏曲的基本知识。

【教学课时】

一课时。

【教学准备】

多媒体课件，京剧脸谱面具、戏服等。

【教学过程】

（一）导入

教师演唱《铡美案》——"驸马爷近前看端详"的京剧片段。

提问：我国的戏剧非常丰富，约有两百多种不同的剧种，同学们知道有哪些吗？被誉为国粹的是哪种？

说明：戏曲是中国独特的戏剧形式，是我国传统艺术的瑰宝，是中华民族艺术智慧的结晶。京剧就是其中具有代表性的剧种之一，是中华民族之国粹，很多人都称之为"国剧"。简介国粹京剧的发展由来，引入新课。

（二）认识京剧脸谱

（1）通过欣赏《说唱脸谱》来了解脸谱，进一步调动学生学习的兴趣。

（2）通过学生上台展示，让学生观看脸谱、辨认人物行当及角色，加深学生对人物行当划分的理解，提高教学效率。

（三）京剧行当的划分（戏曲人物扮相的分类）

行当，是根据戏曲中不同人物的性别、年龄、身份、性格而划分的人物类型，主要分为生行、旦行、净行和丑行。

1. 通过投影，让学生了解生行

在京剧中扮演男性人物的，称为"生"。"生"，是剧中的主要人物。"生行"分为老生、小生、武生。

2. 通过投影，让学生了解旦行

旦行均为女性人物，一般分为：青衣、花旦、武旦、刀马旦、老旦。

3. 通过投影，让学生了解净行

净，俗称"花脸"。京剧的净，主要扮演性格、品质或相貌不同于一般，有突出特征的男性人物。这类人物按性格来说有正直、刚毅、勇猛、粗犷、鲁莽、狡诈、残暴、愚蛮等。

4. 通过投影，让学生了解丑行

丑行扮演的人物种类繁多，角色上亦有文武之分。有的是语言幽默、行动滑稽、心地善良的人物，也有奸诈刁恶、悭吝卑鄙的人物。

（四）京剧表演形式

京剧表演形式分唱、念、做、打。在介绍唱、念、做、打的同时分别播放相关视频让学生辨认所出现的戏剧人物行当及表演形式，加深学生对唱、念、做、打表演形式的理解。

1. 唱：京剧是歌舞剧，歌唱占主要地位

京剧的唱腔：以二黄和西皮为主。

二黄：旋律平稳、节奏舒缓，唱腔较为凝重、浑厚、稳健，适合于表现沉郁、肃穆、悲愤、激昂的情绪。

西皮：旋律起伏变化较大，节奏紧凑，唱腔较为流畅、轻快、明朗、活泼，适合于表现欢快、坚毅、愤懑的情绪。

2. 念：京剧表演时，只说不唱称作"念"，念又叫"念白"或"白"

念白在京剧表演形式上也占有重要的地位。念白在京剧表演上可分为韵白与京白两种。

京白：是一种以北京方言为标准的念白。

韵白：有较强节奏感和鲜明的音乐性，形成一种抑扬顿挫、铿锵有力的语调。

（引用师生日常对话，加深学生对两种表演形式的印象）

3. 做：就是京剧中的表演

京剧的表演不同于话剧等其他艺术形式的表演，京剧的表演动作，是富有节奏感、艺术性的舞蹈化动作。它的每一个动作，都有一定的程式，京剧表演讲究以虚代实，是一种虚拟的表演方式。（学生穿戏服上台展示）

4. 打：指的是武功

在舞台上，打是一种表演厮杀、打斗的艺术形式，俗称"武打"，武打是京剧特有的艺术特色。

（五）观看表演

师生一起欣赏舞台演出现代京剧《智取威虎山》杨子荣唱段《迎来春色换人间》，同时，教师通过提问讲解所学知识在片段中的运用。

开端：乐队以磅礴的气势和急切有力的节奏，生动地描绘出了杨子荣骑马奔驰在林海雪原上的情景。

唱腔开始："穿林海　跨雪原　气冲霄汉"（二黄导板），采用紧拉慢唱的节奏，突出杨子荣纵马驰骋的豪迈气概。

"抒豪情　寄壮志　面对群山"：将唱腔转入抒情的段落。

唱腔最后：从"党给我智慧给我党"开始，由原来的二黄转为刚劲有力的西皮，旋律激越，一气呵成。

末句"捣匪巢定叫它地覆天翻"用了一个长拖腔收住，最后乐队奏出了《中国人民解放军进行曲》的雄壮音调，有力地揭示了杨子荣"迎来春色换人间"的崇高精神境界。

（六）课堂小结

京剧是中华民族文化的瑰宝，多年来，经过代代艺术家的千锤百炼，它根基深广、枝叶繁茂、花果丰硕、色彩万千，并对流行音乐的发展有所影响。我国的戏曲艺术非常丰富，作为中华儿女，我们应该深刻认识祖先留下的这份宝贵遗产，热爱祖国的戏剧艺术，并不断传承和发扬光大。

政治《新时代的劳动者》教案

宋景朝

【教学目标】

（1）让学生识记劳动的含义、就业的意义、劳动者享有的权益。

（2）让学生了解我国的就业问题以及学会如何解决就业问题。

（3）让学生知道如何运用正当的手段维护自己的合法权益。

【教学重点】

树立正确的就业观，维护劳动者合法权益的方式。

【教学难点】

如何解决就业问题。

【教学方法】

（1）通过讨论加深学生对知识点的记忆。

（2）引导学生阅读教材和材料，获取信息，归纳要点，培养学生的理解、分析能力。

（3）通过"两段七步"以小组讨论、探究、展示成果等方式指导学生通过自主学习完成学习任务，达成学习目标。

【教学过程】

教师活动	学生活动
（一）导入：教师朗诵，配乐《八荣八耻》，展示劳动者成果的图片，导入新课 （二）PPT展示课题《新时代的劳动者》 （三）教师检查同学们做导学案（案单）的情况 （四）请同学上讲台讲自己做的知识框架，并对知识点做出解释	（1）听老师朗读后回答问题 （2）学生互相核对知识梳理的内容。对不够熟悉的知识点再记忆一次 （3）学生上讲台讲解自己所做的知识框架。并做小老师进行解释
过渡：刚才通过同学的讲解，我们已经知道这节课要掌握什么内容，下面同学们运用所学的知识展示昨天晚上同学们分组讨论的成果。全班分为5个小组，分别是A、B、C、D、E组。下面用1分钟的时间再整理本组讨论的结果，整理完后小组代表展示讨论的结果	

教师活动	学生活动
（五）各小组展示讨论的成果 1. 问题：为什么说劳动者是最光荣的 第一，从人类社会的角度来说，劳动者是生产过程的主体，起主导作用。劳动创造物质财富和精神财富，是人类文明进步发展的源泉 第二，从国家的角度来说，我国的劳动者虽然有分工的不同，但是地位平等，都是为社会主义现代化建设贡献力量，无论脑力劳动者还是体力劳动者，都应该受到承认和尊重 所以劳动最光荣，光荣属于劳动者 2. 想一想：小张为什么要去找工作？（提示：可以从两个角度来说明） 第一，就业对整个社会生产和发展具有重要意义。就业使得劳动力和生产资料相结合，生产出社会所需要的物质财富和精神财富（对社会和国家来说） 第二，就业是民生之本，是劳动者谋生的重要手段。劳动者通过就业取得报酬、获得生活来源，使社会劳动力能够不断再生产；有利于实现劳动者自身社会价值，丰富精神生活，提高人的精神境界，从而促进个人的全面发展（对个人来说） 3. 什么小张觉得工作难找？面对找工作难的现象，请你说说如何解决小张这个难题（分两个小组完成） （1）从我国就业现状和劳动者个人的角度分析 （2）从国家、企业、个人角度思考 展示PPT 4. 小李的哪些权利受到了侵犯，小李如何维护自己的合法权益 ①从劳动者来说 A. 劳动者的权利与义务的关系：劳动者享有权利，是以履行义务为前提的；自觉地履行义务，是获得权利、维护权益的基础 B. 依法签订劳动合同，是维护权益的重要依据 C. 当权益受到侵犯时，可以通过投诉、协商、申请调解、申请仲裁、向法院起诉等途径解决 D. 劳动者要增强权利意识和法律意识，受到侵害时要以合法手段解决 ②从国家来说：要加强劳动保护，改善劳动条件，完善社会保障体系 ③从企业经营者来说：企业经营者应不断提高自身素质，增强法制观念，做到依法经营，杜绝出现侵犯劳动者权益的行为	（1）学生讨论。教师指导学生，观察学生讨论的情况。学生展示小组讨论的结果。得出结论：劳动者是最光荣的 （2）全班分为五个小组，收集资料，整理讨论的问题，小组代表展示本组讨论的结果
5. 教师小结 6. 学生完成自主测评	各小组上台去写答案。有疑问的，负责那道题的小组讲解给那些不懂的学生。做小老师

《氧化还原反应》教案

朱妙葵

【教学目标】

（1）使学生了解氧化还原反应的本质。

（2）使学生了解氧化剂、还原剂、氧化产物、还原产物、氧化反应、还原反应等相关概念。

（3）使学生学会运用双线桥法、单线桥法分析氧化还原反应中电子转移情况。

（4）使学生感受身边氧化还原反应的现象，体会化学探究的乐趣。

【教学重难点】

（1）氧化剂、还原剂、氧化产物、还原产物、氧化反应、还原反应等相关概念的理解。

（2）用双线桥法、单线桥法分析氧化还原反应中电子转移情况。

【教学方法】

实验演示法、对比法、练习法。

【教学过程】

开场：在专题一中，我们学习了氧化还原反应的概念，今天我们将对氧化还原反应的原理进行更加深入的了解和学习。

板书：三、氧化还原反应。

【情境引入】

让我们来感受身边发生的氧化还原反应（附图片）：

（1）削好的苹果放置30分钟后变黄。

（2）泡好的绿茶放置2小时后，"绿茶"变"黄茶"。

（3）金属生锈现象——这些现象都与氧化还原反应有关。

思考：判断下列哪些反应是氧化还原反应。（投影）

（1）$Na_2O+H_2O == 2NaOH$

（2）$2Na+Cl_2 == 2NaCl$

（3）$NaCl+AgNO_3 == AgCl\downarrow +NaNO_3$

（4）$2NaCl+2H_2O == 2NaOH+H_2\uparrow +Cl_2\uparrow$

（5）$Zn+2HCl == ZnCl_2+H_2\uparrow$

（6）$2NaBr+Cl_2 = 2NaCl+Br_2$

讲析：总结判断的方法、技巧，判断氧化还原反应的依据：有元素化合价的升降。

（一）板书：氧化还原反应的特征：元素化合价升降（判断依据）

演示实验：（投影）用导线将Zn片、Cu片与电流表连接，然后将Zn片、Cu片同时插入稀HCl中，组成回路，观察电流表指针的偏转。（注：反应实质是$Zn+2HCl = ZnCl_2+H_2\uparrow$）

讲析：①以上反应的实质是Zn与稀盐酸发生的氧化还原反应；②电流表指针偏转，说明有电流通过电路，Zn与稀盐酸反应产生了电子移动，电子移动产生了电流；③凡是氧化还原反应，均有电子的转移。

（二）板书：氧化还原反应的本质：电子发生转移

问题探究1：（投影）试解释氧化还原反应中电子转移与元素化合价变化的关系。

第一小组学生讲析小组探究结果：结合Na与Cl_2反应生成NaCl的例子，分析电子的得失与化合价升降的关系。

小结：（投影）元素每失去（或偏离）1个电子，化合物升高1价（增+1价）；每得到（或偏向）1个电子，化合物降低1价（增–1价）。

（三）氧化还原反应的规律及相关概念

第二小组学生讲析小组探究结果：（讲解时投影）

有氧化性，化合价降低，得到电子，被还原（还原反应）

$$Cl_2 + 2KBr = 2KCl + Br_2$$
（氧化剂）（还原剂）（还原产物）（氧化产物）

有还原性，化合价升高，失去电子，被氧化（氧化反应）

（1）氧化剂、还原剂、氧化反应、还原反应、氧化产物、还原产物的概念。

（2）氧化还原反应的规律。

（3）记忆方法：口诀法——升失氧化还原剂，降得还原氧化剂。

自主测评：（学生讲解、点评）指出下列氧化还原反应中的氧化剂、还原剂、氧化产物、还原产物。

（1）$Zn+CuSO_4 = ZnSO_4+Cu$

（2）$Fe_2O_3+3CO \xrightarrow{\Delta} 2Fe+3CO_2$

过渡：既然氧化还原反应的实质是电子的转移，那么我们又如何去了解电子转移的数目、方向等情况呢？下面我们一起学习氧化还原反应电子转移的表示方法。

(四)板书:氧化还原反应电子转移的表示方法

第三小组学生讲析探究结果:双线桥法——表示电子转移的结果("表示电子转移的结果"待讲析后再添上)。

投影:"双线桥法"步骤:①标价态;②连双线;③注得失。

讲析:以Na与Cl_2反应为例,阐述双线桥表示法的书写步骤及注意事项,总结规律。

$$2Na + Cl_2 === 2NaCl$$

(上方：失去$2e^-$；下方：得到$2e^-$)

投影小结:

(1)注意事项:①表达的意义(此时,将"——表示电子转移的结果"添到"双线桥法"后);②箭头从反应物指向生成物同一变价的元素;③转移电子数的计算方法及线桥上的内容。

(2)电子守恒定律:得到的电子总数=失去的电子总数。

讲析:单线桥法——表示电子转移的过程。

$$2Na + Cl_2 === 2NaCl$$

(上方：$2e^-$)

第四小组学生讲析小组探究结果:两者不同点为①表达意义不同:分别表示结果与过程;②箭头的数量、指向、起止不同;③线桥所标示的内容不同。

【课堂巩固训练】

1. 对于反应$3Cl_2+6NaOH === 5NaCl+NaClO_3+3H_2O$,以下叙述正确的是( )。

A. Cl_2是氧化剂,NaOH是还原剂

B. 被氧化的Cl原子和被还原的Cl原子的物质的量的比为5∶1

C. Cl_2既是氧化剂又是还原剂

D. 每生成1mol$NaClO_3$转移6mol电子

2. 标出变价元素的价态变化,指出氧化剂、还原剂、氧化产物、还原产物,并用双线桥法或单线桥法表示电子转移。(学生讲解、点评)

(1) $MnO_2+4HCl(浓) \xrightarrow{\Delta} MnCl_2+Cl_2\uparrow+2H_2O$

(2) $2KClO_3 \xrightarrow{\Delta} 2KCl+3O_2\uparrow$

【知识回顾】（投影）

（1）氧化还原反应的本质：电子转移。

（2）相关概念：氧化剂、还原剂、氧化产物、还原产物、氧化反应、还原反应。

（3）电子转移的表示方法：①双线桥法；②单线桥法。

板书设计：主板

氧化还原反应：

（1）特征：元素化合价升降。（判断依据）

（2）本质：电子转移。

（3）氧化还原反应的规律及相关概念：

有氧化性，化合价降低，得到电子，被还原（还原反应）

$$Cl_2 + 2KBr = 2KCl + Br_2$$
（氧化剂）　（还原剂）　（还原产物）（氧化产物）

有还原性，化合价升高，失去电子，被氧化（氧化反应）

（4）电子转移的表示方法：

① 双线桥法。

② 单线桥法。

第五章

思行翻转课堂教学

促进学生自主学习课堂教学的新探索

林向翀

国务院关于印发国家教育事业发展"十三五"规划的通知,《规划》明确表示,推进"互联网+教育"发展,继续推进"三通两平台"的建设与应用,推进数字教学资源普遍开放共享。面向教育发展落后地区和特殊人群,提供公益性数字教学资源服务。发展现代远程教育和在线教育,支持"互联网+教育"教学新模式,发展"互联网+教育"服务新业态。因此,我校积极开展"互联网+教育"的信息化应用实践研究,使之成为我校转型发展的重要抓手。

一、"互联网+教育"给教学带来的影响

一所学校、一位老师、一间教室,这是传统教育。一张网、一个移动终端,几百万学生,学校任你挑、老师由你选,这就是"互联网+教育"。因为互联网具有海量资源,这使得各学科课程内容得以全面拓展与更新。微课、慕课、翻转课堂、智慧课堂、手机课堂,这些新颖的教学模式正改变着我们接受教育的方式,也使知识的来源更广、学习更方便,只要你想学习,随时随地都能即刻进入状态。

网络教学平台、网络教学系统、网络教学资源、网络教学软件和网络教学视频等,改变了课堂教学手段,教学中的师生互动不再流于形式,通过互联网,教师完全突破了课堂上的时空限制。通过互联网,学生获得的知识更丰富,学习的主观能动性得以强化,他们在互联网世界中寻找到学习的需求与价值,大大提升了教学素养。

在"互联网+教育"背景下,学生的学习更加自主,课堂教学更加多样化,分层教学、个性化教学、精准教学等更容易实现,因此教会学生自主学习显得十分重要。

二、"互联网+教育"背景下学生自主学习的课堂教学

教学有没有效益,并不是指教师有没有教完内容或教得认不认真,而是指学生有没有学到什么或学生学得好不好。如果学生不想学或者学了没有收获,即使教师教得再认真也是无效教学。同样,如果学生学得很好,但没有得到应有的发展,也是无效或低效教学。因此,学生有无大进步或大发展,才是衡量教学有没有获得高

效益的唯一指标。

在互联网时代，学生的自主能力主要表现在自主进行学习、自主进行管理、自主进行评价三个方面。给学生这三方面的教育，即谓"自主教育"，是我们老师的责任。

（一）"自主课堂"的基本要求

1. 有清晰、具体的教学目标

教学目标是课堂教学的出发点。教学目标的制定是否清晰、具体，不仅影响着教学环节的开展，而且很大程度上牵制了最终的学习效果。

"自主课堂"教学目标的功能主要有三方面：一是确定教学范围、教学内容、教学重点和难点，引导学生自主、积极地完成《学习任务清单》上的学习任务；二是确定教师将采取的教学步骤、教学环节以及每个步骤或环节将采取的教学活动，指导教师有条理地去完成教学计划或任务；三是明确学生要达到的学习要求或水平。

2. 编发《学习任务清单》，有效指引学生预习

根据我校"翻转课堂教学"改革方案的规定，教师备课和教学必须编写《学习任务清单》，落实因材施教、先学后教、以学定教、教学互动等教学原则；学生按照《学习任务清单》的要求，在课前预习中带着问题学，带着任务学，有目标地学，清楚地知道如何学、学什么、学到什么程度。教师编写《学习任务清单》前首先要深入研读课程标准、教科书和教学参考书，分析学生的学科能力基本情况，以学生的"最近发展区"为目标，确定《学习任务清单》的具体内容，包括学习目标、学法指导、知识梳理、重点难点疑点解释（纸质的或微课视频的）、自测题、成果展示要求、我的疑惑、自我小结等。学习目标要具体、适宜和可达到；学法指导要具体、管用、示范性强；知识梳理要有条理、完整、主次分明；重点难点疑点解释要针对性强、化繁为简；自测题的知识和能力要素的覆盖面要大、难易适中、检测性强；成果展示要求要具体、明确、全员参与；疑惑和小结要问题化、要点化、明确、简洁。

《学习任务清单》的质量，反映了老师的精力投入程度、备课程度、知识水平和教学能力。因此，我校重点检查《学习任务清单》。

3. 有合理预设的教学过程

课堂教学面对的是独立的、有个性的孩子，它是有计划的，又是灵活多变的。课堂教学过程的预设，应包括教学目标的预设——《课程标准》的具体化、教学起点的预设——全面了解学生、教学材料的预设——整合资源、课堂流程的预设——弹性灵活等。

课堂教学设计的成效如何，完全取决于教师对教材的理解，对学生情况的了解。教师只有以"促进学生的有效学习和全面发展"的教学理念为教学设计的基本原则，才能对课堂教学进行充分的预设，从而促进课堂教学的有效生成，成为自主高效课堂。

（二）《学习任务清单》的功能

我校的《学习任务清单》由学科老师编发，有参考样式，但没有标准版本，学科老师可根据我校"翻转课堂""两段七步"教学法的要求和学科特点进行编写，它的功能有：

（1）教师的备课成果。

（2）教师课堂教学过程的设计体现。

（3）落实学生课前预习。

（4）落实学生自我测评。

（5）学生课堂展示的向导。

（6）学生梳理知识的重要指引。

（7）学生的作业。

（三）老师要教会学生做什么

（1）研读教材。

（2）完成《学习任务清单》。

（3）准备课堂展示。

（4）提出自己的疑惑。

（5）与别人分享。

（6）帮助同伴。

（四）老师教会学生怎样做

（1）理论性内容如何学（概念、公式、定理、定义、结论等）。

（2）例题（实践性内容）如何学。

（3）不同类型题目如何解答。

（4）课堂展示如何操作。

（5）小组讨论（交流）如何进行分定角色、分配任务、明确要求和内容。

（五）老师掌握学生做得怎样

（1）观察了解。

（2）查问谈话。

（3）批改《学习任务清单》。

三、"互联网+教育"背景下"自主课堂"的实施

教师要突破传统课堂的局限，就要把握信息技术与课堂的契合点。我校的翻转课堂与众不同，可以概括为："一模式，两样态，N形式"。一模式就是"两段七步"教学；两样态就是无信息技术支撑的翻转课堂和基于信息技术的翻转课堂；N形式就是教师可以根据实际选择适宜的教学样态和形式，教学风格不拘一格，使翻

转课堂校本化，努力成为学生自主学习的高效课堂。

1. 认真编写好《学习任务清单》，落实先学后教

编发《学习任务清单》，是落实先学后教的关键，是开展翻转课堂"两段七步"法教学的前提。通过编写《学习任务清单》，教师教会学生怎么学，包括为什么要学、学什么、学到什么程度。

例如，笔者在普通高中物理（必修二）第二章第三节《离心现象及应用》的教学时编发的《学习任务清单》。

2. 认真批改《学习任务清单》，落实以学定教

批改《学习任务清单》是落实以学定教的关键，是实施翻转课堂"两段七步"法的根本。教师通过批改《学习任务清单》，掌握学生学习情况，使课堂教学有更清晰的基点和针对性。

3. 精心组织好课堂，落实能力提高

通过设计课堂（教学设计），教师组织好课堂，包括展示的安排、知识的扩展、能力的培养。要做到能者为师，学生的老师不仅仅是老师，班中的每一个同学都可以是老师，同学们合作学习，协同学习，互相帮助，互相促进。

我校"自主课堂"的核心思想是"先学后教，以学定教，能者为师，协同成长"，平板课堂、手机课堂已是常态化，《学习任务清单》、微课、视频课件等都可通过平板、手机平台发给学生，很容易实现上述操作。如果学校没有信息化条件，即使没有基于网络环境下某种设备的平台支撑，只要教师的教学设计恪守该教学理念，凭借纸质的《学习任务清单》也一样可以实施翻转课堂的教学模式，取得翻转课堂的预期效果。

4. 注意事项

（1）《学习任务清单》中的"疑惑"是学生把自己不明白、不理解的问题和内容写出来，让老师、同学帮助解决。

（2）《学习任务清单》中的"展示"不是简单地让学生讲、老师不用讲，而是让学生在解决问题的同时与大家分享自己的思路、想法、方法等；而老师讲学生不懂和不会的（难点、疑点、学法等），能帮助学生扩展知识、提高能力。

教会学生自主学习已成为世界各国基础教育的根本任务之一，让学生走自主学习之路，是学生学会学习的有效途径，所以积极开展以培养学生主体意识、提高和发展学生的自学能力为目标的"自主课堂"教学研究是一项具有深远意义的重要工作。

附：《学习任务清单》。

离心现象及应用

拟稿人：林向翀　　　　　　　　审稿人：许柯强

班级：_____　　小组：_____　　姓名：_____

【教学目标】
（1）使学生正确认识离心现象。
（2）使学生掌握离心现象的本质及应用。

【教学重难点】
（1）产生离心现象的条件。
（2）离心现象的本质及运动轨迹。

【学习方法建议】
（1）阅读课本第38—40页，带着学习目标，学习重难点，借助教辅资料和《学习任务清单》提前学习本课内容。
（2）小组讨论、合作探究，课前认真完成《学习任务清单》。
（3）课后及时整理笔记和《学习任务清单》，进行纠错反思。

【学习任务】
（一）自学任务
（1）课前认真阅读课本第38—40页，观看相关微课和视频，理解相关知识、概念。
（2）认真完成课后练习题和《学习任务清单》。
（3）把不理解的知识点写在"我的疑惑"处。

（二）知识点梳理

知识点一：离心现象
概念：做圆周运动的物体，逐渐远离圆心的运动现象叫作离心现象。
产生条件：做圆周运动的物体，所受合力突然消失或不足以提供圆周运动所需的向心力。

知识点二：离心现象的应用
利用离心现象工作的机械叫作离心机械。如离心干燥器、洗衣机的脱水筒等。
化学、医学、食品等工业部门和近代尖端技术中广泛应用离心分离器。
离心现象有时也是有害的，应设法防止。

（三）自主测评

1.关于原来做圆周运动的物体产生离心现象的条件，下列表述正确的是（　　）。

A. 当物体需要的向心力等于物体所受合力时

B. 当物体需要的向心力小于物体所受合力时

C. 当物体所受合力小于做圆周运动所需要的向心力时

D. 当物体所受的外力不能与向心力平衡时

2.物体做离心运动时，其运动轨迹（　　）。

A. 一定是直线

B. 一定是曲线

C. 可能是一个圆

D. 可能是直线也可能是曲线

（四）学会探究（离心运动的实例探究，同学们自己补充）

实例	实物图	原理图	现象及结论
洗衣机脱水筒			当水滴跟衣服的附着力F不足以提供向心力时，即$F<m\omega^2r$，水滴做离心运动，穿过筒孔飞出筒外
田径比赛中投掷链球			在链球高速旋转时，突然松手，链球所受向心力突然消失，就会沿切线方向飞向远处
化学实验中用的离心分离器			浑浊液体中的不溶于液体的固体颗粒在随分离器转动时，由于离心现象会向管底运动，从而快速沉淀下来

（五）感受真题

1.（2012年6月广东学业水平测试）如图所示，旋转雨伞时，水珠会从伞的边缘沿切线方向飞出，这属于（　　）。

A. 扩散现象

B. 超重现象

C. 离心现象

D. 蒸发现象

2．（2011年6月广东学业水平测试）下列运动项目中利用离心现象的是
（　　）。

  A. 投篮球   B. 扣杀排球   C. 投掷链球   D. 投掷飞镖

（六）展示准备

_____

（七）我的收获及疑惑

我的收获	我的疑惑

基于"翻转课堂"的年级管理改革实践

陈曾宁

2015年秋季学期开始,梁哲校长提出应用"翻转课堂"的理念、方法、技术等重构我校的课堂教学,我校翻转课堂教学改革全面铺开。德育工作也围绕着教学改革展开。本级组按此要求,从"立德树人"的原则出发,坚持育人为本、德育为首的理念,培养学生良好的思想品德和健全的人格,形成良好的行为习惯,为学校教育教学工作的顺利开展和翻转课堂教学改革的顺利进行提供保障。

一、学习核心价值观,营造主动求知的学风

高一是整个高中阶段的起点和基础,能否形成良好的学习和生活习惯,直接影响学生高中三年乃至以后的发展。我们学校的学生大多数是住宿生,父母长期在外打工,无法及时深入了解孩子的学习生活和心理变化。高一阶段的学生对学习和生活缺乏深刻的认识,不能迅速主动地进入高中阶段的学习和生活状态。如果教师没有及时进行适当的引导,学生很容易在认知、理解、运用等环节产生障碍,为此,我们根据学校的核心价值观,培养学生"主动求知,活学活用"的学风和"见贤思齐,躬行悟达"的理念,营造"素雅祥兴,绅淑仁和"的校风。从传统教育的被动灌输到翻转课堂的主动求知,使我校学生养成在学习上不需要他人督促的良好习惯,能够自主学习、主动探究、主动参与、主动合作、主动联系生活和实际,学有所得的良好素养。

二、打响纪律教育第一枪,为自主管理开展提供保障

"翻转课堂教学改革"和实施"学生自主管理"是我校两个相互联系的改革。高一新生一入学,我们就在学校领导的支持与关心下,开展了为期一周的新生社会实践活动。社会实践活动的目的是通过严格的军事训练提高学生的政治觉悟,激发爱国热情,发扬革命英雄主义精神,培养艰苦奋斗、刻苦耐劳的坚强毅力和集体主义精神,增强国防观念和组织纪律性,养成良好的学风和生活作风,掌握基本军事知识和技能。这一周时间,班主任们和德育处领导在德育基地陪伴学生,关心学生,鼓励学生。通过一周的社会实践活动,学生形成了集体主义观念,锻炼了意志,增强了班级凝聚力,提高了纪律性,为各项纪律工作的开展打下了良好的基

础,也为学生适应翻转课堂教学和自主管理的顺利开展提供了有力保障。

三、开展入学教育,引导学生快速适应高中生活

开学之初,为引导新生正确认识高中,我们结合学校实际,通过形式多样的教育活动,帮助新生明确目标,了解高中学习的特点和基本要求,教育和引导新生尽快适应高中生活,养成良好的学习、生活习惯,激发新生成长成才的主动性和积极性,使其尽快转变角色,以昂扬的精神面貌迎接全新的高中生活,为顺利完成高中学业奠定坚实的基础。

为期几天的入学教育中,我们向学生介绍了学校情况,让学生深入了解学校整体文化氛围,配合德育处印发了《学生自主管理手册》,组织学生深入学习《中学生守则》《中学生日常行为规范》等有关规章制度,使学生全面了解学校的管理措施和管理制度。在开展入学教育之后,学生迅速了解学校的基本情况,融入学校的大生活中,为我校教育教学工作的顺利开展提供了良好的保障。

四、召开主题班会,培养学生健全的人格

星期一主题班会课,就学校纪律、勤俭节约、努力学习、感恩父母等方面组织学生讨论,有针对性地让学生准备班会活动,通过游戏、演讲、演小品、宣讲等各种形式展示班会活动,学生乐在其中,把纪律教育、品德教育渗透到班会中,学生在班会中完成了德育渗透,在参与中培养了健全的人格。

五、主动与家长沟通,不断激励学生进步

在我们学校信息化教育的影响下,年级德育管理方面也逐步信息化。利用微信,组建家长群,与家长沟通,及时给家长推送关于学校工作的文章和优秀的教育文章,加强家校互动。为了促进学困生不断进步,我们平时积极主动与家长沟通。告诉家长学生的进步情况,反馈学生的在校表现,表扬和鼓励学生,从而使学生不断受到学校和家长的双重表扬和鼓励,增强学习的信心,不断促使学生继续进步。这一做法,受到了家长的热情赞扬,取得了良好的效果。

六、组建高素质的学生干部队伍,努力做好学生的自主管理

各班通过学生自由组合,分成多个小组,每个小组设有小组长。并且各班设有学习班长、纪律班长、卫生班长、生活班长、体育班长、文娱班长。各小组轮流值日,每天晚自习前20分钟,是学生的自主班级管理时间,各个班同时响起班级宣誓声。学生一个接一个到台前发表自己的意见,像管理者一样处理那些违反校纪班规的同学。除了班级事务点评外,还有提建议的、自我反思的、表扬优秀行为的、分享好的学习方法及故事的。在此过程中,学生自主学习、自主管理、自主评价。通

过自主管理，学生明是非，讲规矩，人人都是管理者，使学生对学生进行了德育教育。而班主任们给予了全面细致的指导，设立量化考核机制，让学生通过量化考核表，获得进步的喜悦，消除陋习，并且鼓励班干部放开手脚，大胆工作。

虽然在年级管理改革中收获了很多，但是随着翻转课堂教学的常态化，教育教学管理创新的不断深入，笔者也越来越感到年级管理工作还存在着许多挑战，还有许多需要学习和改进的地方。"路漫漫其修远兮，吾将上下而求索。"在今后的日子里，我们将不断探索，积极研究，深入学习，务实创新，为学校的改革、发展做出新的贡献。

把好"四大关"尺度初探"翻转课堂"

葛芬芳

在全面深化改革的大背景下,教育领域也随之涌现了"翻转课堂""微课"和"慕课"等系列改革新名词。作为一线的教育者,笔者积极开展教育改革探索,主动参与我校"翻转课堂"的教育改革实践活动,取得了初步成效。

一是把严日常积累关。笔者先后学习阅读了中国儿童文学作家曹文轩的系列作品,有效增强了自身的文学素养;平时注重搜集各类社会热点、焦点问题,引导学生走出语文课堂,高度关注社会大课堂,躬身体悟大语文的魅力;与此同时,笔者十分关注全国各地教育新闻动态,敏锐感知教育的新变化、新动态、新理念,积极响应、主动践行教育改革。

二是把细课前备课关。笔者始终坚持"以学生为主体,教师为主导"的教学理念,在备课过程中,始终坚持知识性和趣味性并重的原则,格外关注学生本身的基础水平和接受能力,开展了查漏补缺的教学活动。比如:针对高一(8)班和高二(7)的学生存在的现代汉语语法"短板"问题,笔者适当补充了中国现代汉语的相关语法知识点,进一步帮助学生夯实了基础。同时,笔者注重激发学生的学习兴趣,设置富有趣味性的教学情境,播放王菲的一曲《几多愁》导入李煜的《虞美人》;播放电影《唐伯虎点秋香》中对对子的片段,让学生鉴赏感悟我国传统对联文化的奇特等。

三是把实课堂"翻转"关。笔者恰到好处地设置合作探究的支点,引导学生打开"话匣子",鼓励各抒己见、自圆其说。比如,在教学《雨霖铃》活动中就可设置——为何不把"执手"改成"牵手"或者"握手",并请学生就当时的送别场景拟写有关的语言文字。经过实践,学生能够正确根据所设置的命题,积极主动地进行合作探究,写出了很多富有个性化的作品,充分彰显了"翻转课堂"的极好效应。

四是把准查漏补缺关。笔者充分利用网络的功能和优势,开展教学教研工作,经常反思自己的教学得失,勤写教学反思,注意搜集、整理相关资料,使教学改革真正成为自己的事。同时,笔者与同事积极进行教学交流,主动参与听课、观课、评课活动,并认真做好记录,积极深入思考,及时反馈并运用到自己的教学实践活动中;严格按照教学教研教改的各项要求,特别是"翻转课堂"的具体要求,迅速转变自己的教学观念和教学方法，不断提高自身的专业素质，取得了良好效果。

在课堂教学方式中，目前"翻转课堂"已成为课堂教学改革不可阻挡的趋势。但客观地看，其也存在一些突出的问题。比如：《学习任务清单》的编写任务重、头绪不清，占据了教师大量的备课时间，直接影响了课堂的质量。同时，长期采用一成不变的教学模式，滋生了学生的厌学情绪，致使有时课堂表面上轰轰烈烈，实际上学生的能力却没有长足的进步。针对以上存在的问题，笔者将从以下几个方面改进：

一是尊重学科特点。根据语文学科的具体教学内容，设置合理环节，引导学生适当"翻转"，充分发挥传统课堂的灵动性，最大限度地发挥"翻转课堂"的实效。

二是准确定位学情。充分摸清学生的底，做好充分的备课准备。笔者认为"翻转课堂"比较适合学习悟性高、自主能力比较强的学生，针对一些基础较差的学生，要多管齐下地提高其学习积极性和主动性，从而增强"翻转课堂"的实效。

三是加强课外阅读。莫言曾说过，对年轻人而言，最好的老师就是阅读。阅读经典会成就一个人的精神高度、孕育学习的灵性。海量阅读是目前解决学生知识匮乏的有效途径。不管是古今的还是中外的，不管是正统还是草根的，均可拓宽学生的阅读面，开阔他们的视野。在课堂教学过程中，教师要适时提供阅读的线索，多方鼓励学生进行自主性阅读，至关重要。

回顾三个月的教学活动，有得有失。今后笔者会一如既往地坦然面对、扬长避短、力行力改，持续开展教学改革实践，努力做到思考多一点、方法多一点、用心多一点，不断地为爱高的发展壮大做出应有的贡献。

高中数学翻转课堂的实践与反思

黄新夏

来到湛江爱高工作已有半个学期了。对比过去十多年的教学生涯，这几个月的教学让笔者体会颇多。在传统课堂中，教师备课的精力主要集中在处理基础知识和基本技能这一层面上。在翻转课堂中，针对课堂的备课，教师的主要任务是准备好以何种关系、顺序回答学生的问题。老师对学生的问题进行整理，扫描成图片格式，在课堂上用PPT逐一展示学生的问题，学生看到的问题是自己提出的，这有利于调动学生学习的积极性，更能让学生成为教学的主体。在课堂上，以讨论的形式解决问题，当学生不能解决时，老师适时介入，帮助学生解决问题。

一、结合笔者自己上的一节公开课，谈谈翻转课堂的实践与反思

《二项式定理》是高中数学教学的一个难点，此定理规律的发现与证明很好地体现了获取一个一般性结论的基本过程。我们知道，学生在学习某一项知识之前，头脑里并非一片空白。他们通过学习、生活的各种经历，已经形成了一些科学的或非科学的概念、经验和一套他们独有的思维方式。笔者从学生的实际情况出发，"采用问题引导"，置疑、思疑和解疑，循循善诱，化难为易；既以学生为主体，将课堂还给学生，又注意发挥教师的引导作用。作用→反馈→再作用→再反馈，在这种反复的信息交互中，学生由表及里，思维不断优化，教学目标逐步实现；"注重知识的发生过程"，与学生共同经历从个别现象，探索、挖掘、发现普遍规律的心路历程，感受数学之美，潜移默化地发展了学生的科学创新能力；突出重点，强化数学核心素养训练，通过"建构计数原理模型"，演绎证明猜想，形成定理，提升了学生的逻辑思辨能力，并使学生形成了严谨的科学态度。

二、整堂课的几个亮点

（1）教学各环节完整紧凑，切换自然流畅。有导入、有解析、有案例演示、有课外拓展、有小结。且教学语言规范得体，简明清晰。学生听课明白，反应快捷。

（2）教师全部采用学生《学习任务清单》中的典型错误案例，指导掌握方法，解决常见的问题。因为来自学生的"真"问题，所以课堂共鸣效果好，师生有

"真"互动，类型化问题当堂解决。

（3）信息化技术工具恰当使用。即时演示学生原生态的反馈信息与学习收获，既便捷、直观，又避免了传统课堂需要不断板书，频频擦除、更换板书的麻烦。

（4）把课前预习中的自我检测反馈情况，用作当前课堂教学活动的素材案例，组织开展指导学生自我纠错活动。我们在"翻转课堂"的操作实施上一直遇到一个难题：如何把课前资源学习活动与当前课堂学习活动结合，并在课堂上呈现出来？这堂数学公开课，等于做了问题解决的一次很好的示范。

（5）本课导入与结束方式，都很有创意，数学与人文结合巧妙，富有美感。

三、这堂数学公开课，让笔者从中领悟到实施"翻转课堂"教学策略的几个基本要素与要求

（1）课前资源的必要性。"翻转课堂"之所以能在课堂上深入研讨，是基于"先学后教"的前期准备投入充分，这也符合"学会学习"的教育理念。

（2）"翻转课堂"模式下的教学形式，必须呈现如何解决好"课前导学"与"课堂指教"的结合问题。把学生课前学习的困惑、问题、典型错误，以原生态截图的方式呈现在课堂，把学生存在的问题转化成为课堂教学的资源，是一种把"课前导学"呈现在当堂的巧妙方式。

（3）"翻转课堂"下的最佳课堂组织形式，是分组合作学习；而分组合作学习的成效，取决于小组的文化建设。小组成员的互补搭配、小组团队精神的激发、小组积极上进文化的形成，能最大限度地避免出现小组成员学习活动中的"搭便车"现象，减少分化。

（4）"翻转课堂"的教学内容与教学进程，必须转换成"活动设计"才更有智慧含量，才能更吸引学生学习的兴趣，在潜移默化的探究活动中发现和顿悟。

半个学期以来，通过对翻转课堂的理论学习和教学实践，笔者认为，翻转课堂的核心思想是先学后教。学生根据课本，结合导学案的学习，对新课内容有一个基本的认识。课堂中教师的角色是导演，主要组织学生对自学过程中出现的疑难问题进行讨论，以及对知识的拓展和深化。因此，翻转课堂从表面看，是学习"时间结构"的翻转。从本质层面看，翻转课堂实现了很多翻转：翻转了教师的作用——从"知识传播者，课堂管理者"到"学习指导者，促进者"；翻转了学生的地位——从"被动接受者"到"主动研究者"；翻转了教学形式——从"课堂讲解+课后作业"到"课前学习+课堂研究"；翻转了课堂内容——从"知识讲解、传授"到"问题研究"。这些特点使得翻转课堂具有强大的诱惑力。

"翻转"的花儿慢慢开

李 雅

一、移花接木：初步尝试

按照学校"翻转课堂"教学改革的要求，我反思了自己多年来的教学，感觉自己的语文教学存在三方面的问题：

（1）最令我头疼的是，语文课上经常有学生睡觉。有那么几个同学睡得太久了，我看不下去，从讲台上下去敲他们的桌子进行干预，可转身回到讲台他们又趴下睡了。那种情形真的令人沮丧。

（2）学生不积极参与课堂活动，相当一部分同学上课时不开口，不动笔，不思考，课堂气氛相当沉闷。

（3）学生没有使用工具书的习惯。全班同学共用三四本字典、词典。不懂词语的读音、意义，学生不是积极查字典、词典，而是等待老师解答。由于找不到切实有效的方法，学生学习的积极性一直调动不起来，学生自主学习的新课程理念在语文课堂成为一句空话。

在阳东一中听了四节课，尤其是在听了该校许碧兰老师那节语文课后，我找到了自己课堂教学不尽如人意的根本原因：自己讲得太多，没有放手让学生自主学习。8月7日、8日两天在阳东一中听完课后，我和汛丹、海蓉两位老师进行了交流，我们都觉得阳东一中的做法很值得学习。回来之后，8月9日星期天晚修时间高三（6）班就模仿阳东一中，把课桌分三组纵向排列，8月10日星期一就开始把阳东一中的上课模式移植过来，尝试"翻转课堂"教学模式——把课堂变成学生的舞台，让学生成为舞台上的主角。尝试"翻转"后，有几大变化令人喜出望外：

（1）一个星期下来，高三（6）班语文课最大的变化就是上课时几乎不再有学生睡觉，以前上课经常睡觉的几位同学，颠覆了以往的负面形象，变成学习积极分子。他们课前积极学习，课堂上抢抓机会上台抄题或解说，变化之大，令人惊喜。

（2）由于学生学习热情空前高涨，课堂一扫以往的沉闷。

（3）学生开始有了使用工具书的意识，不少同学主动购买了字典、词典，现在他们遇到不懂的词语随手就查，不再像以前那样留着问老师。

经过一段时间的实践，高三（6）语文课初步形成下面的模式：

（1）老师备好题目让学生课前学习，由小组长组织讨论并汇总小组的学习成果。

（2）小组长抽取要解答的题目。

（3）各小组的代表上台把他们要解说的题目抄上黑板。（抄还是不抄，视情况而定）

（4）各小组负责解答的同学上台给大家解说。难度不大的问题都由学生来讲，老师只是在学生出现思维卡壳时进行适当的点拨，目的在于引导学生突破学习难点。

这样上课，学生积极参与、广泛参与，效果当然比老师唱独角戏好得多。9月15日我上了一节写作公开课，基本上采用了上面所说的模式，主要是学生讲，我只是在学生修改习作普遍感到困难时，给他们适当的提示，让他们茅塞顿开，从而顺利地解决问题。参加观摩的领导和老师对我所做的尝试给予了充分肯定。

二、花蕾初露：协同成长

"翻转课堂"，有一个很重要的观点就是让学生成为课堂的主体，教师不再是课堂里的主讲者，教师只起引导作用。最初听到这些观点时，我很不以为然。心里一直怀疑其可行性：老师几乎不讲，让学生主讲，他们能讲得清楚吗？阳东一中的经验告诉我们，他们的学生能！现在高三（6）班的教学实践证明，我们的学生也能！"翻转课堂"在高三（6）班实施以来，得到全班同学的积极响应，他们抢抓机会，争取上台去当一回老师。陈淑珍同学多次代表小组上台解说，讲得特别好。她经常一边讲，一边板书，条分缕析，很有老师范儿。有一次，陈淑珍同学解说得特别棒，同学们两度自发给她掌声。陈淑珍同学的良好表现大大鼓舞了其他同学，大家认真准备，不断实践，越讲越好。现在，全班同学在讲解方面都有较大的进步。陈淑珍、黄青青、郭琼珍、郑平洲、梁集汇、梁梦婷、李凯、陈燕飞、黄玉娴、吴曼萍、冯微容、李妙霜、吴珊珊、林铃等同学在讲解方面表现突出，越来越像老师；符海立、陈东兴、林德辉、王国文、李志明、朱晓明、孙伟佳、周木梨、周琪琪、陈昌德等同学经过上台练习，进步很快；李光耀、梁元、陈国聪、冯晓华、陈树国、骆世硕、刘腾、王文杰、李茂冲、杨世创、陈家富、刘付秋、胡金燕等同学，以前不怎么敢上台做练习，这段时间在老师和同学的鼓励下，他们克服了心理障碍，消除了紧张情绪，终于勇敢地站在讲台上和大家分享学习成果。

课堂上老师少讲，安排更多的时间让更多的学生上台讲解，这种做法其实是遵循学习规律的。学生要掌握一门知识，要形成一种能力，必须经过反复的练习。我们老师讲得再好，学生不练习，他们也无法真正获取知识，更无法形成能力。广播站的同学字正腔圆，学生会的干部口才出众，是因为他们有无数次练习的机会。一个学生一个星期哪怕仅有一次上台练习的机会，一年下来，这个学生也会有非常大的变化。第一次上台，学生可能语无伦次，手足无措，但多次练习后，他会变得落落大方，信心满满。

　　实践中，我发现，使用"翻转课堂"教学模式能大大激发学生学习的积极性。台上表现如何，取决于讲解者对知识掌握的熟练程度。在台上，要讲得出来，起码要懂得答案；要讲得让大家明白，就得比较熟练，且要理解知识；要讲得精彩，就得高度熟练，且要融会贯通。为了能在台上有上佳的表现，学生课前很乐意花时间去学习老师布置的内容。最近，我检查了高三（6）班语文作业（第一轮复习用书中的练习）的完成情况，发现有32位同学出色地完成了作业。这些同学不是简单地选出答案应付了事，而是对答案做了详细的分析；其他5位同学的作业有不少需要改进的地方。后来，作业需要改进的同学，在小组长和科代表的督促下也都圆满地完成了作业。这个班在高二时，只有几位同学能按照要求完成语文作业。从对待作业的态度，我们不难看出高三（6）班的同学们在新的教学模式下，学习的积极性有了很大的提高。所以，我们应该痛下决心，把课堂还给学生。把课堂还给学生，就能让他们有更多练习、更多成长的机会；把课堂还给学生，就能充分地调动他们学习的积极性、主动性，就能让"要我学"变为"我要学"。

　　实践中，我还发现"翻转课堂"教学模式能充分挖掘学生的潜力。实践证明，把课堂还给学生，让学生成为学习的主体，会极大地激发学生学习的热情，使他们的潜能得到充分发挥。高三刚开学时，我发现同学们有大量的字读不懂、不会写，有大量常见的词语、成语他们以前没见过，更别说理解和运用了。针对这种情况，我当时下决心要把好中学的最后一道关口，帮助学生把我们母语中最基本的东西掌握好。我最初认为，学生基础不好，高三这一年能把基础知识掌握好就不错了，不敢有更高的要求。可是，在最近的教学实践中，我发现，我们的学生，这些十七八岁的年轻人，有很大的潜力等待我们去挖掘。以前我低估了自己的学生，老是觉得他们基础差，能力不够强。现在给他们一个平台，我看到了别样的他们。前段时间复习成语，要求掌握80个成语的意思和用法。这种要求，如果按照以前那样教学，全班没有一个同学能达得到。但是，现在就不一样了。按照新的教学模式，学生先在课前以小组为单位进行交流学习，接着在课堂上以讲解的形式分享课前学习成果，分享后科代表组织三个小组长再对几节课所学的成语进行总结，把80个成语的解释汇总起来，交给打字组打出来发给我，做成一个专题——《我爱朗读·成语解释》，最后印发给学生让他们经常读一读。经过这样的学习后，绝大多数同学能够熟练地掌握这80个成语的意思和用法。把课堂还给学生，让他们有足够的时间与机会去自主学习，他们就能创造奇迹，不断给老师和家长带来惊喜！我们完全有理由相信，高三（6）班如果能把"翻转课堂"的实践进行到底，到2016年6月毕业时，这批年轻的学子一定能够采摘到硕大且甜美的果实！

　　开学以来，我在高三（6）班把学校提出的"以人育人，协同成长"的办学理念付诸实践。"翻转课堂"教学实践中，同学们表现出来的团结互助的精神令我十分感动。现在高三（6）班的语文课经常有自发的掌声响起，掌声献给课堂上表现出色的同学，掌声还送给课堂上表现欠佳而需要鼓励的同学。掌声中有真诚的喝彩，有热情的鼓励，在轻松愉快的氛围里，同学们不但收获了知识，也收获了友情。在课堂上高三（6）班同学们配合默契：他们把抄题的机会，让给字写得不好的同学；把解说的机会，让给不善言辞的同学。大家一起学习，一起讨论，一起成长。在这个过程中，同学们互相帮助，也互相见证了对方的成长与进步。高三这段难以忘怀的岁月一定会成为他们一生中美好的回忆。

"翻转课堂"在高三（6）班实施两个多月后，我发现自己也"成长"了不少。

"翻转课堂"教学模式让我获取了更多的教学自信。我把课堂还给学生的同时，也就把自己解放了出来。把自己解放了出来，我可以用更多的时间去阅读、去备课。开学以来，在教学之余，我重读文学经典《红楼梦》，同时还阅读了《蒋勋说红楼梦》（第一辑—第八辑）。这种阅读，大大开阔了我的教学视野。把自己解放了出来，我还可以用更多的时间去突破教学的难点。采用新的教学模式后，容易的问题，学生自己解决，一个人解决不了，小组讨论解决，一般不需要老师参与。现在，高三（6）班语文的教学内容是语文基础知识，而我备课的内容是难度较大的诗歌鉴赏。为了突破诗歌鉴赏这一教学难点，这段时间我几乎每天读周啸天主编的《唐诗鉴赏辞典》，已经做了2万多字的读书笔记。也就是说，采用"翻转课堂"的教学模式后，我可以把更多的时间和精力用来攻坚克难。这样就能不断提高我的教学水平。开阔的视野、不断提高的教学水平让我在教学中更加自信了。

"翻转课堂"教学模式让我的教学更具针对性。上学年我教了这批学生两个学期，仍然不太清楚他们的学习情况。采用"翻转课堂"的教学模式后，学生在课堂上动起来了，这让我清楚地了解到他们中谁讲得好，谁的字写得好，谁需要更多的机会去练习讲解，谁需要更多的机会去练习写字，谁课前学习认真，谁需要温馨的提醒。这样，教学就避免了盲目性，教学效果更好了。

"翻转课堂"让我对自己的学生有了全新的认识。高三（6）班的"翻转课堂"活动开展两个多月来，我得到同学们的大力支持和帮助。打字组组长黄青青同学，在短短的时间里组织同学们帮老师打下几万字的教学资料；语文科代表郭琼珍同学，帮老师组织了常规的教学工作，让老师有更多的时间去把课备得更充分；陈燕飞、李妙霜和郑平洲三位小组长，在小组的学习讨论中发挥了至关重要的作用。另外，梁集汇、孙伟佳等同学也给老师很大的帮助。梁集汇同学以前不怎么努力学习，上课经常玩手机，还经常说怪话。现在他学习非常认真，进步很快。难能可贵的是，梁集汇同学大胆质疑老师的教学，这成为高三（6）班"翻转课堂"一道特别的风景线。梁集汇同学大胆的质疑进一步完善了我的教学方案。孙伟佳同学的字写得好，他认为黑板字写好了并不代表硬笔字也写好了。他告诉我，要写好硬笔字，还得练字帖。这点我以前没有注意到，孙伟佳同学深刻地见解给了我很大的启发，现在我准备把练字帖引进语文教学中来。正是在师生团结协作的过程中，我发现我们的学生是一群有思想、有能力、有追求、有潜力、有着美好前程的年轻人。过去，我仅把他们当作学生，"翻转课堂"开展后，他们当中的许多人变成了我的助手和老师。

在新的教学模式下，我与学生一起学习，一起成长，一起走向成熟。我感谢这种新的教学模式，更感谢我们高三（6）班的全体同学！

三、精雕细琢：逐步完善

高三（6）班"翻转课堂"活动开展以来，学生的学习态度、学习行为发生了根本性的改变，全体学生都有了较大的进步。但是，也存在不少的困难和问题，我也积极面对和研究，逐步细化教学策略和教学过程设计，帮助学生在改变中不断完善自我，进而逐步提升"翻转课堂"的教学效果。

问题一：无论课前还是课堂上，小组讨论还不够充分。

对策：让学生懂得小组讨论对学习的重要性，有意识地培养他们的协作精神。

问题二：有一些同学学习不够自觉，经常在自习课和晚自修时间里打游戏、玩手机，未能按时完成老师布置的《学习任务清单》。

对策：个别谈话，温馨提醒，并多给这些同学上台的机会，让他们参与其中，尽快进入学习状态。

问题三：大多数同学能积极上台抄题和解说，但很多时候没有认真听别人解说。

对策：指出不认真听讲是对台上解说同学的不尊重，关系到听者的修养问题，要求大家加强修养。另外，让同学们明白"听"的重要性：听别人解说，是一种非常好的吸纳方式，听得越认真，收获就越大。

问题四：遇到难题就绕开。

对策：老师指出每天都在学习已经懂得的东西，就等于是在原地踏步，不会有新的收获；要想有进步，就得迎难而上，突破难点。我还准备把《学习任务清单》中的大题、难题化为一个个小问题，以降低学习难度，让同学们"跳一跳，够得着"。

以上是我这个学期以来在"翻转课堂"教学实践中的一些做法和一些不成熟的看法，希望能起到抛砖引玉的作用。

翻转课堂教学模式在高中历史教学运用中的反思

赵 梅

人类社会进入21世纪，信息技术已渗透到经济发展和社会生活的各个方面，人们的生产方式、生活方式以及学习方式正在发生深刻的变化，全民教育、优质教育、个性化学习和终身学习已成为信息时代教育发展的重要特征。面对日趋激烈的国力竞争，世界各国普遍关注教育信息化在提高国民素质和增强国家创新能力方面的重要作用。我国在《国家中长期教育改革和发展规划纲要（2010—2020年）》中明确指出："信息技术对教育发展具有革命性影响，必须予以高度重视。"《教育信息化十年发展规划（2011—2020年）》中也指出："教育信息化的发展要以教育理念创新为先导，以优质教育资源和信息化学习环境建设为基础，以学习方式和教育模式创新为核心。"这都表明了国家对科技应用到教育领域的重视。基于信息化教育技术的翻转课堂，颠覆了传统的课堂模式，给教学改革提供了新的思考和启示。

"翻转课堂"（Flipping Classroom），或译作"颠倒课堂"。所谓"翻转"，主要指重新建构了学习流程。在传统的教学模式中，学生通常在学校里听老师讲课，课后复习、做作业，然后参加考试。在翻转教学模式中，学生先通过老师制作的微视频或提供的电子资源包自学，到了课堂上，做一些实践性的练习，并利用学到的知识解决问题。学生遇到困难时，老师会进行指导，而不是进行当堂授课。也就是说"翻转课堂"，就是一场课堂教学的革命，是一种创新教学模式。

21世纪，整个人类世界已经进入经济全球化、政治多极化、知识信息化的时代，翻转课堂是这个风云变幻的时代在教育方面的产物。时代要求学生具备丰富的知识结构、开放的思想意识、良好的人文素养、良好的沟通与合作能力。普通高中历史课程标准要求"从全球视野的角度帮助学生了解本国历史与世界历史，培养世界意识与多元文化观"；使学生提高运用历史思维能力和实际运用能力，正确分析与理解人类社会的变迁，树立正确的认识，解决当前的疑惑，进一步培养学生的价值观念、发展观念与道德观念。从这个层面分析，翻转课堂教学模式在高中历史教学中是可行的。

在当前中国，越来越多的高校、中小学都行走在翻转课堂的道路上，也取得了较为丰硕的成绩。在翻转课堂教学模式的实践中，我经过不断反思，发现其存在一些问题。

一、传统观念依然束缚着高中历史课堂的翻转

翻转课堂的实施离不开社会、家长、学校以及教师的支持与参与。但目前来看，家长、学校甚至老师依然没有摆脱传统观念的束缚。很多家长并不认可以互联网为平台的翻转课堂。他们担心观看视频会给学生的眼睛造成极大的损害，影响视力；他们认为在这种模式下，学生缺乏教师现场监督与帮助，自制力差，自主学习不会取得理想效果，甚至会倒退；同时，他们认为使用多媒体、微视频学习与直接阅读纸质材料并无多大区别，它们甚至会培养孩子的惰性，有的孩子会直接跳过学习过程光看老师给出的答案。

在很多学校看来，开展翻转课堂就意味着教学预算的加大与教学管理的不便。制作教学视频的设备、开展教学活动的教学管理平台、支持教学实施的网络环境都需要投入大量人力和物力；教师制作微视频，开展网络教学应该如何计算工作量等都是学校必须考虑的问题。实施翻转课堂这种需要学生在课后花费大量时间的教学模式，学校如何在教学时间安排上予以支持。

很多教师认为教师的教才是教学的中心，教师是知识的传播者，这与将学生的学置于教学中心，将学生置于教学主体的翻转课堂产生了冲突。所以，在教学模式上教师往往选择单一的讲授式教学，师生之间难以开展多样性的教学活动。此外，很多老师担心讲授时间少了，完不成进度怎么办。所有这一切都或多或少地阻碍着翻转课堂教学模式在高中历史教学中的运用。

二、学生学习的自觉性仍有待加强

在翻转课堂教学模式下，学生的自主学习非常重要。但当前的高中生，他们在经历了小学、初中的填鸭式教学后，已经失去了自己主动学习的积极性。一旦失去了监控，他们便会迷失方向。学生通过网络完成课程的在线学习，利用教学平台与教师和其他同学开展互动交流，这是以学生具有自我管理和自我约束能力为前提的。网络世界诱惑的因素很多，对学习形成强大干扰。在这样一个开放、自由、无拘束、宽松的环境中，学生很难坚持奋斗的方向，进而失去自我。有些学生甚至打着学习微视频的名义沉溺于网络而无法自拔。还有学生认为课外观看教学录像增加了负担，家庭学习取代了原来的课堂教学，休息以及其他活动的时间大大缩短等。因此，在翻转课堂教学模式下，如何提高学生自我控制能力、增强学生时间管理意识、培养良好的自觉学习习惯至关重要。否则，在基础教育领域，由于学生自主学习的能力有限，再加上缺乏有效监管，翻转课堂教学的开展会难上加难。

除了对学生学习的自觉性有较高的要求外，翻转课堂也需要学生具备较高的信息素养和技术能力。观看微视频之余，学生还需要到互联网上进行资源检索，进而在网络平台上与老师、同学进行交流等。因此，学生信息素养的培养也非常重要。

三、翻转阻断了隐性知识的传输渠道

传统课堂教学是一种师生面对面的教学。由于每个教师的举止谈吐、职业素养、经历背景不同，教师进行课本知识传授的同时，也通过动作、仪表、谈吐，甚至是微笑以及人格魅力将隐性知识传输给学生。学生除了学会知识，还被教师的魅力感染，掌握思考问题的方式方法、为人处世的哲学。翻转课堂模式裁剪掉了这些隐性知识的传输渠道，学生丧失了在学习中进行情感参与的载体，学习效果将大打折扣。

翻转课堂，它是技术改变教学的典范，必然会冲击传统教育。翻转课堂若想在中国生根发芽，就必须与中国教育国情相结合。

翻转课堂教学的思考

张梦华

进入湛江爱高，我接触了翻转课堂教学模式，并已开展翻转课堂半年多的时间。在这段时间里，我不断摸索、不断尝试，对翻转课堂的开展有了以下体会：

一、注重小老师的培养

在翻转课堂教学中，小老师起着十分重要的作用。小老师这个角色在课堂上需要给同学们解答疑惑、讲解题目，不仅能锻炼学生的表达能力，而且能培养学生的责任意识，所以在翻转课堂开展中培养好小老师是非常有必要的。

由于我校学生基础较差，思维和表达能力等各方面都不好，导致课堂上讲题出现拖拉、思路不清、表达不清等问题，这就耽误了课堂时间，使得留给教师的时间太少。一开始我没有掌握课堂节奏，一味地把知识点给学生理一遍，花费了很多时间，课经常上不完。后来，我对课堂要讲的内容进行了删减，主要是讲重难点，这样既可以留给学生发挥的时间，也不耽误教师的时间。时间的问题解决了，接着就是提高学生的讲解能力。我曾经尝试过单独指导小老师的方法，但这需要付出大量的精力，从长远来看并不可行。然后我就在课堂上根据小老师的表现进行点评、指导，以给下一位小老师做好示范。对于小老师的培养，我觉得要做到以下几点：①引导小老师的思路，帮助其厘清逻辑，以使讲解更加简洁明了；②不要让小老师在台上一个人干讲，要引导小老师和台下同学互动，适当问台下同学问题；③给每个学生扮演小老师的机会，给每个学生平等的展示机会。

二、调动学生的主动性

翻转课堂要求发挥学生的主体地位，教师则起着主导作用，引导学生更好地开展学习。要发挥学生的主体地位，教师必须要调动起学生的主动性，让学生主动思考、主动探究。对于这一点，我主要采用问题教学法。课前在清单上给学生设计问题，要求学生带着问题来预习。课中，则是设计一个个问题，让学生一步步思考下去，直至探究到问题的本质。这和苏格拉底提出的"助产术"相类似，它能引起学生兴趣，调动学生思考，并能逐渐养成严谨的逻辑思维能力。课后，我就给学生布置材料问题，培养学生理论联系实际的能力，根据材料来应用知识点，同时能检验学生对知识的掌握情况。

除了问题教学，我还喜欢安排一些课堂实践活动，如学习《民主决策》这一课时，我设计了一个听证会，"关于校园内学生使用手机的十项规则"立规听证会，这不仅贴近学生生活，而且能让学生切身体会听证会的作用。这个课堂活动的开展，让学生们非常开心，他们认真准备，并在课堂上积极发言，这让我非常惊喜，特别是那几个平时很少主动发言的学生，这次竟然在课堂上侃侃而谈，非常棒。又如在学习《中国共产党》这课时，我让学生回去查找一些优秀党员的事迹，他们也都能认真完成，并在课堂上分享。通过感人的事迹，学生理解了党员的先锋模范作用，锻炼了学生的信息收集能力，也调动了他们的主动性。

三、切忌一味追求形式

我在观课学习当中，发现了这样一个现象：在课堂上或为了活跃气氛，或为了夺取眼球而搞很多花样，这些花样让学生玩得很开心，但忽略了知识内容，所安排的活动没有紧扣知识，学生只是玩一下就过去了，并没有收获知识，这就本末倒置了。任何课堂活动都应该服务于教学，都应该启发学生。我并不是反对形式的创新，而是建议在形式创新的同时，引导学生从中思考，引导学生和所学结合起来。教学是一门艺术，需要创作，也需要创新。以后，我也要尝试多种形式，并紧密结合教学内容，以更好地开展翻转课堂。

"翻转课堂"教学反思

黄学勤

按照学校的要求，我在教学中探讨和推进"翻转课堂"教学模式已将近两年了。在不断的学习和实践当中，我逐渐摸索出一套比较适合学生的新的教学方法。在这个过程当中，老师和学生在课堂上的角色在慢慢改变，学生的自主学习能力在不断加强。虽然学生的学习成绩并没有比之前有很大的提高，但是学习效果还是明显的。反思我这一段时间的教学，我有以下几方面的体会：

一、课前认真准备《学习任务清单》是教学的关键

经过几个学期的摸索和实践，我在编写《学习任务清单》的时候感觉越来越轻松自如，已经能够根据不同的课型和要求，编写各具特色的《学习任务清单》。上一学年我担任的是高二级的英语课教学，每次在编写一个单元的《学习任务清单》之前会先查看高考一轮复习对这个单元知识点掌握的要求，同时参考学生使用的练习册《全优课堂》。而本学年学生进入高三复习阶段，我在编写话题清单的时候会清楚地列出学生该掌握的重点词汇、短语和句型，尤其注重课堂巩固训练的实用性和针对性。总之，任务清单的编写力求做到精、准，不额外增加学生的负担。学生认真完成的《学习任务清单》会是一份全面、完整的笔记。

二、课前批改学生的《学习任务清单》能有效地提高课堂效率

我认为教师编写出来的清单至少要提前两天发放到学生手中。上课之前教师假如能够认真翻阅学生完成的《学习任务清单》，那么教师上课的时候就容易把握本节课的教学重点和难点，对于学生在清单上出现的问题就能着重讲，以加深学生的学习印象，从而提高课堂效率，提高教学效果。

三、鼓励学生课堂展示是学习成绩提高的保证

自从学校实施"翻转课堂"以来，在老师的鼓励下和同学们的掌声中越来越多的同学自信地走上讲台，以前那种羞涩、胆小，扭扭捏捏不敢开口的现象已经不见了。很显然，学生只有认真研究和完成《学习任务清单》才能很好地在课堂上展示。所以，随着学生上台展示的积极性的增强，他们的语言表达能力明显提高，学

习积极性也随之增强。本学期高三进入第二、第三轮复习,很多时候都要讲评试卷。自从尝试让学生讲评试卷以来,我发现我更了解学生的做题思路,更能捕捉到他们还有哪些知识点没有掌握,复习就变得更有针对性了。

四、在实施"翻转课堂"教学模式中出现的问题

教学中我也发现了一些急需解决的问题。第一,学生按小组围坐之后,同学们在课堂上比较容易讲话和思想开小差,老师在强调一些重点问题的时候,不容易集中所有同学的注意力。第二,有不少同学照抄同组同学的《学习任务清单》的答案,自己并没有理解和弄懂,由此影响了老师对学生知识掌握程度的判断。第三,小组合作学习还有待改善和提高,学生自己学自己的,没有跟同组学生交流学习的现象普遍存在。第四,让学生讲解试题,往往课时需要翻倍,感觉时间不够用。

总之,虽然"翻转课堂"在目前实施的过程当中还存在不少困难,但是实践证明它在高中英语教学中具有很多的优点,也具有一定的可行性。今后,我要革新思维,不断探究,让"翻转课堂"在教学中达到优质高效的教学效果。

"翻转课堂"教学改革的认识与实践

梁影静

"翻转课堂"究竟是什么样的课堂，是以何种形式去上课？我相信很多像我一样的新老师在刚踏上工作岗位时都会问这个问题。一开始接触它，是在参加学校的工作招聘笔试上。应聘回来后，我就开始从学校的主页去了解，从网络上搜索它的相关资料。慢慢地，我对"翻转课堂"有了初步的了解，但还没有很清晰地掌握它的教学形式。

来到学校，我感觉"翻转课堂"的氛围还是很浓烈的。每天的谈话中，我们同事间的话题多是"你翻了吗""你怎么翻啊"。现在，我作为一个新老师在老教师的带领下实施"翻转课堂"快两个学期了。以下是我实施"翻转课堂"以来的一些体会与心得。

在这期间，我上了两次公开课。第一次公开课的目的是引导学生如何从科普文本中寻求关键信息，更好地掌握实用性阅读的做题技巧。第二次公开课的目的是教会学生如何分析诗歌中作者蕴含的感情，提高诗歌鉴赏的能力。这两次公开课，我不算都是以"翻转课堂"的形式去上，而是半传统半翻转的形式。所以还有待提高自己对翻转课堂掌握的能力。但在这个过程中，我发现，我们老师主要做的是引导，让学生去发现问题、解决问题，把讲台让给学生去讲而不再是老师不停地讲。但同时我也发现"翻转课堂"局限的地方，它对学生的要求比较高，学生提前要做的准备和搜索的资料是很多的，而对基础较差的学生而言，这是比较吃力的，又加上高中课程多、难度大，有时我也绞尽脑汁地想该如何让学生主动来讲、来适应。

传统班级授课制下的语文教师，往往是向学生灌输知识和解题技巧，教师的主要精力放在"教"上，课堂时间全部由教师掌控，学生被动地接受一切，长期这样会消磨学生学习的主动性。

自从实施"翻转课堂"改革以来，我给自己确定了以下角色目标——教学环境的设计者、课程的开发者、知识的管理者、学生学习的组织者和指导者，力求做学生的学术顾问，从台前退到幕后，从演员转变为导演。

学生不再是在课堂上解决基础的问题，而是通过任务清单去提前预习，老师通过学生的任务清单完成情况来确定课堂上的讲解内容，真正做到"先学后教"，也确保了学生有自主预习的过程。在"翻转课堂"上，我发现学生们变了，不再是昏昏欲睡，倒下一片的尴尬局面，他们能够自觉、积极、主动、平等地参与教学活动，并且参与的方式多样化，而不是被动、消极地进行认识和实践。比如从语文教学来说，我们不再是枯燥地讲解诗歌，而是让学生上台主动分享他们提前搜集到的作者资料，或是提出对诗歌的不同看法。在讲到小说文体时，可以让学生情景再现，全班同学参与到情节中来，这样大大提高了学生的兴趣，也能让学生站在主人公的立场去体会小说人物的性格和形象，活跃了课堂气氛，学生接受的程度也高。当然形式不止这些，有时我们还举行知识竞赛、辩论会，提高学生对中国诗歌的兴趣，从而把这种兴趣放到课堂上来。

我还发现，在讨论的过程中，学生之间会迸发奇特的想法，产生思想的碰撞，而不再局限于一种模式之中。由于长时间的放手，学生在合作展示环节已能够对学习活动进行调控，并主动寻求合作伙伴。他们之间的关系也变得更加微妙，既有竞争也有合作，既不孤傲也不自卑，他们在积极地展现自己的个性。这样的课堂好美，学生们一个个成了张扬个性的探索家，我美滋滋地欣赏着他们的变化，为他们的进步而喝彩。

通过"翻转课堂"改革，我对语文教学也有了新的认识和理解：语文教学并不是学生被动接受知识的过程，而是积极主动建构知识、自我发展和不断创新的过程。从教学操作层面看，要创设适合学生自我建构和发展个性的情境，教师应当尽力激发学生学习的主动性与积极性，为学生提供多样化信息来源，有意识地将课堂的中心向学生转移。这样的课堂上，欢声笑语不断，学生的眼睛闪烁着光芒，好似一个个灵动的天使举办的盛宴。

特别要注意的是，当学生表现出强烈的好奇心和积极主动的探究、学习欲时，教师更应该"推波助澜"，引领学生深度学习，让他们逐渐学会控制学习过程，主动与学习伙伴进行交流与合作，达到相互提高的目的。每次课堂总结，我总是喜欢让学生谈一谈自己的感受，鼓励他们释放自己对语文学习的激情。而这些，恰恰又成为学生迷恋"翻转课堂"的动力。

总之，"翻转课堂"让我收益良多，我决心把"翻转课堂"进行到底，引导学生正确学习语文并不断提高自身的语文素养，走出一条高效和科学的语文教学之路。

初试翻转课堂教学改革

苏文文

未到阳东一中之前,我就存在两个困惑:一个是作为教师的我如何很好地实施翻转课堂?另一个是如何让学生适应翻转课堂,并凭借此优势成功地提升自我学习的能力?在尝试翻转课堂的教学过程中,我发现我们的学生在实行翻转课堂时在课前自主学习这个环节做得并不理想。这里面有四点原因:一是学生主动性不强,没有老师时时刻刻的耳提面命,他们不会完成《学习任务清单》或者学校发的教辅资料;二是学生自主学习能力太弱,效率低下;三是个人时间观念不强,拖延严重;四是缺乏有效的时间管理,没有有效分配时间。面对学生的这种情况,我要如何设计翻转课堂来达到良好的教学效果呢?这个问题我还没有找到有效的解决方法。听到可以去阳东一中交流学习后,我感到非常兴奋,可以去观察他们翻转课堂的做法,再根据我们学生的情况,尽可能找出有效的方法。

带着这些问题去阳东一中,为了能观察得更加全面,我不仅听了三节地理课,还听了一节语文课和一节英语课,三节地理课分别由不同的老师来上。阳东一中翻转课堂的基本做法是课前决定各小组展讲的内容,在课上由每个小组推选一名同学来讲解,其余学生可根据他讲的内容进行补充或提出疑问,老师可对其讲解进行引导或再补充和讲解。由于一些原因,我听的三节地理课都是高三的课,而且月考刚刚考完,所以全部是试卷讲评课。虽然模式相同,课堂内容相同,但三个不同的地理老师课堂操作方式不完全一致,有的学生讲得多,有的老师讲得很多。学生多讲也就是我们爱高提出的"学生动起来"的方式,可以提高学生的自我思考,在思考后又用自己的语言将要讲的内容表述出来,这也锻炼了他们的口才。但有些同学在别的同学讲解时,没有仔细听讲,有放空的,有聊天的,因为老师也在听学生讲解,对于课堂纪律方面就无暇顾及。而且我发现,老师们都只就该题的内容进行一些知识上的拓展,没有就解题方法、答题模式进行总结。翻转课堂的模式如果不注意很容易造成学生知识杂乱,没有形成系统,所以老师要及时进行总结或引导学生来总结,促使学生形成系统的知识网络。来自附中的苏耀明老师说得好:"不管是用什么方法,最基本的都是要巩固学生的基础知识,并让他们形成知识体系。"我听的那节语文课,那位语文老师不仅让学生课前写下自己得出答案的方法和最后的答案以及所得的分数,并让其他同学来评价,自己再进行补充,补充的内容除了零散的知识点外，还会将同类型的知识补上。比如古诗鉴赏中有一道题目是："从'绘色'角度来鉴赏，该怎么做？"该老师补充了古诗中常问的这类型题目，叫学生记下笔记从空间、色彩、感官如何来回答。一节课下来，我觉得很充实，而且对于高三的学生来说很有用。所以，翻转课堂不能失掉知识的逻辑性、系统性。

在解决学生课前学习效果差的问题上，阳东一中是这样做的，首先在课程设置上，他们为每个科目安排了自主学习课和展讲课。自主学习课就是让学生们自主做案单，展讲课就是由学生在课堂上讲解。这样的课程设置，规定了学生在什么时间做哪一科的案单，可以有时间完成自主学习，这就解决了时间规划这一问题。也迫使他们去学习，不然到他们展讲的时候没有办法完成任务，造成小组被扣分的结果。还有量化考核制度，每个月他们会有一个全校的优秀学习小组、优秀个人的榜样名单的公示，这样的评分奖励制度很好地激发了学生的学习积极性，提高了学生学习的自主性。

针对自主学习能力弱这个问题，他们的班主任是通过成绩分层混合搭配座位的方式解决的，由学习好的带动和指导学习落后的学生，为了小组的总体分数，"生教生"就可以很好地落实到位。所以，课程设置和学习量化考核制度要尽快制定。

阳东一中之行还有一个收获就是班主任工作，我们班主任有幸与他们的名班主任一起交流学习。我问到我们年轻的老师要怎么管理班级和提高自己的班级管理能力时，一位年轻的班主任讲，班主任一定要留心观察班级出现的问题，并且时刻想着如何去解决这个问题。他说，想要当一名好的班主任一定要有自己的想法，一定要多针对学生的情况来思考解决方法。他的回答让我找到了当好班主任的方法。

这次阳东之行，不仅在教学上给我启发，在管理班级上还给了我启迪，感谢他们无私的、毫无保留的交流。更要感谢我们学校——湛江市爱周高级中学，感谢我们的校长，如果不是我们学校，不是我们的校长，我就不会有这个机会外出学习，取得"真经"。不过他们的方法总归是适合他们学校的，我们要根据自己学校的情况创造适合我们学校的行之有效的方法，走特色的爱高教学之路。

如今学校的新课改理念逐渐深入人心。经过一段时间的学习与实践，我的体验与感受如下：

翻转课堂是师生教与学方式的彻底转变，是个性化学习的一剂良方。翻转课堂是在正式学习中，学生课前利用教师分发的导学材料（音视频、电子教材）自主学习课程，接着在课堂上参与同伴和老师的互动活动（释疑、解惑、探究）并完成练习的一种教学形态，实施翻转课堂使学生、教师、学校的教学管理发生了重大的变化。

1. 调动了学生的学习主动性，激发了学生的学习兴趣

实施翻转课堂，激发了学生的学习兴趣，他们先自主学习教材，然后通过视频帮助自己解决疑难问题，主动合作交流，体验知识的形成过程，体会到了学习的乐趣，享受到了成功的喜悦。课堂上学生不再是被动地完成老师布置的作业，而是主动地探索新知识，主动地在运用中落实知识，在合作中提升能力，学生学习的积极性、主动性越来越高，学生的学习能力也得到大大提高。

2. 培养了学生阅读教材的习惯和能力，提高了学生的问题意识和创新意识

实施翻转课堂，学生首先认真阅读教材，然后完成相关学案，通过阅读教材，学生养成良好的阅读习惯，阅读能力不断提升，而且学生在每一节课上都始终处在思考、分析、探索的状态之中，思维活跃，认识深刻，学生分析问题、解决问题的能力逐步提升。

3. 激发了教师参与校本研究的主动性，教师的备课方式发生重大变化

翻转课堂的实行，促使老师们对课堂教学的研究成为自觉行为，教师对学科教学内容的整合、重难点的确定、学案的编制、微课的录入进行深入研究，而且促使教师更加关注有生命的、开放的、个性的、充满灵动的教学过程，研究范围越来越广、研究内容越来越多，教师专业水平得到迅速提高。

4. 课堂管理得到转变

在传统课堂上，教师必须始终关注课堂上学生的动向，实施翻转课堂后，许多扰乱课堂的行为不再发生，课堂管理的重点不再是维持课堂秩序，而是怎样更好地帮助需要帮助的学生参与学习，课堂管理方向和重点发生了重大变化。

5. 教师组织教学发生转变

翻转课堂分为两段，即自学质疑阶段和训练展示课。自学质疑课上，学生通过教材自学、视频助学、合作互学等环节完成学习过程，最后完成在线测学，教师可以通过平台反馈的结果来了解学生掌握的情况。训练展示课上，老师不再一厢情愿地设计问题和讲解问题，而是针对学生共同的问题分析，老师讲解有针对性，学生听讲有目的性，学习效率大大提高。在整个学习过程中，教师更多地成为指导者而非内容的传递者，教师能更多地抓住学生学习的误区，关注学生的学习方式，这样师生信任度提高，师生合作真正实现了开始，师生关系变得和谐融洽。

6. 学生反馈评价方式发生重大变化

翻转课堂中的评价体制与传统课堂的评价体制完全不同，在这种教学模式下，教师不但要注重对学习结果的评价，还要通过建立学生的学习档案，注重对学习过程的评价，真正做到定量评价和定性评价、形成性评价和总结性评价、对个人评价和对小组的评价、自我评价和他人评价之间的良好结合，而且评价内容也较为丰富，涉及问题的选择、独立学习过程中的表现、在小组学习中的表现、学习计划安排等方面，评价真正起到了反馈矫正和激励的作用。

第六章
教学应用信息化

我们结合翻转课堂教学改革，从教学实践环节研究开始，逐步扩大到其他方面的探索，全面融合信息技术。同时，我们对信息技术与教育教学的融合进行顶层设计，在规划、制度、方式方法、培训、评价改革等方面进行总体的预设，让信息化的推广应用能够扎实开展，应用信息化改进了教育教学工作，开启了新时代，教学信息化是教育变革的必然趋势。手机课堂是一种全新的、更具个性化的学习平台和学习范式，是我校适应教学形势的创新。课堂因互动而精彩，学生因自主而发展。让学生动起来，让课堂活起来，才能让效果好起来。

基于教育信息化的"智慧课堂"实施方案

湛江市爱周高级中学

教育信息化是衡量一所学校发展水平的重要标志。为了贯彻落实市教育局和上级关于大力推进"三通两平台"建设，即宽带网络校校通、优质资源班班通、网络学习空间人人通，建设教育资源公共服务平台、教育管理公共服务平台，力争实现四个新突破，即教育信息化基础设施建设新突破、优质数字教育资源共建共享新突破、信息技术与教育教学深度融合新突破、教育信息化科学发展机制新突破，更好地实施我校的省教育科学"十二五"规划2015年度课题《构建"翻转课堂"，促进学生主体发展的教学改革研究》，实现我校教育的信息化和现代化，全面提高教育质量，特制定本方案。

一、指导思想和实施理念

新课标改革后，倡导"自主、合作、探究"的学习方式，致力于提高学生在课堂的参与度，让学生成为课堂的主人。对"教育""教学""教师""学习"等有了新的理解。

教育：教育不是告诉、不是灌输，是在教师的指引下，学生自主享受教育资源，获得心智，增长能力的过程。教育是一个独特的系统工程。

教学：教学不是教师教、学生学，是教师运用教育手段，引导学生自主享受教育资源，获得心智，增长能力的教育环节。教学是师生互动的学习活动。

教师：教师不是搬运工，不是百事通，是教育教学中的桥梁角色，是教育教学活动的引路人。

学习：学习不是死记硬背，不是应付考试，是享受教育资源，获得心智，增长能力的自主活动。

我校的"翻转课堂",是以完善学生的人格,促进学生的智慧发展,以人育人,协同成长,全面提高学生的综合素质为目标的翻转课堂,实施"两段七步"教学法。目前有无设备下的翻转课堂和有设备的翻转课堂两方面的实践。智慧课堂就是有设备的翻转课堂实践。目前我校有两个实验班,计划明年扩大到八个实验班,通过实验先行,以点带面,辐射推广。

我校的智慧课堂,是翻转课堂模式下的智慧课堂,在课堂教学中注重让学生"感受过程,习得规律,发展智慧"。重点抓住"智慧"和"课堂"两个方面:一是要抓住课堂这个出发点和落脚点,任何内容选择和环节设计都必须充分考虑到课堂这一载体的可能性、现实性和需要性;二是在此基础上,要充分发挥教师的教育智慧,借助CCE平台的优势在互动式教学中打造学科特色的翻转课堂。

二、"智慧课堂"的内涵和外延

1. 智慧课堂的核心理念

(1)让教育资源得到均衡,并且使教育理念、教育方式、教学信息化保持均衡。

(2)打破时间和空间的限制,做到可以在任何时间、任何地点无差异地进行学习。

(3)覆盖教学的全部流程,做到统一认证、统一标准、统一数据、统一权限等。

(4)改变传统式的灌输型教学,让学生真正做到自主学习、个性化学习。

2. 智慧课堂的基本特征

智慧课堂是根据学校的现有信息技术架构,应用先进的"云+管+端+咨询"方式,提供给学生,又称为电子书包,它相对于传统的书包,具有如下特征:

(1)轻便环保,易于携带。极大地减轻了学生书包的重量,非常便于携带。

(2)内容丰富,灵活生动。可以用声音、视频、动画等多媒体形式创设生动、形象的教学情境,表现形式比传统书籍更加丰富。

(3)可以及时掌握学生的学情,准确诊断学生的困惑,加强师生互动,丰富教学的模式和内容,有效提高教学质量。

可见,电子书包是促使学生利用信息化的工具,自主学习、个性化学习,增强学生的自主学习能力和合作探究能力。实现师生之间的互动和个性化沟通,学生可以随时随地个性化学习,老师可以即时了解学生的最新学习进展与状况,而家长可以全面地了解孩子的学习情况,并根据提示进行学习指导与监督。

3. 智慧课堂的功能

课前学: 预习、多种备课、资源丰富以及批量导入资源。

课中学：实时反馈、合作学习、成果展示、多样性评价、资源推送、授课栏小工具灵活丰富。

三大空间：学生空间、教师空间、家长空间，人人通空间、全终端适配、个性化展示、学习轨迹全记录。

4. 智慧课堂的应用价值

教师：简单操作，高效备课；双向互动，个性教学；精准资源，智能组卷；空间展示，互动交流。

学生：兴趣培养，提高成绩；空间学习，互动反馈；分组学习，综合提升；过程记录，成长分析。

家长：增进家校沟通，准确掌握孩子的学习动态。

学校：提升学生和家长的满意度；形成良好的科研氛围；造就高水平的师资队伍。

三、智慧课堂的实施与推进策略

我校的智慧课堂是在"翻转课堂"模式下的智慧课堂，是有设备条件的"翻转课堂"，是更好地落实"两段七步"教学法的有效手段。要通过"学习、实践、反思、交流、合作"的实践策略，提高教师教学设计、实施、评价、反思教学的能力，全体师生在智慧课堂教学过程中掌握方法，获取知识，形成能力，培养情感态度和价值观。

（一）在学习讨论中领悟智慧课堂的内涵

1. 教师——教师是构建智慧课堂的关键

教导处要组织教师深入学习翻转课堂的教育理论，通过观看翻转课堂教育讲座，开展智慧课堂教师沙龙，使教师深刻领会其理念实质，根本转变观念，进一步思考如何落实在教育教学实践中，逐步形成自己的实践思路，打造自己学科特色的智慧课堂。

（1）全体教师交流讨论，学习翻转课堂理论知识。根据学科特点和具体教学内容，建立"智慧课堂"教学实验小组，探讨如何从"预习作业的设置、学习单的设计、课堂学习的引导组织以及当堂检测"等环节，稳步、有效地推进智慧课堂教学实践。

（2）教师创造性地实践，充分体现翻转理念——让学生在轻松、愉快的课堂上，高质、高效地学习；抓住智慧课堂的实施关键——把主要依靠教转变为主要依靠学；遵循智慧课堂的操作原则——把为教师好教转变为学生好学而设计教学；掌握智慧课堂的操作技能——"先学后教，以学定教，多学少教，及时训练"，尝试改革，寻求改变。

（3）教师边学习，边实验，边思考，勤总结，促反思。通过不断学习，科学创造地实践，反复总结、讨论研究，不断地提炼改进，逐步走向成熟。

这就要求每一个教师在课前必须多研究——研究教材（精选知识），研究学生（精选方法），研究教学（精心设计学生好学的教学过程）在课堂教学中必须想方设法调动学生学习的主动性和积极性，少讲精讲，以趣激学，以疑引学，以生助学，以教促学。课后，教师根据学科特点和具体教学内容，科学灵活地精选练习，通过及时检测、实时反馈，调整教学。

2. 学生——学生是教育的发生处和最终落脚点，是教育依靠的坚强后盾

我们要通过各种途径加强对学生的教育和培训，如国旗下讲话呼吁、校园环境熏陶、班级论坛讨论、班主任宣传、任课老师引导等，使"智慧课堂"得到学生的理解和支持。

（1）通过宣传发动、营造氛围（学校、班级）、说理引导、评优表彰，以最快速度最大程度使"智慧课堂"为学生所接受，唤起学生的自我意识。

（2）组织学生讨论，充分明确"学生是学习的主人，学生具有语言的、思维的、学习和创造的本能，是天生的学习者，学生必须学会学习"；充分明确智慧理念下的学生如何制订学习计划、学习方法，如何调整学习行为、学习习惯，最终实现学生能力的提升及智慧的培养。

这就要求每一个学生在课前必须自主先学，记录学习过程中出现的疑问，以备上课时提问和探讨。在课中必须像考试一样紧张地学习，紧张地思维，积极参与合作，主动探疑解疑，高质量地完成当堂检测。最后对当堂知识及时进行重难点梳理，并做好自我总结。课后的巩固复习，对本堂课知识进行补充、梳理、拓展，实现知识的结构化。

（二）在开展系列活动中推进智慧课堂构建

学校举行多种活动来促进和深化智慧课堂教学实践，逐步探索出不同学科、不同课型的智慧课堂教学特色，构建智慧课堂教育教学管理与评价体系，搭建数字化教学研究平台。

（三）完善智慧课堂校本课程的开发与实施

根据学生的兴趣以及教师的特长，将校本课程教学常态化，利用学校的科技节、体育节、艺术节、读书节、文化节等，将校本课程的教学转变为活动，以活促学，通过完善校本课程，实现智慧课堂的重点突破。

四、健全机制，加强领导

1. 组织保障

为了确保智慧课堂的有效实施，学校成立了智慧课堂工作领导小组，校长任组长，副校长任副组长，各处室负责人任组员，领导小组负责智慧课堂计划的制订、实施、领导、管理、监督等。同时成立智慧课堂工作小组，主管教学工作的副校长任组长，教导处主任任副组长，教研组组长和级长任组员，工作小组具体负责智慧课堂的日常工作。

2. 机制保障

（1）对老师进行积极引导，并制定有效的激励机制，如把开展智慧课堂授课的数量及质量纳入教师绩效考核的范围，进一步调动老师的积极性。

（2）将智慧课堂实践纳入教研组活动范围，工作小组负责组织每月至少两位老师上校内研讨课，课后组织研讨活动，共同进行观摩、研讨和改进。

（3）合理安排参加项目实践的教师的工作，让他们有更多的时间来进行研究和实践。

（4）组织教师外出学习、观摩和交流，参加各级教育教学比赛活动。

（5）学期末进行阶段总结，由领导小组组织召开总结会，及时反馈和解决问题，布置下一阶段实验的推进工作。

五、实验工作历事表

时间	内容	负责人	备注
2015年9月1日至9月15日	准备智慧课堂设备设施及应用	梁哲	协助：黄伟强
2015年9月16日至9月30日	确定实验班级，安装智慧课堂设备，起草"智慧课堂"实施方案	林向翀	
2015年10月1日至10月15日	整改教学楼网络，完善网络中心设备	白果	
2015年10月16日至10月31日	拟定学校"智慧课堂"实施方案，试用智慧课堂设备	林向翀	协助：黄春晖
2015年11月1日至11月15日	组织师生培训，实验班开始开展"智慧课堂"实践活动	梁哲	协助：级长和教研组长
2015年11月16日至11月30日	召开实验班师生阶段性研讨会，开展观摩、研讨活动	黄春晖	协助：教导处、级组长、教研组长
2015年12月1日至12月15日	组织"智慧课堂"校内展示课，观课、评课研讨活动	姚洪霞	协助：教研组长、级长、班主任
2015年12月16日至12月31日	召开实验班师生阶段性研讨会，开展观摩、研讨活动	黄春晖	协助：级长、班主任、教研组长
2016年1月1日至1月15日	编印以"智慧课堂"为核心内容的第三期《爱高之声》	林向翀	协助：黄春晖、谢铁昌
2016年1月16日至1月31日	召开阶段性总结会；总结前阶段工作，布置下阶段工作	梁哲	协助：林向翀

手机进课堂：智慧课堂的另一种范式选择

梁 哲

目前，大多数学校的"智慧课堂"都是使用平板电脑来开展教学活动，但是因为平板电脑既不方便保管、携带，又要增加学校或家长的投入，导致学生不喜欢使用，从而使智慧课堂教学难以普及和推广。而手机是高中学生的随身用品，学生使用手机几乎成为一种普遍现象。所以，我们认为，让手机进课堂，师生在课堂上使用手机开展教学活动，将成为信息技术与教学融合创新最经济、最便利的形式，"手机课堂"势在必行，而且它比平板电脑更能被广大青少年学生所接受，从而成为信息技术与教学融合创新的重要范式。

一、手机课堂是一种创新型的教学组织形式

手机是科技发展的产物，随着科技的迅速发展，智能手机的应用功能越来越突出，而针对教育行业，手机教学中的应用也能发挥其积极的作用，并突出其鲜明的特征。目前，手机随身携带，成为智能化的个人学习终端，"手机课堂"成为信息时代发展的产物。

什么是手机课堂？至今人们仍然没有一个公认的定义，都是各抒己见而已。多数人是从手机的使用形式角度认为，手机课堂就是教师在组织课堂讨论某一个问题或知识点时，根据教学内容的要求提出相关讨论话题，允许学生用手机上网查找有关资料，然后展开讨论；在日常的课堂教学中，当学生遇到疑问的时候，或是教师没讲到，或是学生没听懂，也应当允许学生使用手机上网查找答案。我校的手机课堂，是在"翻转课堂"教学改革实践中逐渐产生的实践成果。我校对"手机课堂"的理解是：手机课堂是教师和学生根据需要而使用手机进行教学活动的新的教学组织形式，是学习终端（手机）与教学融合的创新成果，它具有便利性、开放性和灵活性。手机课堂一般包括课前、课中、课后三个阶段：课前，学生利用手机加载各种媒体资源或老师提供的各种自学资源，如微课和《学习任务清单》等进行预习，吸收、消化知识，自我检测学习效果等；课中，老师利用手机通过网络学习空间或教学软件，同学生进行实时交互学习，巩固知识，探究问题，解决学习困难，检测和评价学习结果等；课后，学生利用手机进行课后练习，巩固和应用知识，总结学习经验和提升自我等。如生物课，老师上高三生物复习课《植物生长素的发现》的

手机课堂教学操作是：

（1）根据学习目标和高考目标要求，全体同学要利用微信和猿题库APP，在课前学习老师推送的《课前导学课件》，结合课本完成一轮复习资料《新坐标》的相关知识点，各小组组长课前要检查同学们的完成情况，达到良好的课前学习效果。

（2）课中，全体同学要结合手机PPT《课前导学课件》的问题提示，认真研读教材，运用已学的知识进行分析问题，小组内合作探究，巩固知识，并熟悉考题的考法，并完成《课前导学课件》的测试题，通过手机拍照把答案上传到"雨课堂"APP，由老师在手机上逐一批改。

（3）课末，教师利用"雨课堂""猿题库""希沃授课助手"、微信等软件与学生进行实时互动教学。从这节课的过程看，学生通过手机，在课外完成知识的吸收、消化，在课内完成知识的应用、巩固和升华，实现了预设的教学目标，完成了教学任务。可以说，手机课堂是一种全新的、更具个性化的学习平台和学习范式，是一种教学创新形式。

二、手机进课堂切实可行

手机课堂是一种教学创新，也是一种新的教育理念，同时还要有比较充分的物质、资源和技术条件。

首先，学校要允许学生用手机作为学习终端。我校与其他学校不同，不但没有压制学生带手机，而是鼓励老师和学生将手机带进课堂。我们学校提倡手机进课堂，是从实际出发的。我们为什么鼓励学生带手机到学校呢？理由有三：一是党的教育方针和《教育法》都规定学校要给学生传授先进的科技文化知识，手机是先进科学技术产品，有跟学生生活、学习密切相关的学习工具功能；学生通过手机上网，可以随时随地学习国内外著名中学和优秀老师的课程教学，拓展自己的学习空间和学习资源。二是国家课程方案中有信息技术课程，而且是学生的必修课程。学习信息技术需要个人学习终端，手机是学生的随身物品，与手提电脑、平板电脑相比，手机无疑是最为经济和便利的个人学习终端。三是禁止学生带手机到学校的做法是不明智的，其实也是禁而不止的。与其禁而不止，不如变禁为导，鼓励学生把自己的手机由用具转化为学具，成为常用的学习工具。所以，我们允许学生带手机到学校。当然，我们对学生带手机到学校，也有引导的办法和要求的：第一，要加强对学生的教育。我们要反复教育学生，手机是学具而不是玩具。其实，高中学生已经是16—18岁的青少年了，有比较强的自我约束和自我管理的能力，我们应该相信学生的向善倾向。第二，要有制度规范和约束。我们出台了《学生带手机到学校的管理办法》，对学生什么时候不可以使用手机有一个清单，学生什么时候、用什么方式给手机充电等也有具体的限制等，严格管理、规范学生使用手机的行为。第三，技术控管。通过学校的网络监控中心监管学生的上网时间、范围和浏览网络的情况。手机课堂不仅有效解决了学生带手机的弊，还给学生创造了能够开展自主学习和个性化学习的空间和便利条件。当然，管理好学生带手机到学校，是需要校长和老师们的教育智慧和不懈努力的。

其次，有通畅的信息网络和丰富的教学资源的支持。我校已实现了高质量的班班通和人人通，建有高标准的网络信息中心、1 000M局域网和1G以上的电信外网，光纤直到每个课室，教学区、办公区和宿舍区实现有线网络和无线Wi-Fi的双网络全覆盖；建有云图书馆、云阅览室、网真录播课室、网真观课室；每位教师配有手提电脑和平板电脑各一台，可满足师生线上线下、随时随地进行多样化、个性化办公和教学活动。宽畅的网络和海量的资源支持，为我校的手机课堂提供了充分的物质条件和保障。

再次，教师具有较强的教育信息技术应用能力。我校高度重视教师的教育技术应用能力，有计划地组织和开展对教师的信息技术能力的培训。我校设立了专门负责信息化的办事机构——装备中心，制订了《教育信息化五年行动计划》，设立了学校信息化名师工作室，建设了3个微课制作室。我校采取"请进来"和"走出去"相结合的办法，定期给教师进行信息素养提升、微课制作和使用、线上线下教学应用能力、翻转课堂教学范式等培训，举办"微课开发与制作比赛"和"手机云课堂教学比赛"等活动，让老师们在较短的时间内提高信息技术与教学深度融合的专业技能，熟悉各种优质的网络学习空间软件如希沃授课助手、UMU学习互动平台、FTP空间、雨课堂、班级优化大师等信息化教学软件，扎扎实实推动手机课堂教学的开展。这些措施深受教师们欢迎，效果也是显而易见的。

三、手机进课堂势在必行

教育信息化是国家关于教育现代化的战略部署，是国家对教育现代化的顶层设计。近年来，国家逐步颁布了一些关于教育信息化发展的相关文件，如国务院颁布的《国家中长期教育改革和发展规划纲要（2010—2020年）》明确指出，信息技术对教育发展具有革命性影响，强调到2020年，我国要基本建成覆盖城乡各级各类学校的教育信息化体系，促进教育内容、教学手段和方法现代化。国家《信息化十年发展规划（2011—2020年）》具体提出，到2020年我国基本建成人人可享有优质教育资源的信息化学习环境，基本形成学习型社会的信息化支撑服务体系，基本实现所有地区和各级各类学校宽带网络的全面覆盖，教育管理信息化水平显著提高，信息技术与教育融合发展的水平显著提升。教育部颁布的《教育信息化"十三五"规划》中进一步提出，到2020年基本建成"人人皆学、处处能学、时时可学"的信息化平台以及与国家教育现代化发展目标相适应的教育信息化体系。

随着科技的飞速发展，手机的大众化普及，强烈地冲击着生活于其中的每一个人，它是一场影响全世界的社会革命。手机的智能化在极短的时间里给人们带来了巨大的影响和变革！比如生活方式上，特别是年轻一代的网上购物、移动支付等和虚拟商场、网络银行、网上医院等虚拟世界的出现，大大改变了人们传统的生活方式和处事行为；在学习上，网上学习、线上线下、移动学习、VR或AR虚拟学习等全新的学习方式，早已被广大青少年所熟悉和采用。随着慕课、微课、在线课程等网络学习方式逐步在互联网上的兴起，学习对人们而言已经可以不再受时间和空间的限制，随时随地、自主探究的个性化学习可以真正实现了。高中生具有一个共同的、特有的生理和心理特点是向往独立、追求个性，他们向往的学习方式是基于问题的探究式教学。因为探究式教学能够满足学生激发内在的学习动力、加深对基础知识的理解、在探究中进行基于网络的自主学习等的学习需求。手机课堂可以充分利用慕课、微课、在线课程等网络学习资源，满足学生的上述学习需求，进行自主学习。在课中，学生利用手机通过各种网络学习空间及信息化教学软件，更加有效地保障学生的自主学习、独立做题、专题探究、参与讨论、互相展示等学习环节，让一节40分钟的课堂更加高质量地进行。因此，手机课堂的教学方式将会成为课堂教学的主流方式。

面对国家对教育信息化顶层设计的要求和手机智能化给人们生活带来的深刻影响，我们教育工作者应该主动迎接这一新的挑战，把这种影响作为教学改革与创新的动力和机遇，充分利用手机作为学生随身用具等优势来对我们的教学组织方式进行新的建构，实现信息技术与教学的融合创新，这也将是我们教育工作者的一个新的使命和担当。我们教育工作者必须为在移动互联网时代成长起来的高中学生开创一种符合他们需求和他们喜欢的新的学习方式，手机课堂无疑是他们喜欢的学习方式。

我校全体教师积极探索手机课堂的教学过程设计和操作，目前已逐步形成一定的范式，老师根据自己的学科课程特点选择所需要的手机课堂范式。手机课堂能更好地激发学生的学习积极性，活跃课堂的学习气氛，实现教学目标，顺利完成教学任务，因此手机进高中课堂是必要的，是可行的，也是值得推广的。

智慧课堂范式的建构与实践

白 果

作为湛江市教育信息化应用示范试点学校和校园智能终端管控平台应用试点学校，我校于2015年下半年开始，有计划的、分阶段推进教育信息化工作，取得了较好的成绩，极大地促进了我校的跨越式发展，在湛江市产生了较大的影响。

一、问题提出及研究的背景和条件

我校的信息化规划和建设，是基于我校的实际情况和教育信息化发展趋势而做出的抉择。我校是一所新建的综合型高级中学，是一所比较薄弱的高中学校，要在短时期内实现跨越式的优质发展，依靠传统的教学模式和管理模式是不可能实现发展目标的，必须努力实行课堂教学改革，充分利用信息化技术，构建"翻转课堂"教学模式，通过对各学科知识传授和知识内化的颠倒安排，改变传统教学中的师生角色，增加学生和教师的互动和个性化沟通，实现对传统教学模式的革新，全面提升学校的教学质量，从而实现学校的跨越式发展。同时，学生大多数都带着手机到学校，德育处和班主任都要求学校禁止学生带手机到学校，师生矛盾突出，必须想办法解决。

二、手机进课堂的基本操作范式

我校的手机进课堂，经历了从禁止手机进课堂，到鼓励手机进课堂，再到手机课堂常态化三个阶段，形成了几个比较稳定的操作范式。

1. 目的和意义

2015年，我校成功获批立项广东省教育厅规划课题《构建"翻转课堂"，促进学生主体发展的教学改革研究》，为了实现有信息化技术支撑的"翻转课堂"，开始时，我们在高一两个实验班使用平板电脑上课，探索智慧云课堂教学，后来发现用平板电脑上课有很多局限，也很难普及。同时，我们认为"禁止中学生带手机到学校"的校规有违教育法规，也违背了教育信息化大趋势，更不符合中学生追求创新的心理特征，实际上也禁不了。因此，我们鼓励学生带手机到学校，引导师生使用手机，开展手机课堂的研究，让手机与实体课堂有机结合起来，去连接、影响、服务教育教学的方方面面。

2. 课堂教学使用手机范式

学生课堂使用手机分课前、课中、课后三个阶段，课中的使用控制在20分钟时间内。

课前，教师通过手机平台向学生推送电子《学习任务清单》等学习资源，学生在手机平台上完成所有学习任务，教师可即时掌握学生的学习情况，容易做到"先学后教，以学定教"。同时，也能实现学生根据自身条件和实际需要反复学习，更好地进行个性化学习；学生可以通过手机观看教师发送的微课，完成教师布置的《学习任务清单》，上传图文、语音等各种类别作业，并与教师或同伴进行线上实时互动，探讨学习问题。

课中，教师的授课PPT、训练题、测试卷等可以实时推送到学生的手机端，学生也可以将学习情况、答题情况、测试结果等信息实时反馈给教师，且通过学习日志保存在手机上，这样有利于课后的复习。教师可通过学生所反馈的信息，实时了解学生的学习情况，实现师生互动、生生互动、学生展示、小组研讨等激发学生学习兴趣的教学活动。

课后，教师还可通过手机平台推送难易度不同的课堂巩固作业，实时检测学情，有针对性地评讲错误率高的习题，较好地突破本课的难点；学生可通过手机查看学习报告与过程评价，整理学习资源，进行巩固训练，进行课后总结与提升。

3. 手机课堂教学的操作模式

手机课堂教学的操作与我校翻转课堂教学模式"两段七步"教学是一致的（此略）。

4. 建立微信群加强教育教学及其管理服务的联络和联系

我们教育学生要把手机作为重要的学习工具，而不是玩具，所以鼓励学生带手机到学校，应用手机来扩大学习机会。目前，全校建立起功能和作用各不同的微信群，与教育教学及其服务、管理相关的事情，都基本通过微信群来实施和完成。

首先是学生使用的班群或者学习空间、团支部群等60多个，实现了真正而方便的班班通和人人通。学生在群里浏览老师或者同学发来的学习材料、文章、时事政治信息等；或者上网阅看图书资讯，查找相关内容解决学习问题和难题，或者在线看老师推荐的教学视频、教学电影等，大大丰富学生的学习空间、条件和机会。同时，学校建立教师行政群，教师专用的年级组群、班主任工作群、微课制作群、党支部群等七个；有学校行政部门使用的行政领导群、教职工群、党总支工作群等六个，信息化的应用逐步深化和深入，教职工和学生们越来越离不开信息化了。

目前，我们常用的是UMU、雨课堂等手机平台，操作简单、使用方便，容易推广。另外，手机还有很多强大的功能，有待我们进一步研究和探索。

三、学生使用手机必须接受管控

学校和中国移动公司合作建设了"校管平台",实现了学生手机在校内的"可管可控",满足了家长与学生的沟通需求,学生能合理利用手机获取学习资源,创新学习方式,实现信息技术与教育教学融合,促进"手机课堂"教学常态化,促进教育改革和教学创新,从而全面提高了教学质量。

学校提倡有限制地使用手机,学生使用手机必须接受管控,不伤害身心健康。

1. 学生使用手机"四不准"

(1)吃饭时不准使用。

(2)午、晚睡时不准使用。

(3)走路时不准使用。

(4)集会活动时不准使用。

2. 手机管控平台

(1)安装我校指定的软件,安装成功后,由技术人员进行手机绑定和账号设定等相关工作,全方位实现即时监护,包含一键锁定、时间管理、软件管理、网址管理、亲情号码、亲情定位、一键报警等管控功能和智慧课堂、微课、电子作业等教学功能,以对教师、学生及设备进行有效管控,为教育教学提供更好的技术支撑。

(2)学生在校期间免费获取有管控功能APP账号使用手机,若学生私自卸载软件或者系统后台监控手机不在线超过3次者,将会受到《手机使用管理制度》中规定的相应处罚。

3. 学生手机使用管理制度

(1)师生在课堂上要根据教学要求合理使用手机开展教学活动,不得接听电话和做与教学无关的事。

(2)上课前,学生一律把手机放在固定位置,手机管理员以及上课教师负责监督管理。使用手机时,教师需强调使用要求,设定使用环节及时间,学生需听从教师的统一要求进行操作。

(3)课后,教师要及时推送《学习任务清单》,便于学生在规定时间内使用手机完成学习任务。学生需按教师要求及时利用手机完成自学任务及作业推送。

(4)如果不使用手机,原则上必须关机。学生在校园使用手机学习的时间为:中午12:00—1:00,下午5:30—7:15,晚修后10:30—11:00,就寝铃响后要关机。

(5)班主任把本班带手机的学生进行备案(学生、家长姓名,手机型号、颜色、学生、家长手机号码），对学生的手机学校统一安装符合要求的软件。

（6）班级推选两名手机管理员（男女各一名），负责上课时间手机管理和进行充电的工作，午休、晚休时间，由各个舍长对学生使用手机情况进行监督。

（7）手机是用来学习的。手机不得用于闲聊或长时间玩，以免贻误学业，影响身体；不能看不良信息和视频，确保学生洁净的心灵；不发不利于同学和谐、相互学习、健康成长的垃圾信息和视频；提倡节约，不浪费。

（8）提倡文明用餐。学生进入饭堂用餐时，不能玩手机，特别是边吃饭边玩游戏，影响就餐秩序。饭堂就餐分区域（就餐位置及打饭窗口）；值日领导以及值日学生进行检查、监督，确保学生用餐时不使用手机。

（9）绿色使用手机。午休、晚休时间学生不能玩手机，例如玩游戏等，如有违反，没收手机或由家长带回家进行教育。要提高学生绿色使用手机的安全意识，不能一边走路一边玩手机，不能转发违规违纪信息；不能向陌生人提供个人信息，谨防诈骗，确保自身安全。若有违反，视情况轻重分别给予警告、记过等处分。

（10）手机电池充电必须服从班级手机管理员的监管，充电时间和地点要按照《爱周高级中学学生手机充电时间安排表》执行，并且手机电池要贴上标签，凭学生校园卡充电和取回。不允许学生私自在校园内的任何地方进行充电。

（11）学生在校期间，要尽量通过校园固定电话（信息办）和家人进行联系，少用手机，保障在课堂上有充足的电源使用手机学习。

（12）老师在上课期间，若发现学生违规使用手机必须警告教育学生，无效即暂扣手机并报告班主任，不应纵容和隐瞒，以便及时对学生进行管教。教师在上课期间不得接打手机，特殊紧急情况须使用手机时，应向学生说明以示尊重。

（13）考试期间任何人不得携带手机等通信工具进入考场，一经发现，一律视为作弊处理。

（14）德育处加大对学生携带手机以及手机不正确充电的巡查力度，该罚则罚，确保手机使用安全，绿色环保，保障学生的身心健康。

四、手机课堂教学初见成效

手机课堂教学能更好地实现"先学后教""以学定教""合作探究""师生协作"的教学理念，激发学生自主学习的主动性和积极性，使学生的自学能力、合作交流能力、表达能力、独立解决问题的能力得到实实在在的锻炼和提高。我校连续四年被评为湛江市普通高考先进（达标）单位，且我们的经验和做法可以复制、普及和推广，价值较高。

目前，我校的手机课堂呈现常态化，我们举行的手机课堂教学比赛表明，师生都喜爱手机课堂模式。另外，手机平台可自动记录下各种教学活动，为师生评价提供了客观依据。教育专家认为，手机进课堂，会带来很多正面影响：课堂会更加开放、民主；更有利于教学相长；更有利于学科融合。为了让每一位学生通过手机能够在"互联网+教育"中高效学习，我们将继续进行手机进课堂的常态化研究。

手机课堂的作业布置、交收、批改和质量评价

劳 茵

提到"作业"二字，对高中教学而言，无论老师还是学生多半想到的是手头上厚厚的资料，这些资料从内容回顾到疑难讲解，从例题解释到巩固训练，每本资料都力图做到尽善尽美。正是在学习资料的这种"无微不至"的光照下，老师和学生都习惯了利用课外资料检验巩固课堂知识。像小学生那样，每天做在作业本上、教师批改的传统的作业方式已和高中生渐行渐远。

一、传统课堂的作业布置

传统课堂的作业是以教师布置，学生写在作业本上或者完成资料书的题目，由科代表收集交老师批阅的一种作业形式。传统课堂的作业可以直接检测出教学目标的达成度，有利于学生自己审视课堂学习效果，也有利于教师掌握学生的学习情况。从作业内容来看，由于作业需要老师及时批改反馈，所以题量和题目形式都有限。传统课堂作业的批改方式用时多，教师投入精力大，但实际效果并不是很明显。在新课程教学中有必要加以改良，在实践中如何根据自己执教班级的学生的实际情况，探讨并选择行之有效的作业批改方法，是我们教师在教与学环节认真反思并努力探究的一大课题。我校推广手机进课堂，这种方式使作业的形式不一样了。

二、手机课堂的作业设计原则

作业的设计考验的是教师的教学智慧，作业设计的优劣是教师教学是否成熟的重要标志。好的作业是教师发挥教学主导作用的重要渠道，也是教师提高教学有效性的重要手段。

1. 典型性

作业的布置必须根据教学进度和学生的实际情况，在"三维目标"的指导下，精心设计，所选的题目要有典型性，有利于学生运用课堂学习的内容和方法，巩固知识、技能，举一反三，达到事半功倍的效果。

2. 层次性

一份作业不适合不同班的学生，对普通班的学生而言，作业量太少，或者深度

不够，不能激发他们探索物理的兴趣，更不利于提高他们的思维能力；对体育班的学生而言，若作业量过大过难，为了应付老师，他们常常会抄袭他人的作业，这样极易伤害他们的自尊，造成他们厌学的情绪。这就要求教师能够针对相同的知识内容，设计不同层次的作业，既应有属于了解层次的作业，帮助学生回顾课堂知识，对课堂知识能正确复述、再现或直接使用；也应有属于理解范畴的作业，引导学生领会知识的内涵和延伸，对有关物理现象和问题能够进行正确判断、解释；还应有属于综合运用的作业，激发学生的兴趣，让学生在理解的基础上能够运用所掌握的知识进行必要的分析、推理，运用物理知识解释、解决生活中的物理现象、实际问题。

3. 情境性

虽然课堂作业的形式具有局限性，但教师仍秉着务实创新的精神，讲物理问题用情境包装，理论联系实际，学以致用，引导学生从物理学视角将实际问题分解，运用相关知识，解决物理问题。同时，也让学生在解决实际问题的过程中使学生的情感态度和价值观得到发展。

三、手机课堂作业的布置、交收、批改

（我主要使用的软件是UMU）

课前通过教师UMU平台，分享课程到班级微信群布置作业。

1. 布置

（1）签到。第一步布置签到，要求每位同学必须实名签到，签到可以提醒学生们要努力学习了，要坚持，也是为了老师落实每位学生的学习情况。

（2）学习目标、学习重点、学习难点、学习方法与建议。这些是通过文章的形式推送给同学们，通过这样的作业布置，不但可以提高课堂教学效率和学生的学习兴趣，而且还能让学生真切体会到物理是一门与生活息息相关的学科，要想学好它，必须要多观察、多思考。现代信息技术正极大地影响着人们的日常生活，高中学生所处的年龄阶段决定了他们的信息技术接受能力特别强，我们要充分利用这一点，根据教学内容设计，布置一些查阅课外资料的作业，引导学生多通过手机看一些科技类书籍。这样的话，既可开阔学生的视野、提高学生的学习兴趣，同时，又能提高学生收集资料、整理资料、提取有效信息的能力。

（3）微课。通过视频的方式布置给学生，能促进学生自主学习。提供学生自主学习的环境，是传统课堂学习的一种重要的补充和拓展。

（4）知识点梳理。知识点梳理是通过问卷的方式布置的，学生通过UMU作答。

（5）自主测评和当堂检测。自主测评和当堂检测是通过考试的形式布置给学生。

（6）交流讨论和合作探究。这两项内容是通过讨论的方式布置给学生，学生

在手机上做答。物理是特别需要实践的一门课程，因此作业不再是物理公式和概念的死记硬背与作业本直接作业，而是将科学小实验、小制作等学生感兴趣的活动联系起来，变以往的单调、枯燥、乏味为生动、活泼、有趣。这样，才能激发学生的学习兴趣，将能力的培养与有趣的活动结合起来，优化学生的作业过程，使学生主动去体验、实践、参与、合作与交流。

2. 交收

通过平台点击提交或发言。

3. 批改

教师在推送前已设置好作业的答案，直接通过教师端口的UMU平台可以查阅学生做题的情况，点开自主测评，可以知道提交人数、平均分、最高分、最低分等情况，再点开查看学生的成绩单，可以知道提交同学的做题情况，如：杨秋惠同学，得分20分，满分是30分，用时34秒，该同学的第一道题做错了，正确答案应该是B项，她选了D项。

四、手机课堂的作业质量评价

教师要发挥传统课堂作业的优势，其着力点不仅仅在于设计好题目，学生能否从这样的作业中获益，更依托于教师对作业的批阅和反馈上，正是通过教师的批阅，学生能明白自己知识的掌握程度，了解到思路是否正确，对自己思维的深度和广度有合理的评价。教师能够从作业中了解到各个学生的学习状况，通过这种有效的师生互动方式，学生与教师有了良好的联系，学生与物理课程也有了良好的联系，从而促进了学生学习的主动性。作业的评价方面，首先教师要注重时效性，及时检查学生的完成情况并进行批阅反馈。其次作业批阅不能简单地打钩或者打叉，可以用"A、B、C"或者"优、良"等来评价作业质量，同时应使用个别化、建设性、鼓励性的评语进行综合评价。针对探究性习题、开放性答案的试题，教师应对概念是否清楚，理解是否正确，方法是否简便，思路是否清晰，格式、术语、数字、单位符号是否符合要求；知识的掌握、技能形成的水平状况进行客观评估。我曾经写下过这样的评语，"思维清晰，语言精练""解题方法精妙，思考能力强"表扬学生；写下"努力挖掘隐含条件，冲出题目设置的陷阱""再审题意，寻找捷径"启发学生；写下"不要畏难，多想多问多重复""学习贵在坚持，努力会有效果"激励学生；"最近怎么了？上课精神不足，作业情况也不理想""知识点漏洞较多，需要及时复习补漏了"鞭挞学生。在作业反馈方面，对学生作业中出现的个别性问题，与学生面批，了解学生出现错误的原因，从而进行纠正或提出建议。对学生出现的共性问题应研究问题产生的原因，在班上进行集体纠正和启发引导。对学生中的优秀作业进行展示等，从而引领班级整体向良性的方向发展。

总之，传统课堂作业是手段，树立新的物理课堂作业观，利用手机课堂改进传统课堂的作业布置交收、批改和质量评价的形式，以三维目标培养为指导原则，充分发挥教师的主导作用、学生的主体作用，使手机课堂作业成为师生教与学的舞台，使学生的情感在这里得到体验，使学生的生命在这里得到发展，使学生的人格在这里得到尊重，这样教学质量才能真正得到提高。

手机课堂备课与传统课堂备课的同与不同

王林燕

备课是上好一节课的前提，在备课上做文章，在备课上下功夫，在备课上求发展也就成为课堂教学重要的一个部分。随着教育信息技术的快速发展，教学改革不断涌出一些新的课堂模式，传统课堂已经慢慢跟不上时代发展的潮流。近两年，我们学校梁哲校长高瞻远瞩，走在时代发展的前沿，提出"运用手机软件，结合本校翻转课堂的'两段七步法'"的手机课堂教学模式。那么，传统课堂和手机课堂有何区别呢？这两种教学模式在备课上有何异同点？下面我从两个方面进行简单分析：

一、相同点

（一）都重视备教材

备教材是课前准备的重点环节。无论是传统课堂还是手机课堂，我们都需要备教材，全面了解教材，清楚每本书、每个单元、每一节课的教材内容，把握知识点之间的衔接，明确每一单元或每一节课的教学目标、教学内容及教学重难点等。

（二）都重视备学生

备课的重要环节就是"备学生"，即分析教学对象，了解学生当下的学习态度、基础水平、学习方法、学习特点、心理状态、兴趣爱好等。"铁打的营盘，流水的兵"，由于学生的情况是不断变化的，因此对教师来说，"备学生"是教师需要长期不懈做好的一项工作。

（三）都重视备教学流程

教学流程包括讲授新课，讲解习题，讨论学习，巩固练习以及课后作业布置等。

（四）都重视备练习题

备练习题主要包括备课堂练习题和课外练习题。

二、不同点

（一）备课方式不同

1. 备课工具及媒介不同

在传统课堂中，教师备课一般都需要坐在办公桌前奋笔疾书。传统的备课要求教师将整节课的教学设计手写在备课本上。教材、备课本和笔是传统备课的工具。

而手机课堂教学是依托手机进行教学的课堂。除了传统课堂需要的备课工具以外，手机课堂备课还需要一部智能手机、一台电脑，并要求教师熟悉手机办公APP的使用。手机备课能突破时间和空间的限制，随时随地进行备课。比如周末在家备课，如果是传统的备课，教师就需要带教材、教辅、备课本回家。若使用手机备课那就灵活多了。教师可以打开手机下载电子版本教材，查阅相关的备课资源，就能完成备课的过程。教师还可以将需要课前预习的内容发送给学生，不受时空的限制，方便快捷。

2. 获取资源的方式不同

传统的课堂备课中，教师获取的资源一般都是来自课本、教参、教辅以及一些配套练习。传统课堂的备课，大多数教师在备课过程中都要通过这些资料获取教学资源，不但费时费力，还会被这些资料限制了自己的备课思路。备课思路一旦受到限制，课堂教学就难以创新。另外，这些教参、教辅里面的内容基本上变动不大，三五年如一日。这样一来，课堂教学就出现了"炒冷饭"的现象。个别教师完全可以照搬以前的教案，使用以前的备课内容。这样一成不变的课堂显然不符合时代的要求。科技的快速发展，知识的快速更新，要求教学资源与时俱进。

而手机课堂的备课就能达到以上的要求。除了参考课本、教参、教辅的资料，结合高考考纲，教师还可以通过手机去网上搜索备课资源。网上的备课资源丰富多彩，与时俱进。教师可以在网上搜索一些优质的课件，学习同行们的备课技巧，也可以共享一些最新的月考试卷、期中考试、期末考试试卷，成为周测、单元测试等测试的题库。备课除了备教材内容，也要关注社会上发生的重大时事，要善于将社会热点问题融入课堂，以保证课堂的时代性和先进性。还可以利用社交互动平台，如雨课堂、UMU平台、微信、QQ等，让学生进行课前学习。

3. 集体备课形式不同

与传统课堂的集体备课相比，手机课堂的集体备课能让教师们突破时间和空间的限制，相互分享教学资源，让教师们达到协同备课、共享备课的效果。

（二）备教材的方式不同

1. 传统课堂：以本为本、形式单一

传统课堂下的教师是教材的忠实粉丝，教材上怎么写，教师就怎么备课。他们将教材视为金科玉律，不敢越雷池半步，毫不遗漏地把教材内容照搬下来。这样的教学内容形式单一，成为禁锢学生思维创造的枷锁。

2. 手机课堂：以学定本、以生为本、以学定教、形式多样

手机课堂下的教师会在课前合理利用教材，结合教育信息技术，采用多样的形式和活动进行备课。课前我们可以将教材的内容及重难点弄成微课，一方面可以使教材内容呈现形式多样化，使教学内容生动有趣，提高学生学习的学习兴趣；另一方面基础差的学生还可以通过多次重复播放微课,直到自己掌握新知识为止。

(三) 备学生不同

1. 备学生的兴趣爱好

兴趣是最好的教师。与传统备课相比,手机备课就比较注重备学生的兴趣爱好,抓住学生的兴奋点。比如"自主学习"环节就要求教师关注学生的学习兴趣,关注学生的学习情况,指导学生完成学习任务。在"合作探究"环节中学生一起合作学习,增强了学生的团队意识,也激发了学生学习英语的兴趣。

2. 备学生的学习态度

俗话说,"态度决定一切",学生的学习态度决定了学生的学习效率,影响学生的学习效果。态度积极的学生会在教师布置课前预习任务后立马自觉地完成;而态度消极的学生则会一拖再拖,拖到最后时刻才去完成自学任务,更有甚者如果没有他人督促提醒,就会忘记预习或者放弃预习。不预习会让学生跟不上教师上课的节奏,导致其听课态度消极。长此以往,学生的成绩会一降再降。因此,让学生保持积极的学习态度是很必要的。

传统备课中教师往往忽视了备学生的学习态度,一味地以本为本。这样的备课方式对于学习态度积极的班级影响不大,但对于学习态度消极的班级来说,上课的效率就会降低。以我上个学期教的高一(11)班为例。这个班是艺术班,英语基础很差,对语言点的学习没有兴趣,大多数学生学习英语的态度消极。他们认为机械性地记忆知识点既无聊又枯燥。如果教师在这个班用传统课堂的方式备课,按照"用教材设计教学内容——布置任务给学生——学生进行预习"的流程,那么学生就会消极预习甚至不预习。这样一来教师上课会很吃力,学生听得也很吃力,从而对本科目的学习失去信心。对这样的班级,手机备课成为首选。

与传统备课相反,手机备课比较重视备学生的学习态度。教师一般从学生的预习态度、学生的上课态度和学生的课后复习态度三个方面来备学生的学习态度。俗话说,"良好的开始是成功的一半",对于基础差的学生,预习态度真的很重要。教师通过查看UMU平台上学生学习互动活动来了解学生的预习态度。UMU上的学习活动,如签到、浏览微课、参与课堂讨论、完成作业任务、做笔记、点赞等环节都有数据的统计,通过这些数据能够跟踪到学生是否预习、预习到哪一个环节。对于预习态度积极的同学教师可以进行表扬,希望他们再接再厉,这样可以促使预习态度一般的学生积极预习,以求表扬,而对于预习不积极的同学则需要发出督促、提醒的讯息,提醒他记得预习,如果他预习了,就可以给他点赞给予鼓励。而对于学生的上课态度和课后的复习态度,教师同样可以通过UMU来了解学生的学习态度。

3. 备学生的基础水平

(1) 了解学生对已知知识的掌握情况

外国著名的教育心理学家奥苏贝尔在他的作品中有过这样的一段表述:"假如

让我把全部教育心理学归纳为一条原理的话,那么我将一言以蔽之:影响学习的唯一最主要的因素就是学生已经知道了什么,要探明这一点,并进行教学。"这句话道出了学生的已知知识对教学的重要性。因此,教师在备课时,应多关注学生已有的知识,让学生在原有知识的基础上进行自我建构、自我成长。

在传统课堂中,教师备学生的已知知识过于草率,很多教师都是根据惯有经验来推断学生的已知知识水平,并不能明确学生的真实基础。而手机课堂下教师通过课前弄一份调查问卷来直观了解学生对旧知识掌握的情况,并根据问卷结果备出学生的最新发展区。以定语从句为例。在教授定语从句之前我得先知道学生是否懂得什么是定语、什么是从句、什么是定语从句。为此,我在课前制定了一份调查问卷让学生完成,调查内容如下:

调查内容:	1. 你知道什么是定语吗? A. 是 B. 否 2. 你知道什么是从句吗? A. 是 B. 否 3. 你知道什么是定语从句吗? A. 是 B. 否 4. 句子 "She is a beautiful girl." 中哪个词是定语? A. she B. is C. girl D. beautiful 5. 以下哪个句子是从句? A. She is a cute girl. B. She studies very hard in our class. C. He likes playing football but he doesn't like playing tennis. D. She is a girl who is fond of reading books.

我是通过UMU的调查环节完成这项调查的。学生做完问卷调查后,数据立马生成,非常方便。这些调查结果显示,学生对定语已经有了初步的理解,但还没掌握从句以及定语从句的定义。根据这些数据,我在备课中增加了从句及定语从句相关知识的比重。

(2)学生对新知识的掌握情况。教师通过查看UMU平台上的知识环节和自主测评的考试情况统计结果,左边的是填空题,考查词类的转换,右边的是选择题,考查单词的简单运用。

以上的数据表明,学生基本上能掌握词汇的简单运用,教师在备课过程中无须过多地关注,而对单词的词类转换、活学活用,学生总体掌握还不够好,需要教师在备课中多关注新知识的活学活用,所以我在设计课堂巩固训练时设计了5道难度适中的翻译题。

(3)备不同层次的学生。手机课堂既关注成绩好的学生,也能关注到成绩中等以及成绩差的学生。比如同样的题目,不同层次学生的分数也大不同。对于英语基础较差的同学,教师备课时需重视学生自信心的培养,可以酌情降低一些题目难度,以提高学生学习的兴趣。对于基础中下的学生,教师需要重视夯实他们的基础，在巩固好这些题目的基础上，可以适当增加一点难度。而对于英语基础较好的学生，教师需要适度增加习题的难度。

（4）备学生的学习方法。

① 传统课堂：学法单一，被动学习。传统课堂，学生的学习方式单一、被动。在传统的教学中，教师负责教，学生负责学，教学就是教师对学生单向的"培养"活动。教学关系就是：我讲，你听；我问，你答；我写，你抄；我给，你收。这样教师的备课就集中在备语言知识以及教学语言上。

② 手机课堂：学法多样，自主学习、合作学习、探究学习。手机课堂提倡"自主学习、合作学习、探究学习"的学习方法，通过学生自主提问、自主讨论、自主创造、自主体验的过程，激发学生的思维，培养学生的创新精神，开发学生的潜能。教师备学生的学习方法主要是备问题的设计、备情境的创设、备引导性的语言，让学生自觉地生成学习方法和选择学习方法，因为在备课时可能会预测到学生的学习方式，但不能了解学生活动的实质和展现的方式，这还要靠在实际教学中临场的监测和调控，及时调整策略。比如我在Book 4 unit 4 body language合作探究环节，为了让学生更好地创造性学习，首先我设计一个情境：假如我们学校将与国际足球协会进行一次足球比赛，届时会有很多外国代表来到我们学校。但由于地理位置和文化差异，不同国家的肢体语言是不一样的。见面打招呼都是一个难题，更别说交流了。为了避免这种尴尬，更好地与外国代表交流沟通，我们需要模拟一次国际交流晚会，小组中每个同学代表一个国家。情境创设之后，让每位学生课前搜索自己想要代表的国家和这个国家打招呼的方式，然后备学生交流的对话，我设计了一个对话sample给学生参考，学生根据这个sample自主地在组内相互交流沟通。之

假如我们学校将与国际足球协会进行一次足球比赛，届时会有很多外国代表来到我们学校。但由于地理位置和文化差异，不同国家的肢体语言是不一样的，见面打招呼都是一个难题，更别说交流了。为了避免这种尴尬，更好地与外国代表交流沟通，我们需要模拟一次国际交流晚会，小组中每个同学代表一个国家，各个代表依模板Sample 1 进行交流，相互打招呼，并介绍自己国家的打招呼方式，而组内的记录者需要在他们交流过程中做好记录，记录模板如Sample 2，之后将记录下的基本信息进行整理汇总，形成一篇简短的演讲稿（演讲稿内容尽可能多地使用本节课所学知识点）并发送到UMU，交流结束后口头汇报给全班同学。

Sample 1：
A：Hi! What's your name?
B：My name is ...
A：Which country do you represent?
B：I represent ...
A：How do you greet each other in your country?
B：I greet each other by...

Sample 2：

name	
countries	
ways of greeting	

Sample 3：
Key sentences：
1）He represents Colombia.
2）He greets each other by shaking hangs.
3）Not all...
4）The first person to do sth. is ...

后，为了学生记录的方便，我设计了一个表格（如Sample 2），方便记录者快速地记录下每位代表的基本信息。最后，为了学生更好地呈现他们的口头汇报，我给学生提供了几个重要的句型供学生参考（如Sample 3）。正是预测到学生的自主学习和合作学习，才能更好地备好这些问题的设计、情境的创设。

（四）教学目标

传统课堂强调知识目标，比较单一。而手机课堂强调三维目标合一，既重视学生知识的获得，重视学生语言表达能力的提高，也重视学生文化意识和思维品质的培养，重视学生综合素质的发展。

（五）备作业

1. 内容不同

（1）传统课堂：作业形式单一。传统课堂下的作业，多是在课外完成的。教师课前主要备课后的巩固作业，要求学生完成配套练习从第几页到第几页的练习题。这样的作业，题多量大，学生埋头做题，很少有时间思考作业和所学内容之间存在的联系，以及这样的练习题目的意义所在。这样的作业只是为了作业而作业，对学生巩固知识没有太多的帮助。

（2）手机课堂：作业形式多样，由浅入深、层层递进。除了练习题，教师还需要备学习目标、学习方法与建议、学习任务、自学检测、课堂巩固练习、问题探究等。在设计作业时，教师既考虑到学优生需要提高的特点，又关注到学困生接受新知慢的特点，充分遵循由浅入深、层层递进的原则。同时，在《学习任务清单》上，教师既设计了学习任务，又配有相应的学习方法与建议，告诉学生自学教材哪一页的哪一部分内容，参考哪点学习方法与建议。

2. 效果不同

传统课堂下的教师备作业时缺乏备学习方法。学生在完成题目的过程中很茫然，一头雾水。而手机课堂下，教师在备练习题的同时也备了相应题目的学习方法与建议。在设计阅读理解题时，教师会将关键词（特殊疑问词）加粗、下画线，方便学生定位到关键词，也让学生了解哪些为关键词、如何找关键词。另外，针对课堂气氛有点闷，学生不踊跃回答问题的现象，手机课堂在备课时选择了小组竞赛的形式，活跃了课堂气氛。又考虑到全班抢答，太多人举手，会出现教师不知道谁第一个举手的现象，教师可采用手机抢答的形式，让学生把答案发送到微信群上，最先发送且答案正确的小组获胜。一堂课下来，课堂气氛不错，达到的效果也不错。

三、结束语

与传统课堂相比，手机课堂下的教师备课更加重视解放学生、发展学生，让学生成为自主学习的主人，让学生从大量机械重复的题海中解放出来，让学生学会主动学习、合作学习、探究学习，使学生身心愉悦地感受课堂、享受课堂、收获课堂。

手机课堂教学过程设计与传统课堂教学过程设计的同与不同

张玉英

我们中的不少人接受过传统教学,作为教师,我们不少人也曾对学生实施过传统教学。那些年我们经历的传统课堂,是一个封闭的物理空间。教室四周被围墙与外界隔开。在这个房间里,教师可以安心讲课,学生能够安心听讲。学生除了用心听讲、学习,不适合做其他的事。但今天,这种情况越来越难以为继,因为教室的围墙开始被打破,而且窟窿越来越大。打破这个围墙的正是我们人手一部的智能手机。智能手机就像一扇窗户,将我们带到课堂外的世界。

这是一个快速变化的时代!从国际到国内,从社会到学校,从群体到个人,都在悄悄酝酿着某种变化。变是永恒的,不变是暂时的。伟大的英国生物学家、进化论的奠基人达尔文在他的著作《物种起源》中提出的自然选择学说里,肯定变异的存在,其"物竞天择,适者生存"的观念为大众所认同。

一、传统课堂的优劣

(一)传统课堂的优势

1. 经济实惠,教学效率较高

古代有钱人请先生在家里给孩子上课,大多数的穷苦人家没有足够的资金,便有了学堂,一位先生由教一个学生到教一群学生,延续至今。大班集体授课制统一思想统一行为,老师只需讲授一遍即可,节省时间,节省劳力,节省资金,提高了教学效率。

2. 传统黑板具有持久性,学生记忆深刻

条理清晰、美观实用的板书,每节课都呈现在黑板上,学生随时都可以看到本节课的整体知识结构和内容,方便随时记忆。

3. 充分体现教师的主体地位

传统教学模式下由教师设计、组织并上"课",以教师的系统讲授为主,保证教师发挥主体作用。课堂上,学生在学习中遇到问题,教师能马上进行有效的控制,引领学生朝着正确的方向努力,少走弯路。

（二）传统课堂的劣势

著名学者袁振国先生在其著作中对传统课堂做过深刻的阐述："传统课堂造就了传统的师生关系。在教学中，教师是主动者，是支配者，学生是被动者，是服从者。教师、学生、家长以至全社会都有一种潜意识：学生应该听从教师，听话的学生才是好学生；教师应该管住学生，不能管住学生的教师不是好教师。师生之间不能在平等的水平上交流意见，甚至不能在平等的水平上探讨科学知识。

1. 教师主体主导，学生客体被动

传统的课堂教学，教师主体主导地位牢固，学生客体被动。教师往往把教学过程看成是学生配合教完成教案的过程，忽视了学生作为学习主体的存在。生生间、师生间的信息交流经常处在一种不畅通的状态。

2. 学生个性化学习难以满足

现代教育心理学研究指出，学生的学习过程和科学家的探索过程在本质上是一样的，都是发现、分析、解决问题的过程。传统课堂教学中，学生学习常常处于被动应付状态，个性化学习难以满足。

3. 因材施教成为一个漂亮的口号

每一个时代的教学都有自己的教材，当时依据最新资料编写，随着时间的流逝这些资料已不再新鲜，现今很多学科用的教材是2004、2005年版本的。十几年的时间，单凭教材，知识更新显然不足，但教材不可能年年重编重写，传统课堂则容易与现实越走越远，与时代脱节。更不用说面对不同地区、不同学校、不同层次的学生实行因材施教了。

过去的教育理念是为社会培养人才，培养了大批的一级劳动者。如今，教育理念要转型步入信息化时代，要以人文主义为基础，满足每个孩子个性化的发展需求。中央电化教育馆副馆长王晓芜说："技术的发展永远比人们想象的要快，创新IT技术和产品的涌现在为信息化教学注入活力的同时，也极大地丰富了教学资源，为学生的个性化学习提供机会；而随着教育变革的深化，信息技术和课堂教学内容将得到更为深入的融合。"

下面以高中生物必修一实验《绿叶中色素的提取与分离实验》为例，从九个方面对比手机课堂与传统课堂教学过程设计的同与不同。

二、手机课堂与传统课堂教学过程设计的同与不同

（一）教学思路设计的比较

1. 相同点

手机课堂与传统课堂教学为了让学生能够顺利地进行本实验，并探究绿叶中有几种色素，课前让学生观看实验教学视频，熟悉教学目的要求、实验原理、材料用具和方法步骤。

2. 不同点

传统实验课堂上，教师会在学生实验的过程中巡视课堂，指出学生选材或操作中存在的问题或错误，帮助其及时解决困难。

《生物课程标准》的基本理念是：提高生物科学素养、面向全体学生、倡导探究性学习、注重与现实生活的联系。手机课堂中，结合学生的实际情况，设计"任务驱动—设疑自探—解疑合探—质疑再探—运用拓展"等环节，课前除引导学生预习相应的实验要求外，还会根据课前导学课件或清单引导学生以小组为单位自主选择实验材料、试剂，并设计本小组的实验方案进行实验，鼓励大胆质疑，小组探讨解答；然后鼓励同学们动手探究；最后，教师组织同学讨论实验中可改进或创新的地方再实验。教师在参与同学们探究过程的同时，分享同学们的收获，达到教学相长。

（二）教学分析的比较

两种教学模式对实验内容与教学条件的分析基本一致。

1. 实验内容分析

各种绿色的叶子，学生早已见惯，那么绿叶中含有哪些色素？这些色素都是绿色的吗？做好本实验，不仅直观地解决了这些问题，巩固了光合作用的相关知识，也有助于学生基本实验技能的提高。

2. 教学条件分析

学校设有专门的生物实验室，实验器材和试剂齐全。本实验是高考要求的教材必做实验，实验所需器材、试剂都具备，实验材料也容易获取。

3. 学情分析

学生在初中学习过光合作用的基础知识，知道绿色植物可以把光能转化为化学能储存在有机物中。传统课堂里，对学生的分析往往就截止到此。

以学定教的手机课堂中会深挖学生的短板区，如对实验原理的理解，不同色素的含量差异比较，如何画好滤液细线，实验可改进或创新的地方，已经做过生物组织中糖类、脂肪和蛋白质的鉴定，植物细胞的质壁分离和复原等实验的基础上，如何适当地引导，增强实验成功的概率等。

（三）教学目标设计的比较

1. 传统课堂

（1）初步掌握提取和分离叶绿素中色素的方法。

（2）探究叶绿素色素的种类。

2. 手机课堂

（1）通过操作实验，学会提取和分离绿叶中色素的方法，理解纸层析法的原理，提高实验操作技能。

（2）通过实验结果分析，理解各药剂在实验中的作用和对实验结果的影响，探索叶绿体中有几种色素，观察和区别色素的种类及颜色。

（3）通过操作与改进实验，探究几种不同绿叶中含有的色素，比较绿叶和黄叶中色素的异同，培养学生质疑、求实、创新及勇于实践的科学精神和科学态度。

（四）实验器材设计的比较

1. 相同点

幼嫩、鲜绿的菠菜叶。剪刀、天平、研钵、药勺、量筒、玻璃漏斗、尼龙布、脱脂棉、试管、棉塞、试管架、干燥的定性滤纸条、铅笔、直尺、盖玻片、无水乙醇、层析液、二氧化硅、碳酸钙。

2. 不同点

手机课堂增加了番薯叶、通菜叶、绿萝等材料，多种材料为深入开展不同的探究活动奠定基础。

（五）教学重难点设计的比较

两种教学模式对教学重难点的分析基本一致。

教学重点：色素的提取和分离原理、方法。

教学难点：滤液细线的画法。

手机课堂增加了实验的改进与创新。

（六）学习方法建议设计的比较

1. 传统课堂

学生通过观看实验视频，熟悉实验操作，课堂上认真完成实验，课后完成实验报告和资料上的相关知识点。

2. 手机课堂

（1）根据学习目标和考纲对实验的要求，全班同学课前利用微信和猿题库学习已推送的实验视频、《学习任务清单》和自测，结合教辅梳理知识，小组长课前完成检查工作并上报检查情况。

（2）结合手机发送的《学习任务清单》，认真研读教材，运用已学的知识分析问题，以小组为单位合作交流，自主选择实验材料、试剂，并设计本小组的实验方案，与老师和同学分享。教师可鼓励学生对实验进行改进与创新，并提出自己的设计思路。

（3）课前写下你的疑惑，课后及时整理《学习任务清单》进行纠错反思，并构建自己的思维导图。

（七）教学手段和媒体设计的比较

1. 传统课堂

教科书、粉笔、黑板、挂图、简易多媒体等。

2. 手机课堂

教科书、手机、网络多媒体教学环境（希沃授课助手、猿题库、微信等）。

（八）教学内容设计的比较

1. 传统课堂

传统课堂更关注教师的讲，因而教学内容设计丰满体现在完整而详细的教案编写上。课前课后布置学生预复习任务单调、统一。

2. 手机课堂

手机课堂内容设计上更关注学生的学。结合学情编写的《学习任务清单》或课前导学课件努力体现知识与能力的落实与重新生成。课前通过手机发送任务，学生课前消化基础知识；课中进行知识的内化，分享展示、解疑释难、评价反思；课后拓展延伸。

传统课堂重灌输轻探究。多少年来，课堂教学所追求的是循着课前精心设计的教学程序，预设教学过程时考虑最多的就是如何将知识讲清楚、讲透彻，忽略知识的来龙去脉。

手机课堂教学模式是以让学生学会学习为宗旨，以手机和《学习任务清单》为依托，以教师为主导，以学生为主体，实现学生自主学习力、合作交流的一种教学模式。教师用心编写制作指导学生自主学习的课前导学课件或《学习任务清单》，课前通过雨课堂、UMU或微信等APP发送给学生，学生明确学习目标，知道本节课要探索的内容及主攻方向，在预习过程中实现基础知识的消化与疑难问题的交流，学生在课堂上运用手机等先进技术就能有的放矢地对知识进行内化升华。手机课堂上，本节实验中学生实验过程的图片、视频以及实时交流随时出现在微信交流群，或通过希沃授课助手、雨课堂、UMU等手段投屏交流，实现生生互动、师生互动。

（九）教学流程设计的比较

1. 传统课堂

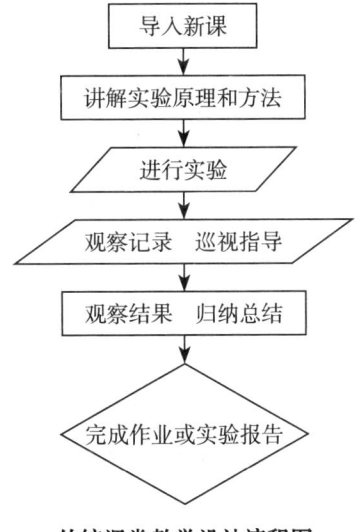

传统课堂教学设计流程图

2. 手机课堂

反思两种教学模式，有别于传统课堂，教师简单反思学生是否完成实验、学生是否观察到明显的实验现象。手机课堂基于建构主义理论进行改进，突破了实验本身的局限性，提高了实验效率。手机拍摄记录改变了实验记录的方式，是本实验的一大亮点。虽然拍摄的图片和视频不一定高清，但人手一部手机，使用方便，随用随拍，第一时间记录真实的实验现象，更科学、严谨；有利于保存资料，为研究提供证据，有利于重复研究；打破了时空界限，实现众人共赏。在实实在在的探究、改进与创新过程中，师生生成许多值得探究的问题，如：制备好的滤纸条上的色素很容易分解消失，有什么有效的方法可以减缓其分解速度；能否设计一款中学教材实验游戏，帮助我们掌握实验的同时能引导我们改进实验，进行实验的创新和拓展等。

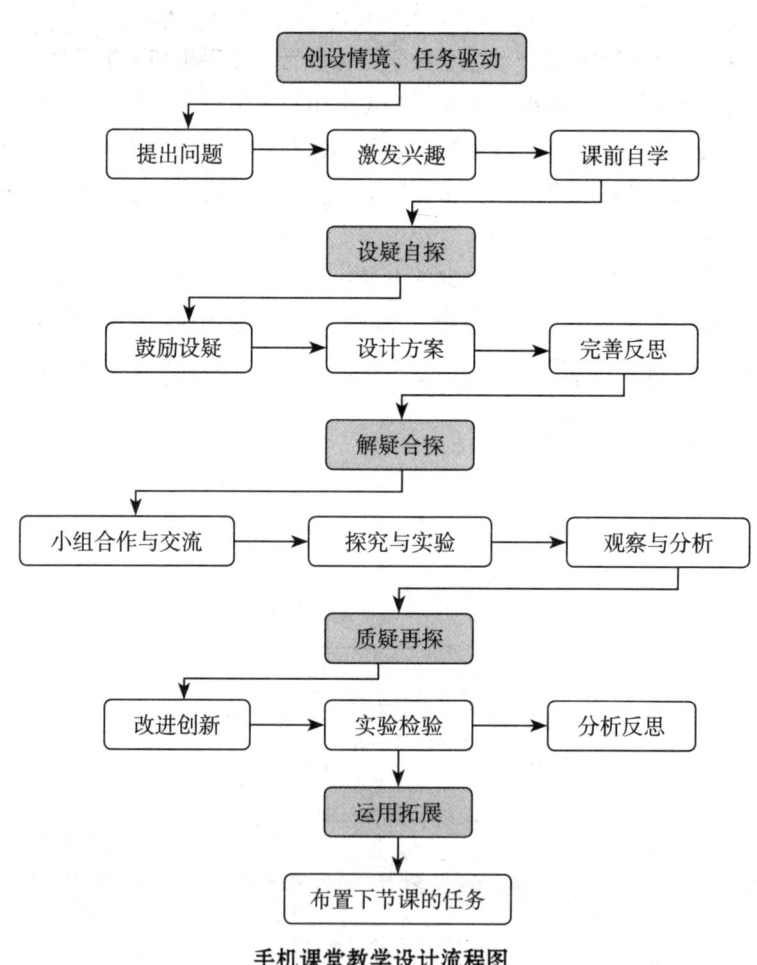

手机课堂教学设计流程图

激发高中学生学习信息技术课兴趣的实践研究

谢铁昌

素质教育要求培养学生的信息技术素养。高中开设了信息技术课程，作为一门实践课程，教师若要实现提高教学质量的目标，激发学生学习兴趣是前提，这样才会调动学生对知识主动吸收的积极性。如何有效地激发学生学习信息技术课的兴趣，结合多年的教学经验，现提出若干实践举措。

一、创设教学情景

情景教学环境的创设，是学生学习兴趣产生的依托。那么，教师就应该基于学生的心理特点以及学习实况，千方百计地创设课堂教学情景，从而使学生的思想受到熏染、行为方式受到召唤，积极地向教师请教问题，主动地与同学探索某一问题的解决思路，从而高中生对信息技术课程知识学习的兴趣就会被有效地激发出来，在提问、探究、互动的环节中，强化了对理论知识吸收的能力，锻炼了实践技能水平。

例如在《插入艺术字》的教学课堂上，教师为了激发学生对插入艺术字方法以及修改艺术字形状技巧的学习兴致，最终实现了培养高中生信息素养与审美能力的教学目标，教师说："请同学们打开上节课学习过的《旅游建议书》一文，把大标题换成醒目的艺术字吧！"教师告知学生，艺术字就好像漂亮的图文，在Word文本中其等同于图形，继而教师引导学生回顾插入图片的方法，将竞争体制渗透进教学课堂中，鼓励学生以小组合作的形式去完成艺术字的插入任务。此时，教师作为课堂教学活动的组织者与指导者，应该积极地走进小组活动中，如果有哪个小组率先完成布置的教学任务，教师可以鼓励小组成员积极地对自己操作流程进行演示与讲解，并适时地对其进行补充。在小组合作的教学情景中，有高中生归纳出"如果将某一文章中的字体转换为艺术字，可以先选中文字，再单击'插入艺术字'按钮，选择样式后，文字就自动填入在艺术字编辑区内，不用再输入文字了"这一结论。情景教学模式在高中信息技术教学进程中的应用，有效地将学生的注意力凝聚在一起，在本节课中竞争机制的渗透，能够最大限度地激发学生对知识学习的兴趣。

二、采用多样化教学方法

例如：在信息技术教学课堂上，教师可以采用任务驱动教学方法。实质上就是在教学活动开展的初期阶段，教师将课程整体性学习任务告知给学生，并且科学地将大任务分解为小问题，使每一个小问题的解决方法都包含在整体性学习任务之中。之所以任务这一教学方法能够激发学生对知识学习的兴趣，是因为学生在对问题探究的过程中热情不减。

例如：在《制作简单的幻灯片》的教学课堂上，教师为了培养学生对信息技术知识与技能学习的兴趣，将"制作简单幻灯片"设置为总学习任务，继而将其分解为以下三个小问题：一是什么是PowerPoint；二是PowerPoint的正确打开方法是什么；三是幻灯片达到放映目的的操作流程是什么。在本节课程教材中，教师鼓励学生以自主探究的学习模式对"PowerPoint启动方法"进行探究，有学生说："因为PowerPoint和Word同属于Microsoft Office办公系列软件，那么它们的启动方法可能相似。"教师对这名学生的答案做出赞扬，榜样的力量是无穷的，有学生在多次操作的过程中，归纳出PowerPoint最简单的启动方法，即开始→程序→Microsoft PowerPoint。任务驱动教学方法在高中信息技术教学环节中的应用，使学生在不断地思考、辨别与理解的环节中掌握正确的操作程序，学生在连续纠正改错的进程中维持了对信息技术知识学习的兴趣。

教师可以采用的教学方法是多样化的，例如启发式教学在《插入文本框》教学课堂上的应用，使学生积极地回忆艺术字插入的方式方法，激发学生学习兴趣的同时，协助他们强化了对信息技能深刻掌握的学习目标；分层教学法在信息教学课堂中的渗透，使处于不同学习能力水平的学生都能达到学以致用的学习目标；案例教学方法的应用，达到拓宽学生眼界，丰富教学内容，培养学生学习兴趣的教学目标。

三、感悟交流，使全班同学的学习兴趣被培养与提升

在素质教育理念广泛推行的时代，建立民主和谐的师生关系、生生关系是极为必要的，从而实现教学相长、教与学双赢的教学目标。为了达到培养与强化学生学习目标的目标，教师应该有计划地、频繁地开展教学活动，激发学生主动思考的兴致，在"评一评""说一说"的环节中，学生总结本堂课程学习的心得，同时使他们正视自己学习方法上存在的不足。

例如在《用Excel建立统计图表》的课堂交流环节中，有学生向同伴分享了利用Excel图表向导建立统计图的技巧，以及图表源数据、图表类型的正确选择方法，并且在交流的过程中，学生能够对"上海世博会"的有关数据进行分析，合理地阐述主观见解，学生借助电子表格工具体会到绘制的优越性，同时树立了自信心，那

么,实现培养学生学习兴趣教学目标的实现也是必然的。

四、结束语

总之,在高中信息技术教学中培养对课程知识的学习兴趣是极为必要的,因此在目前的教学进程中,从事本学科教学的教育者绝不能忽视这一素质教育内容。始终坚持以人为本、有教无类、寓教于乐的教学理念,同时应用多样化教学方法,最大限度地将理论知识与实践相结合,在不断地教学中激发学生对知识学习的热情,使他们在兴趣的导向下培养与锻炼自身信息素质。

第七章

教师谈课堂教学改革

与课改同行　与成长相伴

——我的翻转课堂教学实践与反思

姚洪霞

2015年3月，梁哲校长主持的广东省教育科研"十二五"规划课题《构建"翻转课堂"，促进学生主体发展的教学改革研究》还未正式立项与开题，他就开始向全校师生灌输翻转课堂的教学理念，进行翻转课堂教学模式的构建与指导。新的教学理念虽然受到个别师生的抵触，但这种先学后教、以学定教的理念却深深吸引了我，好像多年来困扰自己的英语教学难题一夜之间找到了答案，求变思维令我跃跃欲试，迫不及待地想尝试一下翻转课堂教学模式的神奇效果，于是我开启了翻转课堂教学改革实践之旅。

一、我的翻转课堂教学初体验

自从接触了梁校长倡导的翻转课堂教学理念后，我像被洗了脑一样，翻转课堂的教学模式总是在我眼前萦绕，并主动在当当网买了4本关于翻转课堂的相关书籍进行学习。在一个彻夜难眠的夜晚，我突发灵感，根据自己了解到的一点关于翻转课堂的理论皮毛，一节基于翻转课堂教学模式的以"人与动物和谐共处"为主题的英语写作公开课教学思路在大脑中迅速生成，幻想可以收到一种意想不到的教学效果。带着些许小兴奋，第二天一上班我便开始拟写教案与学案，信心满满地开始了我的翻转课堂教学初体验。我清楚地记得那一天是2015年4月1日，更难忘的是校长那一天也去听了我的课。

以前的英语写作课一般都是教师课堂布置，学生课后完成，然后教师再一本本地批改与讲评，教师改得苦、讲得累，但学生的作文水平却依然难以提高。根据翻转课堂的理念，我的教学设计思路是：课前为学生提供一些不同动物与人和谐共处的写作素材，让同学们课前通过自主阅读，形成自己的观点；然后通过小组交流，梳理写作内容的要点，在课堂上共同搭建写作框架，水到渠成地完成作文。这样教师既可以关注学生的写作过程，又可以当场指导他们的写作困惑，并通过小组互评来分享与评价学生的作品。但是在课堂教学实施的过程中，却出现了以下几个不尽人意的局面：

（1）学生个人课前学案与小组合作任务大都没有完成，小组展讲环节学生不主动、不自信。

（2）教师预设的写作框架过程因缺少师生互动而搭建艰难，没有达到预期的效果。

（3）由于时间安排欠合理，学生的当堂写作与评价过程略显仓促，大部分同学的写作依然要留到课下才能完成。

总之，我上完课后的感觉就是自己在愚人节愚弄了自己一把，上了一节没翻转过来的不伦不类的翻转课。

下课后，梁校长叫我去他的办公室议课。我一路忐忑，面对专家校长，只好先不打自招了："校长，不好意思，我好像没有翻转过来啊，这是我上过的最失败的一节课了。"校长听了我的话，笑着说："不能说失败，教学改革要慢慢来，不能急，我和你分析下这堂课存在的问题。"接着梁校长帮我指出了这节翻转课堂课的症结所在：①课前学习任务安排不明确、不合理，有些本该放在课前的内容依然放在了课上，学生观看视频前不明确观看目的，缺少任务驱动，导致课堂时间紧。②课前没有详细了解学生的学情，导致教师的导依然按照预设进行，缺乏针对性的生成。③课堂上教师依然没有摆脱旧的教学模式，没能放手课堂，教师始终控制着课堂，占据着讲台，导致师生角色没能互换。④对小组成员的合作与分工缺乏必要指导，导致学生积极性与参与度不高。梁校长心平气和的态度和一针见血的专业诊断让我心服口服、重拾信心，我决定在教学设计和教学行为上进一步改进，坚定不移地继续我的翻转课堂教学改革之探索。

二、我的翻转课堂教学再实践

我在接下来的课堂教学中开始了一次又一次的翻转课堂教学再尝试。一路尝试，一路反思，边悟边改，我还通过与同伴互相约课、观课、议课的方式进行探讨与改进，逐渐解决了第一节翻转课堂教学实践中所出现的大部分问题，翻转课堂的教学效果也开始显现。例如，必修七第五单元的教学话题是国外求学，我在第一课时的教学前，先安排了几个口语任务：

（1）如果你有机会到国外求学，你会选择哪个国家？为什么？

（2）如果你要出国，需要考虑哪些因素？需要准备什么物品？

（3）谈谈你个人对到国外留学的看法。

上课之前，我抽查两组同学的课前《学习任务清单》，了解学情。上课之初先收集并解决学生提出的自学困惑，再给几分钟时间要求小组进行交流与展示准备，对展示方法与展讲要点进行指导后，由小组代表进行展讲，分别表达小组的观点。接下来我引导他们对三个问题所使用的句型和展讲时出现的普遍性错误进行梳理，设计了口头作文与当堂写作两项以说促写的知识内化型输出训练，并让同学们在小组内互相评价与修改，下课前我布置下一堂课的学习内容与学习任务。整个教学过程流畅，教学内容的安排由浅入深、循序渐进，教师在课堂上只是组织、倾听、适时解惑与引导，学生在课堂上能够积极思考、合作交流、主动展示。总的说来，翻转课堂教学的反复再实践让我尝到了翻转课堂教学改革的快乐，看到了翻转课堂教学改革的希望。

三、我的翻转课堂教学推广路

2015年下半年，随着课题研究项目的开题与具有学校特色的翻转课堂"两段七步"教学模式的清晰构建，翻转课堂的教学改革研究实践在全校范围内展开。经过一系列的理论培训、外出学习和同伴们的反复实践、研讨与交流，翻转课堂教学改革的理念与成效都已深入人心，促进了师生与学校的协同成长，我也慢慢变成了学校翻转课堂教学改革的指导者和推广者。两年多的时间里，我听遍了在校每一位教师的课改实践课，先后为校内外教师和学生做了8次关于学校翻转课堂教学改革的实施方法、存在问题、课改与信息技术相融合等专题讲座，先后指导和组织杨文等8位教师为校外的教师上不同样态的课改观摩课和示范课，组织24位青年教师参加了市教育局主办的高效课堂教学比赛与教学能力比赛。我还先后组织了学校高效课堂教学比赛、手机云课堂教学比赛、《学习任务清单》、教学论文评比等活动。在课题组的引领下，全校教师也边教边研，先后有20篇相关教学论文获奖或发表，18个小课题立项。

目前，在梁校长的指导下，在课题组成员和全体教师的配合下，课题研究取得了丰硕的成果，并已在2018年3月顺利结项。但这并不意味着学校教学改革探索的结束，随着学校被评定为翻转课堂教育研究实验基地学校，学校不会忘记课改初心，会借着教育信息化的东风，在课改的道路上继续砥砺前行，再创佳绩。我也将乐于一路与课改同行，与成长相伴。

基于翻转课堂的微课应用模式探索

——以《中国的气象灾害》一课为例

邓晓鹏

"翻转课堂"是对基于印刷术的传统课堂教学结构与教学流程的彻底颠覆,由此将引发教师角色、课程模式、管理模式等一系列变革,是大教育运动的一部分,它与混合式学习、探究性学习、其他教学方法和工具在含义上有所重叠,都是为了让学生的学习更加灵活、主动,让学生的参与度更强。

"微课"是指教师在课堂内外教育教学过程中围绕某个知识点(重点、难点、疑点)或技能等"核心知识概念"压缩成简练短小的视频,在吸引学生对所学知识产生兴趣的同时,通过其他辅助资源让学生实现自主学习并掌握知识。

一、《中国的气象灾害》课程教学难点

1. 气象灾害类型较多

中国的气象灾害类型多样,产生的原因、主要分布的空间时间、造成的危害和防治措施等内容非常丰富,如果教师都在课堂上一一解答,时间不够,也不利于学生开展自主学习和主动思考。

2. 学生的理解和接受能力差异化明显

由于我校部分学生基础薄弱,课堂学习效率不高,导致课堂教学进度不能兼顾每个学生。

二、基于翻转课堂的微课应用模式探索

微课是对传统课堂的有益补充,因此在课堂外通过微课给学生提供更多自学资源,吸引他们的学习兴趣,自主学习,小组探讨,再到课堂展示,最后由教师对学习小组自主学习的情况进行指导和评价。探索翻转课堂的教学模式非常有意义,下面我以《中国的气象灾害》一课为例进行探讨:

1. 课外传递核心知识点

教师梳理知识框架,提炼核心知识点,把本课核心知识点如台风、寒潮等细化成较小的知识,结合地图、动画、小视频等资源,使用视频制作软件录制制作微

课，把气象灾害从教材的平面表达变成微课声形并茂地演示。制作好的微课可以上传到网上，让学生根据自身的学习情况自主选择感兴趣的、想深入了解的、不太理解的知识进行观看学习，达到个性化学习的目标。

2. 实施任务型自主学习模式

在班级内分成若干学习小组，每组5—8人为宜，确定小组长，然后把课程任务布置给各个小组，小组长带领小组成员利用微课资源进行课前自主学习。组内讨论，成员之间相互帮助，完成课前自测和知识点梳理内容，并做好展示准备。

3. 学习效果反馈

在翻转课堂的上课过程中，教师将时间交给学生，各学习小组分别展示本组自主学习成果，并为其他小组的同学答疑。评定学生学习效果主要由两方面组成：一方面是教师和其他小组同学共同评价展示小组的任务完成情况。另一方面是通过课堂检测，检验学生是否能运用所学知识和理论正确解答题目。若学生自主学习过程中有未掌握的知识，教师进行补充讲解，使学生真正掌握课程知识。

三、效果分析

通过对2016届高三（1）班开展《中国的气象灾害》课程的微课翻转课堂教学模式的实验，在课后进行随机访问，学生普遍认为在翻转课堂中应用微课教学能提高自己的学习兴趣，有利于自主安排学习时间，学习效果良好，但也有部分学生认为加重了学习负担，没有兴趣观看微课，难以融入课堂活动。

四、结语

总体而言，微课在翻转课堂中的实施效果较好，活跃了课堂气氛，培养了学生自主学习的能力。但对课外的自主学习没有有效监督，部分学生参与感不强。

浅谈翻转课堂在非重点高中英语教学中的应用

黄小丹

在知识经济初见端倪，经济全球化趋势已然的今天，英语无疑成为国际交流最重要的语言之一，而英语课堂教育仍然存在着填鸭式教学和哑巴英语的问题。当今世界是个多元化的时代——互联网时代、微博时代、移动时代、云时代，那么教学模式也要随之改变。因此，翻转课堂的盛行已经成为一种必然。翻转课堂借助当今无处不在的移动互联网技术，克服英语教学中的弊端，实现学生随时随地学习、个性化学习、差异化学习，是解决当今英语课堂存在问题的有效途径之一。

一、翻转课堂之理论

（一）翻转课堂的定义

翻转课堂译自"Flipped Classroom"或"Inverted Classroom"，在美国，对翻转课堂的研究和实践最初是在高校进行的，直到2007年克罗拉州的林地公园高中时，实践才在普通高中落地生根，快速生长。目前我国引入翻转课堂的学校越来越多，而值得一提的是重庆聚奎中学，它开了国内翻转课堂实验的先河，聚奎中学将翻转课堂教学法诠释为：学生在课前通过教师分发的数字化材料（音视频，电子教材等）进行自主学习，回到课堂后与教师和同学互动交流，并完成练习的一种教学形态。自此，翻转课堂从美国的"在家"和"课堂"翻转，变成中国本土化的"课前"和"课中"的翻转。简而言之，翻转课堂的实质就是不同认知理论、学习理论及学习环境下的"混合式学习"，体现在课堂形式上就是课前学生预习+学习，课中合作答疑+练习巩固。

具体来说，翻转课堂的教学模式包括课前"四步"以及课堂"五环"。所谓课前"四步"，包括：设计导学案、录制教学视频、学生自主学习和教师调整教学策略。

（1）设计导学案。在深入研究教材和学生的情况下，备课组成员协作完成导学案设计，担任主备的教师须在集体备课之前，事先准备好下周所有的导学案和PPT初稿。在下周的集体备课会上，全体成员就初稿展开协作研讨，形成优化的导学案、PPT等教学资源。导学案经主备教师和备课组长共同签字后交油印室印刷，PPT和导学案的电子版交由教务处备案。

（2）录制教学视频。教师根据要达到的目标，以及视频最终需要呈现的内容，收集资源和创建视频。录制视频时要考虑不同教师和班级的差异，以适应不同学生的学习方法和习惯。完成导学案和视频后，同一备课组内的教师不再重复备课，成员之间资源共享，使教师有时间调节身心。

（3）学生自主学习。学生在独立预习教材的基础上，用平板电脑下载教师上传的教学视频和导学案，开始课前学习；登陆平台完成预习自测题；在组内互助解决个人独立学习时产生的问题；组内不能解决的学习问题由组长记录后交给科代表，科代表整理好后上传至服务器。

（4）教师调整教学策略。教师通过软件平台及时了解学生的学习情况，调整课堂教学进度、难度，制订个别辅导计划，增强课堂教学的针对性。

所谓课堂"五环"，即课堂教学五环节，包括：合作探究、释疑拓展、练习巩固、自主纠错、反思总结。

（1）合作探究。组内不能解决的疑难问题，课堂上由组间互相合作解决。

（2）释疑拓展。全班学生都不能解决的问题，由教师在课堂上解决；教师根据学生的实际学习情况，进行适度拓展和延伸。

（3）练习巩固。学生完成平台上或其他资料的相关练习，以巩固所学知识。

（4）自主纠错。对自己做错的题，学生通过观看答案详解或者教师的习题评析视频，自主纠错。

（5）反思总结。学生对本节内容进行知识归纳或者方法梳理。

但个人认为，翻转课堂的实践道路应该是多元化、个性化的，应该解放思想，立足于本校实际生源和教师专业发展现状，考虑到本校的历史渊源和文化传统，走出一条具有本校特色的、以发展学生为中心的课程改革之路，使翻转课堂的效果达到最优化。

（二）翻转课堂的评价

构建成功的翻转课堂需要有全面而细致的评价体系。这套体系标准既要符合翻转课堂自身的特点，又要与教育的发展方向相契合，更要结合我国本土实际和本校的特色，这里提出评价翻转课堂的七个指标。

（1）精彩的教学视频，即微课。教学视频是翻转课堂课前学习的重要支撑，因为其时间较短，适合学生利用碎片化的时间进行自主学习。精彩且具有吸引力的微课视频主要涉及四个方面：使用适度的技术手段，匹配恰当的教学方法，传递准确的学科知识，激发有趣的学习活动。

（2）优质的学生提问。通常学生初接触新内容时，是不大可能提出优质问题的，因为优质的问题肯定是综合性问题，必然有一定的深度和广度。翻转课堂后，学生课前自主学习后更容易在课堂中产生优质的问题，有的可能在在线社交平台上引起热烈的争论，有的可能是课堂上针锋相对的灵感的碰撞，有的可能是学生独立思考后的表达，也有可能是头脑风暴后的质疑。

（3）丰富的学习活动。活动是打开学生大脑的有力手段。在翻转课堂中，丰富的学习活动是对老师最严峻的考验之一。自教师的角色从演员变成导演的时刻开始，便唤醒了学生的积极主动性，有时甚至会导致课堂的混乱，因此教师要及时调整心理，善于参与和适度引导课堂活动的步骤安排。

（4）多样的学习作品。翻转课堂之所以被全球教育界迅速接受和实践，最主要的原因是其能给予学生充裕的时间和空间来进行创造性活动，促进学生创新能力的发展，具体表现在：完成测试题、制作实物、绘制图像等。

（5）多元的评价。通常采用的评价方式是考试，但其局限性在于无法衡量不同认知能力学生的发展。翻转课堂后，学生的学习行为、学习过程以及学习成果都是以多样化的形态呈现，因此评价也应该是多元的，包括：课前诊断性评价，课中形成性评价结合总结性评价，他人评价结合自己评价，静态评价和动态评价相结合等。

（6）即时的反馈练习。传统的课堂会把大量作业放在课外，学生在练习过程中得不到教师、同学或电脑的及时反馈。在翻转课堂上，学生的作业在课堂上完成，在练习过程中能够及时得到教师的指导，或者与同伴讨论得到质疑或肯定，也能通过电脑软件和互联网得到反馈。

（7）随取的学习资源。翻转课堂后，更多的学习时间把握在学生的手上，学生需要更多随时可获取的学习资源来支撑自己个性化的学习。比如，学生可以根据自己的需要，请求教师指导，寻求同伴帮助，参与合作讨论，连接数字化图书馆查阅或互联网搜索等。

二、翻转课堂之实践困难

自2015年初梁哲校长上任时便提出要教学改革——翻转课堂，经过大半年时间软件硬件方面的筹备，我校于2015年9月正式在新高一级实施翻转课堂，尤其是在笔者任教的高一（1）和高一（2）班实施平板电脑教室方案，即教室内布设的学习终端是平板电脑，同时配备强大的Wi-Fi网络，与学习平台建立起连接。因为平板电脑具有体积小、操作简便、携带方便的特点，学生可以使用各自独立的账户登录，并可有效保留和记录学习者自己的学习路径、笔记资料和其他资源，非常有利于开展翻转课堂学习。

然而万事开头难，初期困难重重。

（一）教师面临的困难

许多年纪较大、具有一定教学经验的教师对翻转课堂有些许抵触心理。

（1）有的教师认为传统课堂更适合应试教育。对部分教龄10年以上的教师来说，他们已经习惯了固有的教学模式。高中学习任务重时间紧，哪里有时间去让学生自己学习，恨不得连晚自习都拿来上课。这是当时一些教师真实的心理写照。尤其是英语，有些学生连初中的单词都不懂，对英语完全失去学习热情，还让他自己学，可能吗？当时老师们心里充满了无数的疑问和不确定。

（2）对教师角色的变化不太习惯，无法放手让学生做课堂的主人。之前传统的课堂上，教师是演员，事事要亲力亲为，恨不得化身为超人去帮学生听、说、读、写。而在翻转课堂上，教师变成了导演，只需要在关键时刻喊cut，即进行适当补充说明答疑，具体的展示操练全部交给学生。这一角色转换让许多教师不淡定且失落。我校一位来自湛江某重点中学的英语支教教师，亲口对笔者说，学生在课堂上讲得不好，不全面，她在一旁干着急，后来索性不要他们讲，她自己来讲！

（3）平台备课有一定难度，对部分教师是一个很大的挑战。由于平板电脑教室的要求，教师需要提前录制微课和试卷形式的测试题并提前发送给学生，还要准备课堂中的测试题，均需要用到比较烦琐的平台备课系统，需要耗费一定的时间和精力，老师独木难支，需要群体配合。对一些打字较慢或者不熟悉操作的教师来说，无疑是给他们的工作增加了很大的难度，使得他们对翻转课堂改革更加抵触。

（4）无边界的自主。有些教师在实际教学中把主体回归的课堂变成了主体放任自流的课堂，过度弱化了教师的作用，把学生放开后，教师活动指导不明确、不具体，茫然不知所措、独立于学习群体之外，无法有效地引导学生。笔者曾经听过我校课改初期的英语翻转课，课堂上确实是学生讲得比教师多，但是你一言我一语，整个课堂乱哄哄的，貌似气氛热烈，实际上是一个已经失控的课堂，更无法谈学习的收获了。

（二）学生的不适应

（1）我校学生的基础较为薄弱，对于学生来说，要自学并敢于展示，且知道该如何展示，有难度。我校实施翻转课堂实验班的高一级新生的入学分数线是中考600分，但是绝大部分学生都是在650分以下，700分以上者不超过3人，这就意味着学生的基础都一般。如此基础的学生都不太自信，不太敢接受挑战和新事物，自学的能力和理解能力也有待加强，且处在初中向高中过渡的重要时期，本身就有点迷茫，要他们完全忘记之前的传统课堂而直接进入全新的翻转课堂，显而易见，难度很大。有些学生无法完成自学任务，有些学生可以进行预习却不敢在课堂上开口展示，站起来半天都不肯开口，让他继续讲也不是，叫他坐下来又好像是不给机会。更有些学生不适应，不认同这种新的教学模式，还给笔者写信进行投诉等，这些都给翻转课堂的实施设置了重重障碍。

（2）学生缺乏自控，会利用平板电脑进行学习之外的娱乐活动。翻转课堂要求学生必须利用课余时间进行微课学习和视频观看，但由于高中学习任务繁重，学生能自由支配的时间只有晚自习，由于教室有Wi-Fi连接，即使平板电脑中安装了控制软件，学生还是可以用它来进行许多学习之外的娱乐活动。例如，听歌、游戏、上网等，还打着进行预习的旗号，严重影响了晚修秩序和学生的学习效果。

（3）教师与学生角色的同时变换，对于教师而言，增加了很多负担。有教师说自己为了实施微课教学，把双休日、节假日等都用在了微课的制作上。同时，翻转课堂要求学生要在课前观看视频，完成导学案，进行充分预习，这就更容易加重学生的课业负担，学生不止一次对笔者抱怨，一个晚上就只完成了语文和数学的预习要求，而高一学生有9科，他们真的无暇顾及太多，有很多时候只能不完成老师布置的导学案或者直接抄袭。

因此，这次翻转课堂在我校的推行，既是发展的机遇，同时也是巨大的挑战。

三、翻转课堂在英语教学上的应用

（一）不必拘泥于形式，翻转课堂可以是多种多样、多姿多彩的

笔者个人不太喜欢太严肃的课堂，经常会从一些细小的东西入手来点拨学生的思想。例如：必修一Unit1 friendship中，可以让学生自学文章中的重点单词、短语、句型，然后在课堂上稍加点拨，空出来的时间可以用来表演展示。笔者另外找了《安妮日记》中的其他精彩部分，节选出来，让他们小组竞赛，看哪一组朗读得最好，并要求听的同学把精髓表达和句型画出来，大家再进行讨论：这么写是什么意思，安妮有什么意图，能表现出背后什么故事等。这样的阅读课，学生不仅仅学习了词汇的表达，还锻炼了听说，更重要的是同学们更能体会到安妮当时的处境和心境，理解了二战中犹太人的痛苦挣扎，可谓是一举多得。这样的阅读课非常受学生们欢迎。

（二）学会放手——有了"懒"教师才有"勤"学生

由于教师传统惯性作怪，传统课堂上出现"教师一开口就闭不上嘴"，千百年来都是教师讲，学生听；教师写，学生抄；学校不让讲就暗着讲，不让站到讲台上讲就在学生中间讲，就像改编的一首"心太软"：你总是心太软，心太软，独自一个人讲课到铃响。你总是无怨无悔地分析着课文，可知学生心里有多勉强。所以，一定要学会放手。教师要让学生自己预习，自己研究，自己展示，自己谈论，只有把课堂的时间和空间都还给他们，才能让他们去面对每一科的挑战。我校曾经组织教师去阳东一中进行翻转课堂的观摩学习，有幸听了他们高三的英语复习课。在传统课堂中，从本能上我们就认为高三的复习尤其是一轮复习，更应该是老师在讲台上拼命讲，学生在下面拼命记。然而并非如此。阳东一中的英语一轮复习课，首先，听写单词，不局限于高中课本，亦包括初中常见易错词汇，这是他们每一节课都会进行的，大约5分钟。然后进行话题复习，学生按组轮流上来在黑板上讲解单词短语的用法，同学们有任何疑问马上提出，教师在一旁进行精髓性的点拨释疑或者诱导，大约25分钟。最后15分钟用来谈论之前布置的完形填空题，并确定答案，当然也是由学生分组进行展示，整一节课教师讲话时间合计绝对不超过5分钟。他

们的教师是如此"轻松",而他们的学生是如此活跃和积极。

(三) 要让学生学会思考,教师必先深入思考

教师一定要在课前对教材进行深入地钻研和思考,因为教师只有在全面深刻地领悟教材之后,才能更好地驾驭教材,充分挖掘自己的教学潜力,设计出独特高效的教学设计、课前检测。在新旧知识的衔接处,重难点的突破处巧妙设置问题,引发学生思考。此外,老师更要根据学生的课前预习反馈信息,进一步思考,因地制宜地设计出学生的课堂活动方案,只要老师做足了功课,课堂上面对学生的问题才能更加灵活自如,解答起学生的疑问来才能更加游刃有余,而老师的胸有成竹才能刺激学生进行更进一步的专研和探讨。此外,老师还可以采用进一步追问的方式引导学生学会深入思考。

(四) 翻转课堂在英语教学中针对词汇、语法的有效应用

1. 迁移学习法

从旧知识中引出新知识,使新旧知识贯通、相互迁移。与旧知有密切联系的新知,学生学起来轻松,会产生成就感。例如:在高一定语从句的微视频制作内容上来看,通常语法书开头就会提出"先行词""关系词"等概念,学生在没有任何基础的前提下,就会产生畏惧心理,不利于自学习惯的培养。但是,如果制作微视频,教师可以从初中学过的"定语"的概念入手,然后把"定语"转换为相应的"定语从句"的方式,让学生从形式上理解什么叫作"先行词""关系词""定语从句"等概念。

2. 结合语境进行词汇教学

众所周知,字典或者词汇书上的词汇详解相对来说是比较孤立的,而孤立的东西不容易记忆。吕叔湘曾说过,词语要嵌在上下文里才有生命。根据英语学习的特点,教师应该坚持"词不离句,句不离文"的原则,有针对性地把英语词汇放到特定的语境之中去讲解,让学生在听、说、读、写的训练中,理解、记忆、复习与巩固英语词汇。因此,在微视频的制作过程中,教师完全可以将书中词汇表的单词通过一定的语境串联起来进行讲解,这样不仅易于学生学习英语词汇,而且益于他们养成英语思维的习惯,从而使他们能够在英语语言实践中正确地运用所学英语词汇,达到英语词汇学以致用的目的。

(五) 课前任务清单的设计

从翻转课堂的概念和实施过程可以看出,网络平台、学案、微课、终端设备是支撑该教学模式的四大要素,而学案,亦可称为导学案或者任务清单,在翻转课堂的四大支撑要素中,微课和任务清单的质量高低直接取决于设计水平的高低。与传统课堂比较,翻转课堂对学生的自主能力要求更高,对于承担指导学生完成自学任务的任务清单来说,在设计上也提出了更大的挑战,应该更加突出学生的主体意识。

而学生学习科目繁多，每天只有下午放学到晚自习时间可以自由安排。而学生预习工作的有效性很大程度上取决于任务清单的设计是否合理。

1. 使用《学习任务清单》的过程中存在的问题

（1）学生的自主性不够。有一些学生学习不够主动，《学习任务清单》没有认真完成，并且一般学校的班额比较大，对学生的辅导不到位，教师课前课后又没有认真检查学生完成的清单，学生缺乏适度的引导和压力，导致清单形同鸡肋。

（2）《学习任务清单》编写共性化。教师在设计《学习任务清单》时没有体现梯度，亦没有进行分层设计，无法显示出学生不同学情的个性，且任务清单的设计不合理，存在无重点无难点的现象，导致有的学生"吃不饱"，有的学生在规定的时间内不能完成，更不用说消化吸收了。

（3）《学习任务清单》编写作业化。有些教师认为《学习任务清单》不过是教学内容习题化，导致《学习任务清单》无预习指导与检测及课堂合作与探究，仅仅只有当堂检测且习题量大，几乎成了专题训练，不能很好地调动学生预习自学的兴趣。整堂课也必然会变成师生对答案的过程，根本无法体现《学习任务清单》的功能和优势。

（4）《学习任务清单》没有妥善收藏。因为教师没有强调或者学生没有重视，有些学生的《学习任务清单》东丢一张，西扔一张，到复习时，甚至有的新课结束后，刚发的《学习任务清单》就已经找不到了，导致复习失去依据。

2. 英语任务清单的编写要点

（1）学习目标。目标的制定既要符合文本教学要求、课标要求、学生实际，又要简单、明了，具有可操作性、可检测性。每课数量以2—3个为宜，不能太多。学习目标中尽量不用"know、understand、grasp"等模糊性语言，要多使用"can remember""can speak out""can apply it""solve"等可检测的明确用语，并指出重难点。

（2）学法指导。没有学法指导的《学习任务清单》是不合格的。有两种常见的形式：第一种是本学科的研究方法。第二种是学生平时普遍用的学习方法。如阅读的技巧、做笔记的方法、自主学习的方法、小组合作的技巧等。方法可以明确告知，也可以渗透其中。

（3）学习任务。这是《学习任务清单》的核心，要体现导读、导思、导练的功能。学习内容应立足教材，注重基础，渗透学习能力的培养。设计时要注意渐进性、指导性、趣味性、挑战性。同时编写的学习内容务必要容量适中，切忌过于烦琐而影响学生看书、思考。内容必须问题化，问题必须层次化。

（4）课堂巩固训练。①题型要灵活多样，量要适中，不能太多，以5分钟左右的题量为宜。②紧扣学习目标，具有针对性和典型性。③每一个学习目标都应设置有对应的练习。④难度适中，面向全体，关注差异。可设置一些选做题，促进学优生成长。

（5）《我的疑惑》一栏的填写。该栏目完全是由学生自主学习后填写。教师要引导学生学会发现问题、提出问题、思考问题。上课之前，教师要收看学生的《学习任务清单》，发现学生的疑难，肯定学生指疑问难的思维品质，进行二次备课，提高教学的针对性。下课之后，学生还可对此进行补充，写明还有哪些疑惑尚未解决，然后上交给科代表，科代表整理完毕后再上交给教师，教师可有选择性地进行解答。

（6）科任教师应该经常和班主任反映班级情况，请班主任配合管理，多和科代表沟通了解学生的需求和心理，因材施教，更好地改良《学习任务清单》。

四、翻转课堂之英语微课

微课作为教学视频被广泛地应用到教学中，例如：课堂导入、重点讲解、难点教学、课后拓展等教学环节。微课的应用，改变了传统课堂教学呆板的教学氛围，将枯燥的课堂赋予活力，激发了学生的学习兴趣，提高了学生的学习效率。国内外学者普遍认为微课的特征为：

（1）短小精悍。

（2）给学生呈现学习内容。

（3）让学生明确学习任务。

（4）对学生的学习进行评价。

为此，我们对英语微课提出以下要求：

（一）采用适度的技术

视频制作的技术日新月异，但是技术是手段而非目的，适度地采用技术能增加微课的表现力，吸引学生反复观看。在英语微课的制作中，通过整合各种信息资源，集动画和声音于一体，把教学课堂内容通过视频的形式展示给学生。学生可根据自主学习的需要，选择相关的微课案例，反复学习和研究微课教学视频，增强学生对微课中知识内容的理解。

（二）匹配恰当的教学方法

每个学科、每个教学内容都有与之匹配的教学方法和技巧，而微课并不能同时实现所有的教学方法和技巧，这就要求教师必须有相当的教育理论素养和教学经验，才能应用恰当的教学法。例如，被动语态的教学包括定义、构成方式、各种时态下的被动形式、不能使用被动语态的谓语动词、特殊动词的被动语态形式，利用微课针对性强、简单易懂的特点，我们将知识化整为零，采用片段式教学，减少学生学习的认知负荷，增进其学习的信心，夯实学生的学习基础，提升学生对知识的应用能力。

（三）传递准确的学科知识

学科知识的准确表达是任何一种教学模式最基本的要求，微课中除了技术和教学法必须同学科知识深度融合之外，还要加上教师生动地阐述和讲解才能把深奥的英语知识转变成学生容易接受的形式，内容设计及讲解要做到精准控制，要将设计的精华部分展示出来。整体效果追求"妙"，就是要达到讲解时将设计思想完美展示，传达的是清晰的知识点，在有限的时空内做到结构相对完整、语言准确，让学生看了能因精巧的设计、形象生动地讲解而印象深刻，达到掌握知识要点之目的。高中英语微课要求"精""微"，突出重点、难点、疑点，以最短的时间，用最有效的方式讲明关键问题，凸显知识学习的针对性。

（四）激发有趣的学习活动

微课传递准确的学科知识仅仅是翻转课堂的第一步，它还有一个重要的使命，即激发学生的学习兴趣。因此，在微课中灵活设置一些情境、挑战性的任务以及后续学习活动预告是很有必要的。我们最常见的做法是在导入新课环节设计相关导入视频，做成微课让学生欣赏，同时提出问题，加强悬疑效果，以此来激发学生的学习兴趣。

五、翻转课堂之迷惑

关于翻转课堂，我们一路走来，陆续解决了不少拦路虎，然而，还是有些疑问存在心中。

（1）学生可自由分配的时间太少，科目太多，如何协调处理？

（2）说是学生自主学习轮流上来讲台展示或答疑，问题在于学生会偷懒，每一组只研究自己要解决的那个知识点，其他的一概不管，造成的后果就是学习更片面、效果更差，如何打破这个僵局？

（3）翻转课堂要求教师和学生要具有极高的技术素养和信息素养。我们的教师掌握了必要的视频拍摄、录制、剪辑技术了吗？他们会使用录屏软件来制作课件吗？老师习惯于在没有学生的课堂讲课吗？学生习惯于听视频讲课吗？

这些都有待我们继续探索和解决。

六、结语

《教育信息化十年发展规划（2011—2020年）》指出，教育信息化的发展要以教育理念创新为先导，以优质教育资源和信息化学习环境建设为基础，以学习方式和教育模式创新为核心，在国家教育信息化发展的过程中，翻转课堂将对我国的英语教学产生一定的影响，当然可能效果并非会立竿见影，但通过实验和修改，英语教学将会日趋完善。

翻转课堂之路，其实我们走得并不轻松，遇到过很多困难，遭遇过不少挫折，可是我们最终坚持了下来。可喜的是，在我们的翻转课堂上，学生的自主学习能力大幅度提升，他们更积极活跃地参与课堂提问和展示，即使是基础很一般的学生，也满怀热情地参加思考和讨论，因为他们知道，即使是最为显浅的问题，组员们都会热情帮忙解决，即使是很简单的回答，老师都会报以鼓励的微笑让他们下次可以回答得更大声，展示得更完整。一年的时间也许还不能快速提高学生的成绩，但是我们起码看到，他们对生活和学习都充满了信心和希望，并愿意为之付出努力；他们对老师充满了信任，认为我们不仅仅是良师，还是支持和帮助他们的益友。学生的心里有阳光、干劲和梦想，这就已经达成我们的预期目标了。

"翻转课堂"教学模式在高中化学教学中的应用

梁文华

随着教育理念的革新以及信息技术的发展，我国高中化学课堂教学模式变得多种多样，越来越注重学生的主体地位。高中化学教学课堂普遍存在教师教学方法死板，教学手段单一，学生实践操作的机会少，视野局限于学校与教科书的问题。翻转课堂教学模式不仅能克服传统教学带来的问题，还可以解除时间限制，充分展现学生的主体作用，有利于学生各方面能力的提高。

一、翻转课堂教学模式在高中化学课堂中的优势

1. 学生的个性化学习

由于学生的学习能力不同，他们对某个知识点的掌握情况可能会存在差异。传统化学教学中，教师主要对学生进行统一教学，学生的学习时间要求一致，有些基础比较薄弱的学生无法有效掌握学习内容。但是通过翻转课堂教学模式，学生可以结合自己的学习情况对教师提供的视频资料进行分析，从中加强对某一知识点的深刻认识。教师在课堂中根据学生反馈的情况进行针对性辅导，在有限的时间内帮助学生有效掌握更多的知识，提升学习能力。

2. 学生的自主化选择

例如：在学习氢氧化铝的性质时，教师准备资料时可以将氢氧化铝的用途放入选学部分，让学生根据需要选择性学习。又如：高中化学教材中的"拓展视野"内容，这部分内容主要展示化学的新成果，传统的化学教学方式无法对这一部分内容进行良好展示，并且还要受授课时间的限制。但翻转教学则能为学生提供更多接触化学知识的机会，开阔学生的视野，提高学生自主学习的能力，养成科学的思考习惯。

3. 一对一教学

每个学生的学习基础与情况不同，学习同样的知识可能会产生不同的困惑。例如：学习氢氧化铝的性质时，有的学生不理解氢氧化铝和氢氧化钠溶液反应的离子方程式，有的学生对制备氢氧化铝的最好途径感到困惑。但通过翻转教学，教师可以为学生提供学习资源，让学生通过预习、小组分析讨论等形式熟悉学习内容，从而在课堂中给教师留下充分解答、分析的时间，促使每一个学生都能良好地发展。

二、翻转课堂的教学方法

翻转课堂是指学生完成课堂学习任务后通过教师提供的视频教学资源，对教师所讲的知识点进行有效整理和吸收，随后在课上与教师进行沟通，将不同的知识点表达出来，达到提高学习成绩，激发学习兴趣的目的。在高中化学的教学内容中，翻转课堂可分成"两段七步"教学。

三、翻转课堂教学模式在高中化学课堂中的具体应用

1. 翻转课堂的教学备课模式

翻转课堂是一种系统的教学方法，教师应用翻转教学模式时应科学设计教学计划，明确教学内容和目标。教师在翻转课堂上应妥善准备相应的教学资源，制作教学视频的过程中，教师应根据学生的情况把握视频时间，一般视频时间在5—7分钟。

例如，学习硫酸、硝酸、氨这一部分内容时，教师可以制作三个视频：一是验证稀硫酸性质实验的视频，包括氢氧化钠和稀硫酸的反应、锌和稀硫酸的反应、氯化钡和稀硫酸的反应、在稀硫酸中加入石蕊的反应；二是对硫酸脱水性进行测试的实验，具体内容是蔗糖碳化的实验；三是测试硫酸强氧化性的实验，具体内容是铜和浓硫酸的反应实验。

教师设计教学视频时不能只利用网上的教学视频，应根据教学目标以及学生的实际情况制定科学、合理的教学目标和教学流程，充分发挥教学视频的作用。同时，教师做教学准备工作时应养成构建学习资源包的习惯，其格式一般为压缩文件，主要内容是课件。这类课件应具备良好的引导作用，让学生能根据引导和相关提示有效把握学习节奏。学习资源应包括学习目标、任务、教学视频、练习、问题反馈、提示练习等，让学生能够根据自身的实际情况选择适合自己的学习模块，充分提高学生学习的积极性和有效性。

2. 翻转课堂的技术支持

翻转课堂是一种新型的教学模式，教师在化学教学中首先应研究科学的实施方案，保证其有效性。由于教师习惯了传统的教学模式，突然面对翻转教学模式会感到措手不及，但国内外也不乏一些好的经验，教师可以借鉴和学习，提高自身对翻转课堂的认识。

翻转课堂在高中化学中的应用还需要多加完善。首先，学校应组织教师学习，提高教师的职业素质，让教师在了解翻转教学模式的同时掌握相关的教学技巧，在化学教学中充分体现翻转课堂的内涵。其次，充分研究翻转课堂在高中化学中实施的可行性，制定实施方案。最后，教师还可以根据方案感受翻转课堂的实际应用，不断改进和总结，促进翻转课堂在化学教学中的有效应用。

3. 翻转课堂的教学过程

学生是课堂学习的主体，教师应采取有效措施充分调动学生学习的积极性，提高学生自主学习的能力。很多学生在学习中都不进行课前预习，教师可以借助网络平台引导学生进行课前预习。学习资源中的教学视频能够让学生反复观看，帮助学生更好地巩固学习成果，使学习方式系统化，提高学习效率。

教师应给学生创造可以沟通交流的平台，让学生能够在学习的过程中相互交流。例如：教师可以建立班级讨论组或者QQ群，学生通过软件上的视频、语音功能进行自由讨论，既能够加强沟通能力，又能够及时解决遇到的问题。教师组织学生进行网络交流时应维持好秩序，保证讨论能够朝着正确的方向发展。同时，应用翻转课堂时，教师应注意培养学生独立探究的能力，促进学生独立思维的发展，让学生学会发现问题、思考解决问题，提高其自主学习的能力。

教师在化学教学中应给学生留下充足的时间进行独立探究。例如：播放三个化学实验教学视频时，教师可以让学生在观察的同时思考实验内涵，提出自己的疑惑，进行独立思考和判断。完成独立探究后，教师可以鼓励学生以小组的形式展示自己的学习成果，通过相互讨论说出自己的见解和困惑，在小组中共同分析探究，解决更多的问题，从而得出最佳结论。

教师应做好相应的评价反馈，翻转课堂的教学评价反馈可以分为过程性评价和总结性评价。过程性评价主要是教师对学生学习过程具体表现的评价以及对学生在小组活动中个体表现和小组表现的评价。总结性评价是教师对翻转课堂教学过程的评价以及对教学取得的效果评价。

四、总结

总之，在新课程改革的背景下，翻转课堂教学模式成为教学的主流方向。教师应该持续关注翻转课堂教学模式的发展状况，积累更多关于翻转课堂的应用经验，做好充分的教学备课工作，合理安排教学流程，敢于创新、大胆尝试，让翻转教学模式在高中化学课堂教学上更有活力、更为多元化，更能调动学生自主学习的积极性，提高学生对化学的学习兴趣，培养学生良好的化学学习习惯，促进学生化学成绩的提高。

谈历史翻转课堂如何促进学生主体意识的养成

罗子芬

一、必要性

目前,我校为适应教育发展的要求,正在开展翻转课堂教学模式的探究。翻转课堂与传统的课堂教学模式不同,在翻转课堂中,学生是在课外完成基础知识的学习,而课堂变成了师生之间和学生之间互动的场所,包括答疑解惑、知识的运用、学习效果的检测等,从而达到更好的教育效果。"翻转课堂"的成功之处,是让学生主动学习,不再单纯地依赖授课老师去教授知识,老师更多的是引导学生去运用知识。

我校是薄弱学校,大部分班级也是薄弱班级。在实践的过程中我们遇到很多的问题,其中最大问题就是:学生在思想上还没有接受自己是课堂教学的主体,参与意识不强。具体表现有:学生基础不扎实,水平能力参差不齐;课前自学、预习容易变成走过场;上课时被动听课、做笔记;在师生互动、小组合作中成为旁观者,不愿意主动提问题、回答问题;课堂上学习热情不高,学习氛围沉闷,上进心不够强,认为上课是老师的事情,自己只要安静听课即可等。

为解决这些问题,我的做法是:充分调动学生积极参与历史课堂教学,让学生学会自主学习,最终促进学生主体意识的养成。

二、主要做法

1. 老师要转变教学观念,带动学生学习观念的转变

要养成学生的主体意识,首先老师要转变教学观念,摒弃传统的教师讲学生听的教学观念、模式,认识到课堂中学生是主体,应体现"学生为主体、教师为主导"的教学原则,给学生以充分自主的权利,创设一个良好和谐的学习氛围。建立一个民主平等的师生关系,以增强学生的主体意识,使学生乐学、愿学。作为教学组织者的教师,要主动把自己置身于学生群体之中,尊重学生的情感,理解和信任学生,设身处地为学生着想,对学生中出现的错误要有宽容的态度,并及时帮助他们改正和克服。教师要给学生创设成功的机会,对学生的每一次进步都要给予肯定,使学生感受到自己受重视以及成功的自豪感,这样学生的情绪会不断提高,主

体意识也会不断增强。

2. 研究设计课前《学习任务清单》，让学生养成课前自主学习的习惯

《学习任务清单》由学习目标、重难点、学习方法指南、课前自主学习任务、课内重难点探究、课前自主检测和课后巩固练习七部分组成。我提前一周设计、发放《学习任务清单》给学生，帮助学生在课前明确自主学习、探究的任务。在《学习任务清单》的指引下，学生在课外利用课本、学习资料及网络等开展课外自主学习，由学习小组长检查完成情况并打分，记录为平时分数。老师也定时辅导、抽查任务清单完成情况，学生间相互合作学习探究。课堂上由各小组代表展示预习成果，以此培养学生的自主学习能力、实践能力和思维能力，使其养成课前自主学习的好习惯。

3. 提供展示预习成果的平台，以点带面，鼓励更多学生主动参与课堂教学

展示是翻转课堂的重要环节，是学生主体地位的体现，是检验和评价课前自主学习效果的核心，也是学生学习内驱力的金钥匙。因此，在历史翻转课堂上，要人人参与，个个展示，突出学生的"展示性"学习和主体性。

成果展示是学生在"先学"的基础上，将"独学、对学、群学"的成果用适当的方式展示，从而检验"先学"的效果。展示绝不是"先学"的简单重复，而是学习成果的"发表、暴露、提升"，能进一步帮助学生养成学习的主体意识，让学生主动求知，调动学生的学习热情，并逐步养成自主学习的习惯。

教师让学生展示的内容是本学时的重难点知识，即《学习任务清单》里重点探究的问题；展示的形式有书面展示（抄写）、口头展示（语言）、行为展示（表演）。书面展示要求学生能将展示的内容序号化、条理化，能较好地反映问题的要点，便于其他同学阅读、理解题意和解题；口头展示要求学生在讲解、讨论和交流的过程中能用简洁、流利和通俗的语言表达自己的思想，能选择较好的切入点阐述自己的观点；行为展示则是通过一定形式的表演，说明一些简单的道理，让学生了解问题的实质。

展示的过程，分四步：

（1）课前，由科代表划分好对应的点评组和展示组（点评组一般1—2组，点评组和展示组轮换担任）；分配好各小组负责展示的问题。

（2）小组选派代表（小组成员轮流）上讲台展示经小组成员共同探究得出统一答案的重难点问题。展示时一般由B层、C层同学展示，由A层同学负责点评或拓展。

（3）一个小组展示结束后，其他组特别是对应的点评组要勇于挑错，提出疑问，展示小组的成员负责解疑，也可以向同学或老师求助，鼓励学生大胆阐述自己与别人不同的见解和意见，体现出师生、生生间的交流，尽量做到全员学生参与。在这个过程中，老师要给予适时点拨、启发，引导学生理解掌握相关知识。

（4）最后，教师补充问题和进行点评。补充的内容要具有针对性、拓展补充性，让学生对知识理解得更透彻。对展示组的人员参与度、精彩度、准确度、团结协作等方面的优点与不足进行点评，在这一过程中，要多给学生鼓励，多一些赞美的语言，多用欣赏的眼光，鼓励学生积极参与。

4. 设置问题，鼓励学生提出、回答问题，调动学生学习的热情，活跃课堂氛围

课堂上教师是引导者，学生是主体，引导方式是问题教学法。老师设置问题，学生回答问题和提出自己的问题。在设置问题时，从三个角度着手，一是认真钻研大纲和教材，把握教学中各知识点的深浅度，找准重点、难点和关键的知识点，找准新知识的"生长点"。二是了解学生的实际知识水平。三是在设置问题情景时，要注意"度"的问题。如果设置的问题过于简单，无法形成认识上的冲突，就引不起学生的兴趣，也不利于学生能力的培养。如果设置的问题难度太大，就会使学生产生退缩心理，失去参与的热情和信心。因此，教师要恰到好处地设置问题，设置的问题应既是学生可接受的，也应具有一定的障碍性、探究性，这样可激发学生积极寻求解决问题的思想方法，排除障碍。同时，教师要鼓励学生在预习、学习过程中提出自己的问题，解答其他同学提出的问题。

以《近代中国民族工业的兴起》为例，我设置了以下问题：

（1）自然经济的含义是什么？其最主要的特点是什么？

（2）鸦片战争后，中国的社会经济结构出现了哪些变化？

（3）中国自然经济什么时候开始解体？为何会解体，叙述其原因。自然经济解体产生怎样的影响？

（4）中国近代民族资本主义产生的条件有哪些？代表企业有哪些？产生的时间、地点、途径分别是什么？为什么会首先在这些地点产生？

（5）中国近代民族资本主义初步发展的时间是什么时候？原因有哪些？代表企业和人物有哪些？

学生提出的问题有：何谓买办？14—15世纪西方产生资本主义萌芽并逐步发展为资本主义经济，同一时期的中国也产生资本主义萌芽，但为什么未能发展为资本主义经济，而要到十九世纪六七十年代？民族资本主义的产生发展对中国社会有哪些影响？

这些问题的提出、回答，便产生了较多的生生互动、师生互动，调动了学生学习的热情，活跃了课堂氛围，提升了学生"吸收内化"的过程，从而提升了课堂效果，提高教学质量。

5. 实施分层教学，增强学生学习的信心

分层教学从三个方面来操作：

（1）人员分层。根据学生的成绩，把学生分成甲、乙、丙三个层次：甲为成绩较优秀，思维能力发展较好的学生；乙为中等生，成绩居中或中下的学生；丙为学困生，成绩偏差（这些分层不公开，只为老师掌握）。这些学生相互穿插，结成学习小组。每组确立一个小组长，负责分配学习任务，组织、协调组员间的讨论探究，形成统一答案，适当安排组内同学发言，确保每个学生积极参与小组回答。生生间相互学习讨论，优生多发言、多思考，主动帮助学困生，共同完成任务，有利于培养学生的合作意识，能让学生在最短的时间内完成《学习任务清单》，促进组员共同进步。

（2）展示内容分层。教师要鼓励乙、丙两个层次的学生大胆发言，利用他们知识上的不完善把问题逐步展开。一般性问题留给乙、丙层次的学生，而在突破重难点和拓展新知识时，尽量发挥甲层次学生的作用，启发组内成员的思维。这样，不同层次的学生都会有充分展示自我的机会和空间，使他们能从不同的角度展开讨论，提出不同的观点。这不仅开拓了学生的思路，也增强了学生学习的信心。

（3）反馈练习、作业分层。根据教学目标拟定编题计划，确定检查本堂课知识的题型和数量，再配置供好、中、差学生练习有区分度的题目，练习、作业分A、B两组。甲层次的学生必须完成A、B组习题；乙层次的学生能完成A组习题，且对B组习题能有思考；丙层次的学生必须能完成A组习题。对甲层次的学生一般在练习过程中以学生自己思考为主，对较难的问题给予适当提示；对乙层次的学生注意发展其潜在能力，激发其学习兴趣；对于丙层次的学生教师应进行个别辅导，将难点分散，逐步到位，让其树立信心。

6. 设计学生自主学习过程评价量表，激励学生参与

课堂教学离不开评价，有效的评价能融洽师生的情感，激发学生学习的主动性，让课堂充满生机和快乐。课堂评价可以采取两种方式，一是奖惩性评价，二是口头激励性评价。奖惩性评价的主要形式是加分或扣分，依据班级情况制定小组和个人的自主学习过程评价量表，给课堂表现突出和完成《学习任务清单》好的学生在相应的考核项目上加分，没有达到课堂要求则按规定给予适当的扣分，以调动学生学习的积极性，有效引导学生的课堂行为。

"翻转课堂"的语文教学策略和实效

潘 丹

语文是母语教育课程，它的重要性不言而喻，然而语文教学的现状却是困难重重，如来自社会、家庭和学生个人的漠视（尤其在方言地区），学生愿意花三四个小时去学数理化，但却不愿花这么多的时间在语文学习上。同时，满堂灌的教学模式也不再适合当今课改的要求和学生综合素质提升的需求。根据这一现状，语文"翻转课堂"教学模式的开展势在必行。

一、"翻转课堂"的语文教学策略

（一）制作一份切实可行的学习清单

按照学校"翻转课堂"的"两段七步"教学法的要求，一份切实可行的学习清单应包括课外学习和课堂学习两段，通过清单使学生明确学习目标、学习方法要求以及学习的步骤，指导学生的课外自主学习和课堂师生协作学习。以下是高二中国古代诗歌散文欣赏中《一剪梅》的学习清单：

【学习目标】

（1）学生能够学会运用缘景明情、置身诗境等基本方法来自主赏析诗歌。

（2）学生能够把握词的意象，体会词中作者的情感。

【学习重难点】

重点：学习目标（2）。

难点：学习目标（1）。

【学习指导】

知人论世、吟咏诗韵、缘景明情、置身诗境。

（知人论世：在欣赏作品时，应深入探究作者的生平和为人，全面了解他所生活的环境和时代；吟咏诗韵：细心揣摩作品词句上的情感色彩和作者情绪的变化；缘景明情：根据作品中意象自身的特点、组合方式以及情景之间的关系，体会独特的意境；置身诗境：反复诵读，借助联想和想象，将作者所描绘的意象和画面一一再现到自己的脑海中，使心灵沉浸在一个想象的世界中。）

【学习任务与步骤】
1. 课前自主学习清单
(1) 自学内容。
① 查阅词典,借助课文注释,弄清课文中生字词的读音或意义。
② 知人论世:查阅资料了解词人的生平以及写作背景。

李清照(1084—1155),宋代著名女词人,号易安居士。李清照婚前婚后都生活在书香世家,其父李格非是苏轼的学生,其夫赵明诚是著名的金石考据家。李清照夫妇雅好辞章,常相唱和。14岁时李清照写出的词让其饱读诗书的父亲定言:"我现在已没有能力来评论你的词,需要大家。"从其词作的成就来看还是令人置信的。而她15岁时,写就的《霸王别姬》有人已呼可与郭沫若论长短,不可不令人扼腕。1127年,靖康之乱,李清照随家颠簸南下,后来丈夫病死,李清照亡国继以亡家,余生孤苦,郁郁而终。南渡之前,李清照多写闺情相思,明快妍丽;南渡之后,则多写国破家亡的离乱生活,沉哀入骨,词情凄黯。婚后不久,赵明诚即远行,李清照便写下了这首《一剪梅》寄给丈夫。

③ 自主朗读:读时注意节奏、语速、语调的轻重缓急,融入个人的体会和感情。

(2) 自主测评。
① 对这首词的理解,不完全恰当的一项是(　　)
A. 上片首句通过视觉、触觉的感受,点明时间已经是深秋,接下来两句写词人轻轻解开丝罗的裙衣,小心登舟的情态。
B. "云中"三句是说,当空中大雁飞过来时,谁托它捎来书信?我正在明月照满的西楼上盼望着呢。
C. 下片前三句的意思是说,自己与丈夫分居两地,"一种相思,两处闲愁"直接点明了夫妻的两相恩爱,充分体现了李清照对赵明诚的无限钟情和充分信任。
D. "此情"三句的意思是说,这种相思之情,如同"花自飘零水自流"一样,是没有办法可以消除的。

② 对这首词的分析,不完全正确的一项是(　　)
A. 上片写词人思念其丈夫赵明诚,下片写离愁无法排遣。
B. 上片写相思,虽无一字道出,却句句蕴含,极为含蓄。
C. "云中"句虽是词人的主观臆想,却表达了她对丈夫的深切怀念。
D. 后三句新颖别致,以浅近朴实的语言,生动地写出了感情的不可遏制。

(3) 存疑。请你把学习中不理解或感到困惑的地方写下来。

2. 课堂合作学习
(1) 评判检测(吟咏诗韵)。
① 大家推荐一位同学朗读这首词,同学之间评价,该同学再读。

② 全班朗读全词。

（2）释疑、分享展示学习成果（缘景明情）。

以学习小组为单位展示成果。

问题：根据自己的理解，说说自己喜欢的句子，并讲讲你喜欢它的原因。或者自己觉得比较难理解的地方，提出来大家共同解决。

3. 梳理知识

（1）总结一下，这首词主要写了哪些意象？这些意象主要表达了词人怎样的情感？

（2）课堂巩固：高考链接。

【2008年高考山东卷】阅读下面这首宋词，回答问题。（8分）

画堂春
秦观

落红铺径水平池，弄晴小雨霏霏。杏园憔悴杜鹃啼，无奈春归。

柳外画楼独上，凭栏手捻①花枝，放花无语对斜晖，此恨谁知？

【注】① 捻（niǎn）：持取，捻弄。

上阕的景物描写是如何表现无奈之情的？请做简要分析。（4分）

4. 布置作业

运用本节课的方法，展开想象，以词人丈夫赵明诚的口吻给李清照回一封信来赏析《一剪梅》这首词。

（二）培训语文科代表和学习小组组长

科代表和组长是各项学习活动的组织者、监督者和榜样，若要各项学习活动高效、有序地开展，必先培养得力的科代表和组长。基于这一认识，我于每周日晚定期召开语文科代表和小组长交流会议，汇报本组上周表现较好的方面和存在的问题，让表现好的小组谈谈自己组的管理特色和心得体会，大家共同商讨解决管理过程中的困难。学习清单提前发给学生做，组长要组织组员明确学习目标、自学清单内容、交流疑难知识点和确定第二天课堂展示的组员。同时，组长要在上课的前一天将本组的完成情况以及疑惑的地方汇报给语文科代表，科代表将问题整理后交给我，我再根据学生的问题调整第二天课堂学习的内容。每个月评选出表现突出的小组及小组长，以此鼓励小组间的良性竞争。

（三）引导全班学生如何做到课堂的有效展示

交流展示应是课堂的重要环节，既能检查学生课前的学习情况，又能调动学生动口、动手、动脑，以此达到活跃思维、锻炼勇气、培养能力、塑造人格的目的。那么如何做到课堂的有效展示呢？我主要从以下几个方面给予学生引导：

（1）引导学生克服害羞的心理。学生的害羞心理会严重影响课堂的学习进度，比如声音太小，教师又得重复一遍，既浪费了时间，又达不到展示的效果。所以教师要采取一些具体有效的措施，如让学生当众朗诵诗歌、课前3分钟演讲、喊班级口号等，同时结合今后学生面临就业时需要毛遂自荐这一形势，让他们认识到敢于表达自己的重要性。这些措施帮助学生增加了自信心，一定程度上克服了羞于展示的心理，推进了课堂的有效展示。

（2）展示的内容要求明确，用语要精练，控制好时间。上课前几分钟抽签决定小组展示的内容以后，小组推选一名组员（尽可能轮流）上讲台展示，规范展示的用语，如"下面由我来代表ＸＸ组展示对下列问题的看法，请同学们听后提出自己的宝贵意见"等，每个小组用时尽量控制在3—4分钟。

（3）展示形式多样化，可以黑板板书展示、口头表达展示、肢体语言展示，也可以多种展示相结合。板书展示，要求书写工整，有条理地体现出解题的思路和过程；口头表达展示要求在解说、交流的过程中用简洁又通俗易懂的语言表达本组的看法；肢体语言展示则是希望通过适当形式的行为表演或生活实践，说明本组的观点，让学生了解问题的实质。

（4）展示时要求衔接紧凑、有序。一个小组展示完后，下一个小组需抓紧时间跟上，前面小组已经展示过的内容后面的小组不能重复。一个小组在展示时，其他小组安静地看，同时要思考，待小组代表展示完后组员可进行补充，其他组成员也可提出不同看法。

二、"翻转课堂"教学的实效

（一）促进了师生间的交流学习与合作

教师将学习清单提前发到学生的手中，让学生有了更多的思考空间和时间，他们能在课前或课堂上提出一些自己的看法和解题思路，拓宽了师生的视野。同时教师也能在课前了解学情，有针对性地调整课堂内容，讲解学生困惑的地方，真正做到学生会的不重复，不会的给予恰到好处地讲解，让学生意识到语文课堂的有用性，也让学生感受到老师是懂他们的。这样一来，师生间的距离拉近了，真正达到了教学相长的目的。

（二）促进了学生主体的发展

"翻转课堂"的教学让学习小组积极开展合作探究活动，给学生创造了更多合作交流、主动探究的机会，帮助学生实现个性化学习。学生不仅学会了自主学习、独立思考，而且逐渐养成了自觉寻求知识、主动获取知识的习惯，从而促使学生摆脱被动接受知识的角色，成为整个教与学过程中的主体，在自主学习和动手的过程中掌握知识，从而增强自主学习和合作探究的能力，培养学生的核心竞争力，促进学生主体的全面发展。

（三）激活了语文课堂

"满堂灌"的传统课堂，教师在唱"独角戏"，学生则是睡倒一片，厌学一半，或是成了"低头族"，一个班没几个人学，老师苦教，同学们也不认真学（学生基础薄弱的课堂尤其严重）。而"翻转课堂"的教学模式让死气沉沉的课堂活了起来，尤其在展示这一环节中，负责展示的学生站在黑板前落落大方地讲述本组的学习成果，下面听课的学生在听完后或更正讲错的地方，或提出不同的看法，充分调动了学生动手、动脑、动笔的积极性。学生在课堂中活跃了，学习兴趣也被激发出来，课堂变成了学生展现自我、提升自我的舞台。与此同时，教师独白的现状一去不复返，真正实现了从单向的教学走向主体性对话的教学，让语文课堂真正活了起来。

"翻转课堂"理念下高中英语《学习任务清单》编写及课堂实施策略

杨 文

目前，翻转课堂新的教学模式掀起了新的改革热潮。翻转课堂教学提倡同伴互助学习、课前学习、课堂讨论、课后深化的学习模式，有助于学生的吸收和应用。而自学任务清单是教师设计指导学生自主学习的方案，是学生高效自我学习的支架和载体。我校实施翻转课堂教育教学改革以来，一直非常强调《学习任务清单》的编写，多次探讨《学习任务清单》编写模式，鼓励各教研组、备课组根据学科特点提出修改意见，探索符合学科实际和学生需求的《学习任务清单》的编写原则、方法。我校的《学习任务清单》包括学习目标、学习重难点、学习方法建议、自学任务、知识点梳理、课堂巩固提高、我的疑惑等七个主要环节。

一、设计高中英语《学习任务清单》的基本理念

1. 所有的努力都是针对学生

一切以学生的需求为出发点，这是教学活动的基本原则，《学习任务清单》的编写工作自然也不例外。《学习任务清单》绝对不能单纯地针对时效、分数、成绩，它应该把提升学生的能力与素质当作最终目标，让学生达到真正的学会与会学。编写《学习任务清单》时，应该根据学生的具体情况，想学生所想，急学生所急，尤其应该关注学生的兴趣点以及学生容易出现差错的地方。

2. 凡是学生能够实现自学的知识，教师就不代替学习

这就要求教师在设计《学习任务清单》的时候，必须要做到细化考虑，将学生在各项内容时间上的安排、方法上的应用、层次上的梳理都弄清楚，以此为基础做出合理的规划设计，进一步明确目标，让学生每一步达到怎样的学习程度都能在《学习任务清单》中体现出来。

二、编写和使用《学习任务清单》时突出产生的问题

在实施《学习任务清单》的教学实践中，笔者发现任务清单的编写和使用还存

在一些问题，具体体现在以下五个方面：

1. 《学习任务清单》结构体例过于随意

除了学习目标是固定的以外，在功能、格式、结构、容量等方面，普遍没有仔细研究，在这样的情形下，《学习任务清单》慢慢就变成了习题与试卷。一部分教师为了应付，甚至直接用电脑复制下载任务清单，这在无形之中，就增加了学生的学习任务。学生在课前面对海量习题，不知从哪里着手，自学效果达不到理想要求。如：教师在编写人教版英语各单元language points《学习任务清单》时，编写了4页内容，把课文中的重要词汇、句型全部列举在清单上，一个一个详细讲解。学生觉得任务繁重，没有时间完成如此大题量的自学任务，而且知识点的讲解非常零散，脱离了课本。

2. 学习目标同教学目标没有分开

一部分教师在编写《学习任务清单》时，学习目标仍使用的是教学目标，有些教师运用的是英语教学专用术语，甚至是概括型话语，只要教师自己能够读懂即可，而学习目标则要尽量做到通俗易懂、简单明了，而部分教师将这两个概念互相混淆，让学生无所适从。如：教师在编写人教版英语必修五Unit1 language points《学习任务清单》时，设计的学习目标是：①文本重点单词的学习（语义、用法、辨析）；②文本重点单词在语境中的使用。而另一位教师，在编写人教版必修一Unit1 language points《学习任务清单》时，设计的学习目标为"通过课前自学，掌握教材第二页课文中的生词、短语、句型的中文意思与用法，做到会读、会认、会写、会用"。相比之下，第二位教师编写的学习目标更加明确、直观，学生一看就明白自学的目标。

3. 《我的疑惑》

"我的疑惑"一栏，原本设计的意图是让学生填写在自学过程中碰到的疑难问题，教师在课前收集学生的共性疑难问题，在课堂上引导学生解决。但这一栏常被学生忽略，有些教师没有及时收集学生的问题，在课堂上让学生泛泛而讲，没有突出重难点。

4. 教师在课堂上使用《学习任务清单》时，走进了翻转课堂的误区

有的教师觉得上课就是分组让学生展示自学任务，课堂全部交给学生，没有起到拓展深化的作用。如：大多数教师在课堂上处理任务清单的做法，课前让课代表分任务给各学习小组，各小组课前把答案板书在黑板上，在课堂上由各小组代表展示学习成果。这种教学模式，看似把课堂交给了学生，但存在很多的问题：有些小组只是完成了自己小组的学习任务，其他任务并没有完成；课前准备不够充分，代表展示时就答案讲答案，其他同学听了一头雾水，教师觉得学生讲不到重点，又打断学生自己来讲，课堂枯燥，调动不了学生的积极性；小组成员之间没有合作讨论，板书的答案只是代表成员个人的观点。

5. 学生学习习惯和方法不当引起不适应

在《学习任务清单》教学初始的时候，很多学生出现了一个单元学完了《学习任务清单》却没有剩下几张的问题。有些学生甚至觉得，使用《学习任务清单》过后，完全不知道"我学到了什么""重点难点是什么""我什么都不会"。

三、编写《学习任务清单》的几点基本要求

（1）学习指南，包括学习目标、重难点、学习方法建议，应当清晰明确，它们是学生自主学习目标管理的开始。

（2）学习任务是《学习任务清单》的主体。教师在编写《学习任务清单》的过程中，一定要科学再现教材内容，将教材里面逻辑性强、严谨缜密的抽象知识，变为通俗易懂、简单明了的具体知识，让知识深入浅出、富于层次变化。一份好的任务清单，是学生在通过自主学习完成之后，就能达成目标，即达到教师设定的教学目标。因此，在教师设计的指导思想上，应该尽可能让学生依据教材与配套的学习资源掌握学习内容，而不能故意让学生不得要领留下"困惑"。教师要切忌在没有吃透教材的情况下匆匆给出学习任务。

（3）《学习任务清单》的编写应该注意学生接受能力的差异。在难度与内容上可以划分为一至四级，一级属于识记型内容，二级属于理解型内容，三级属于应用型内容，四级属于拓展型内容。各项内容针对不同学生而设，让所有学生既能"吃饱"，也能"吃好"。

（4）应该将集体备课工作落到实处，仔细钻研学生同教材之间的有机联系，确定重点学习目标，注重教学过程中学生思维能力的培养方法，力争在最短的时间内应用《学习任务清单》使学生的知识网络构建完成。

四、高中英语《学习任务清单》课堂实施策略

编写一份成功的《学习任务清单》，是高效课堂的基本保障。精彩的高效课堂，还需要教师深入地研究课堂流程，充分地发挥《学习任务清单》的导学效能。

（1）教师要善于发现学生在"自主学习"环节出现的"自主"偏差，并在课堂教学过程中用适当的方法纠偏，充分激活学生的自主思维。

"自主学习"是课堂环节展开的前提。翻转课堂改革的一个核心理念就是先学后教，以学定教。学生在课前做好自主学习，还需要小组内部对疑难问题进行讨论、探究，以完善小组的自学成果，准备小组代表的课堂展示和对问题的进一步探究。在此过程中，教师需要收集各小组的疑难问题，在课堂上随机处理临时发现的问题。所谓处理，其实只是要求教师做好引导、督导和诱导，而不是讲解或破解。如在复习高三英语话题7体育运动，在收集学生做的任务清单时，笔者发现很多学生对"not only ... but also ..."的使用，都存在主语位置错误的问题，因此在课堂上

处理后面的巩固提升"翻译句子"时，对学生进行了思维的引导。通过翻译句子"这次活动让我们受益匪浅。不仅使我们从繁重的学业中得到了放松，而且还增进了我们之间的友谊"，让学生明白"主语相同时主语放前面，主语不同时主语放后面"的原则，学生还口头表达了其他句子加以巩固。

（2）教师在合作探究环节要做好引导，以确保合作探究的真实、有效。"合作探究"是课堂环节的关键。《新课标》明确提出要培养学生"自主、合作、探究"能力的要求。而高效学习小组的构建，小组成员职责的分工，都为学生的合作探究准备了条件。这里需要强调的是，不能让学生见问题就合作就探究，教师应引导学生去探究那些自主学习中的疑难问题和其他的生成性问题，同时帮助各小组成员做好分工，做好展示、补充、评价的准备。

（3）"展示点评"是课堂环节的核心。当学生以小组为单位开始展示讨论探究的结论时，其他组学生要做好补充和评价的准备。教师在此过程中主要是做好引导、诱导、点拨和激励工作。教师要明确展示要求，建立竞争机制，调动学习参与的积极性。同时，还要鼓励小组成员轮流展示学习成果，让各层次的学生都参与课堂。

（4）教师可适当增加反馈训练环节，引导学生进行课堂反思与总结。"《学习任务清单》教学法"符合当前教学发展的需要，自主学习为先，探索在后，充分发挥了学生学习的自主性，合作探究的学习形式不仅提升了学习效率，而且使英语课堂更加生动。但是，任务清单的高效课堂又是一个长期研究的问题，在教学的实践中，作为教师应该多思考，多总结，根据自己学生的学情，采取适当的策略使得任务清单更加高效。

"翻转课堂"背景下学生地图意识的培养

郑丽君

在高中地理课教学中,地图是"地理学的第二语言",是地理信息的浓缩和直观表达。地图作为高中地理教学中最形象、最直观的教学手段,有着特殊的作用,它代替了语言和文字在信息传递方面的具体问题,使抽象的地理概念更加具体化、零散的知识点更加系统化。彼德罗夫斯基曾说:"查看地图是一所培养再造想象力的特殊学校。"地图对培养学生的注意力、观察力、思考力、判断力、记忆力都起着非常重要的作用,善于运用地图是学习地理的最有效办法。但是,相关调查数据显示,目前我国大部分高中学生中地图能力水平普遍不高。这就要求教师在教学中不仅要让学生懂得从地图上发掘信息,利用获得的信息直接或间接地解决问题,还要教给学生把学到的地理知识转换成图形的技能,使学生养成图文互换的习惯。这样,经过长期的训练之后,学生脑海里就会逐渐形成一个比较完整的区域地理框架,养成区域性思维。

一、培养学生的读图意识

读图意识是画图、用图的原动力和兴奋剂。有了这方面的意识,学生才会去认真读图、画图、用图,从而重视地理图像。首先,我们在教学中可以利用教材上丰富的图像,经常引导学生阅读和分析教材上的各类图像图表,让学生形成"左图右书"的地理学习习惯,并且强化地图是地理知识的"灵魂"意识,使学生看到地理课本或其他书籍,第一眼应该是读图的习惯;接着,选取一些典型地理图像,充分挖掘图中的信息,经常用图像来说明和解决问题;此外,地理图像语言的储备,是培养和提高读图能力的根本。我们在教学中如果辅以图像去落实,给学生以图像语言,他们读图、析图的速度与准确度就会有很大提高。最后,读我国的各种地图,一定要对我国主权的疆界及有争议的管辖界线特别指出,强化学生的版图意识。

二、强化学生的画图能力

地图是根据事实、数据以各种形状和色彩的符号描绘出来的,但是反过来阅读地图时,使用者却不一定能100%地把图上的信息读出。为了在教学中能够使学生真正从地图中获取信息,教师可以通过图文结合的方式对学生进行训练,比如在课堂中设置画图活动。教学实践证明，让学生走上讲台，面向全体学生与教师将头脑中的图像叙述出来，不仅能在很大程度上提高学生的记忆力、理解力，还能在课堂教学中让学生的头脑处于积极思考的状态，更能使学生从中感受到学习的乐趣。此外，让每个学生设立一本专用画图本，要求学生将课本出现的图形和教师布置的画图收集在这本画图本上，教师定期进行检查，并将画得好的作品在墙报上展示出来。这样，学生不仅可以看到自己成长的过程和结果，而且能够会养成画图的习惯。

三、提升学生的用图乐趣

地图是一种工具，工具重在利用。在"学习对终生发展有用的地理"的理念指导下，地图的学习目标应比以前有所扩展，并且学习重点也应该转移到能够有效地使用地图。学会使用地图不只是为了更好地学习地理，更重要的是，它是现代公民素质的一个重要方面。因此，在课堂教学设计上，应使学生认识到使用地图的重要性，养成在日常生活中运用地图的习惯。比如：我们可以在课外适当开展地图制作活动，布置学生小组绘制校园平面图、中国及世界区域地图轮廓、居住的小区地图或是家庭物品陈放平面图等，这样的活动有利于加深学生对已学知识的理解，体现知识的应用价值，调动学生的求知欲。另外，我们还可以鼓励学生收集各种专业地图，如旅游地图，每到一个地方旅游，就购买这个地方的地图，并且把它收集起来，还可以收集国家地图、世界城市地图、河流图、交通图、古代地图等，每一个学生选择一个自己喜欢的专题图进行收集，并且互相交换。"以图会友"，这样的集图活动比集邮活动在知识和趣味方面都更有意义。学生收集整理生活中的地理知识，有助于他们学习地理，同时，也有利于帮助学生正确认识、比较、选择社会生活环境，进而适应生活环境、保护生活环境、享受生活环境，从而提高应对未来生活的生存力。

总之，教师要将地图运用教学视为培养学生积极思维的重要手段，学生具备了一定的地图意识，才能在地理学习中实践地理，成为具有良好地理素养的现代公民。

"翻转课堂"教学模式如何应用于体育课教学

周春连

在传统的体育课堂教学中，教师是支配者，学生是被动接受者的说法被体现得淋漓尽致，过于死板的体育课教学模式已不能适应当前的教学形势。为了充分体现"以人为本"的教育教学理念，满足学生情感和心理发展的正常需求，提高学生学习的积极性、主动性和创造性，必须从改变传统课堂教学模式入手，寻找一种新的教育教学模式。翻转课堂教学模式的出现，改变了传统的教学模式，让学生成为课堂的主体，把教师推到幕后作为指导者。现就翻转课堂教学模式应用于体育课教学谈几点新教法。

一、课前学习任务的布置

1. 学生自主观看教学视频

因为体育课大多数都在户外进行，对于每节户外课进行翻转课堂教学有些不太实际，所以每当进行主题技能学习的时候，教师可以布置课后作业，或利用课余时间观看教学视频，时间和节奏完全由自己来掌握，以提高学习效率。学生可对翻转课堂进行快进、倒退或暂停，记下自己的疑惑并进行思考，同时也可以将自己的收获记录下来，以便和同伴分享交流。

2. 学生进行针对性练习

学生可以根据自身对知识技能的掌握程度，自主地观看学习微视频课程。掌握速度慢的学生可以多看、多观察，掌握速度快的学生可以加快学习进度，更早地进行徒手模拟练习。学生之间还可以进行讨论，真正实现分层教学。

二、课堂活动设计

1. 教师课堂引导，小组自主练习

体育教师将教学内容微视频上传给学生在课前观看，这样在课堂教学中学生就有了更多的时间去发现问题、解决问题。教师及时帮助学生解决疑惑问题，帮助学生顺利完成运动技能学习。

2. 采用小组比赛的形式，提高学生的运动技能

教师可以将学生分成若干组，以小组为单位，进行检查、指导。学生在小组内进行技术动作展示，在小组间进行观摩比赛，从而激发其学习兴趣，活跃课堂学习的氛围。

三、教学评价

教学评价是对课程完成效果的考核指标，是教师进行教学反思的重要依据。学生在课堂上对技术动作进行展示的过程中，教师地鼓励和支持非常重要。教师正确的评价和指导，可帮助学生更好地掌握动作技术。教学评价可以采取学生自评、组内评价、组间评价、教师评价等相结合的形式，对学生完成的技术动作做出正确合理的评价，真正达到评价学生学习的目的。

四、存在的问题

（1）翻转课堂作为一种新型的教学模式，应用于课堂教学已较为普遍，可是在学校的体育教学中，体育课教师的教育观念较落后，往往不敢也不愿意主动去尝试和改革。

（2）如果大范围使用微视频，对体育课教师来说，制作也是个需要突破的技术问题。总之，翻转课堂模式在体育教学中的广泛应用，需要得到学校的支持和体育教育工作者的大胆实践。

（3）翻转课堂的实施需要信息技术的支持，从教师制作教学视频、学生在家观看视频到个性化、协作化学习环境的构建都需要计算机硬件和软件的支持，但是在目前网络速度较慢、计算机技术相对落后的形势下实现翻转课堂的顺利实施较为困难，因此需要各学校进一步改善信息技术及网络设备，增大宽带网络的接入量。另外，教师素质的参差不齐和信息技术能力的差别，也为翻转课堂的实施带来了困难，需要提升个人信息技术。

五、结论

（1）在翻转课堂模式下，课堂变成了师生之间、同学之间互动答疑、分组合作、自主练习的场所，从而达到更好的教学效果。

（2）翻转课堂只是众多教学方法中的一种，而体育学科不可能靠一种或一类的教学方法就能解决。教育本身是多元化、多样化的，能解决教学问题的方法都应当去实践并应用。

总之，翻转课堂颠覆了传统的教师讲、学生听的教学模式，真正做到以学生为中心，让学生彻底意识到"学习是自己的事"。翻转课堂的实施，得益最大的是学生，挑战最大的是教师。在翻转课堂里，教师除了对课程标准和教学内容有科学深透把握外，还必须根据学生的基础和需求对教学内容做二次处理，要因材施教，为学生做选择，为学生做取舍，确保教学内容的准确性、针对性和简洁性。

第八章

学生谈课堂教学改革

"翻转课堂"与"自主管理"是我们教育教学改革的两个轮子，是相辅相成的。

一、翻转课堂促学习

湛江爱高的办学具有鲜明的特色，翻转课堂教学是我校的一大特色与亮点。经过一年的学习，我对翻转课堂从新奇与困惑到如今的了解和熟悉。翻转课堂的特点之一是"能者为师"，面对学习上的问题和困难，在所有同学中，只要有一个同学懂，就交给他来讲。这样的好处是：一是可以为同学们树立榜样；二是可以让优秀的同学更优秀；三是可以体现同学之间相互协作的学习氛围。首先，课外完成《学习任务清单》是为了给我们创造一个能够自主学习的条件和机会，它最大的亮点就是使学校一直提倡的"课前预习"落到实处。在每堂新课前，老师都会下发《学习任务清单》。我们自主学习完成后，老师会通过网络平台发送清单答案，我们自主核对答案。如有不懂的地方，先小组进行自主讨论，合作探究解决。无法解决的话，在第二天的课堂上提出，由懂的小组代表进行讲解或者老师解答。

通过翻转课堂教学，学校课堂出现了"师教生、生教生、生促师"的新景象。我们主动求知，活学活用，能够自主学习，主动探究，主动参与，主动合作，自觉完成学习任务，从而增强自主学习能力和合作探究能力。

二、自主管理助成长

学生自主管理是我校继"翻转课堂"教学改革后的又一举措，我们学生的自主能力主要表现在三个方面：一是自主学习；二是自主管理，三是自主评价，旨在培养有终身学习能力与调适能力的人。

我们以"翻转课堂"小组为单位，制订好小组轮值安排表，每个小组轮值一个星期，每天晚自习前20分钟，是我们的自主班级管理时间，由轮值的同学点评班级事务、开展才艺表演等活动。每个小组定出学习班长、卫生班长、纪律班长、体育班长、生活班长、文娱班长等。首先，由体育班长带领全班同学宣誓；接着，轮值小组成员一个接一个到台前发表自己的意见，学习班长点评一天的课堂学习表现；纪律班长点评一天的纪律、考勤、出操队列情况；卫生班长点评早操和眼保健操、卫生、宿舍值日情况；生活班长对同学们的身体与心理健康进行关心以及提醒；文娱班长进行合作才艺表演。我们人人参与任务，人人参与管理课堂纪律，每天按时点评，总结点评到位，有利于当周班风、学风的好转，有助于培养我们学生的管理能力。

改革的目标是希望每位同学都能成为"对人，热情、彬彬有礼；对事，热心、勇于担当；对环境，热爱、呵护有加"的有温度感的现代暖男暖女和具有"仁爱至周""和谐至兴"品格的爱高人。在这里，我衷心祝愿各位领导、老师工作顺利，阖家幸福，祝福各位同学在新的学期，学习进步，生活开心。

"翻转课堂教学"学生谈

一、高三学生

黄青青：我个人认为，自从我们班改变以往的上课模式之后，同学们学习的积极性提高了很多，语言表达能力也得到了很大的提高。以前我们班的学习气氛并不是这么浓厚的。以前上课，许多同学没有进入学习的状态，因为他们觉得整天听老师讲个不停很枯燥，因此他们常常在上课时开小差。而现在换了一种上课方式后，同学们都变得很积极，遇到不懂的生字，同学们都会主动地去查字典。在上课时，同学们都很积极地回答问题，认真做笔记。在李老师的这种教学方法的引导下，同学们的改变确实挺大的，比如：林德辉、梁集汇、郑平洲等同学，他们以前是属于开小差的群体的，但自从改变了上课模式，在李雅老师的督促下，他们都很积极、很主动地去学习。因此，我觉得"翻转课堂"对同学们的学习还是挺有帮助的，在这种教学模式下，同学们更专注并且更加主动地去学习。

陈淑珍：我认为"翻转课堂"模式的科学之处，在于打破了一个长期存在的积习，改变了教学的模式。从老师单方面在课堂上讲解知识转化为学生主动学习并积极参与到小组的合作交流学习当中。讨论过后，学生积极上讲台发言。这一方面让学生拥有了更多锻炼的机会，从而调动了学生的积极性和促进了学生的学习兴趣；另一方面，也增加老师和学生之间的沟通，从而培养了师生情。

李志明：如今的"翻转课堂"和以前的课堂相比，我们的活跃度高了，每个人都能够上台回答问题，改变了以前我们事不关己的心态。虽然现在每人轮流上去讲耗费的时间比老师单独讲的时间多，但是这样能保证每个人都去听，因为当每个人都有了任务去完成，就会认真听并去准备，不像老师单独讲一般积极性不高。总的来说，我对"翻转课堂"的感觉还是不错的。

郑平洲："翻转课堂"让我见识到了前所未有的教学模式。以前的教学模式是老师在课堂上讲课，布置作业，让学生课后练习。而"翻转课堂"与以前的课堂教学模式刚好相反，在"翻转课堂"中，学生在课前要预习好上节课老师布置的任务，上课铃响后我们就抽签上台把问题一一解答出来，如果有讲错的地方，老师和同学们都会帮我们纠正。"翻转课堂"方案的实施，给我的学习带来了很大的帮助，比如说，以前不学习的人现在也慢慢地开始学习。上课的时候，老师和同学、同学和同学之间能相互讨论，同学们还能站在讲台上当几分钟的老师。"翻转课堂"给学生提供了学习锻炼的平台,极大地调动了同学们的学习互动性,激发了同学们的学习兴趣。所以说,"翻转课堂"对我有着很大的帮助。

肖浩源:"翻转课堂"是一种打破传统教学的上课方式,在爱高,这种上课方式被我们的梁哲校长提出,我们的教师在课堂上实践,同学们都认真配合。

"翻转课堂"或许还有很多人不太了解,顾名思义这种上课方式,就是体现在"翻转",何为翻转呢?接下来让我一一细说。传统教学方式都是老师在课上为学生解决不懂的问题,这样学生确实听得懂,但却忽略了学生的积极性,导致学生过分依赖老师,不懂得与同学合作讨论,这样便让学习的效率大打折扣。而我校实行的"翻转"课堂,恰恰与传统教学不同,上课之前的时间,学生都认真完成由老师准备的导学案,遇到不懂的难题,就和自己所在的小组合作讨论,也可以和其他组学习讨论。这样,学生在课堂上就可以解决很多问题,只有那些过难的学习点才由老师来为学生解决,这样一来,不仅学生学习的主动性、积极性提高了,连学习的效率也大大提高了,这只是"翻转"的一大好处。

传统教学方式,老师都是自己为学生解决难题,而"翻转课堂"都是学生当"小老师",上课的时候,每名学生都摇身一变成为一名"老师",学生在讲台上的表现也不错,遇到自己不懂的时候,老师就在一旁指点迷津,这样一来,不仅提高了学生的口才能力,甚至也锻炼了学生的领导能力,最重要的是,这样学生的学习效率也能大大提高。所以说"翻转课堂"在一定程度上胜于"传统教学"方式,这便是"翻转"的优势。

二、高二学生

袁舒欣:"翻转课堂"在刚听到这个词组时,很好奇,翻转课堂,怎么翻?

后来,课堂的接触中,渐渐地懂了!以前的我们,在学习上似乎有点被动地接受,都是老师一味地在课堂上给我们灌溉指导,而我们只需要接受和完成作业,以至于很多学生都养成了"惰性",不会问为什么、怎么做。

而翻转课堂,恰恰与传统课堂不同!翻转课堂,它给了我们足够的空间。在课前,我们可以利用知识清单充分地预习;在课堂中,我们是主角,老师会让我们展示清单的成果,并让我们在讲台上当小老师。而老师更大的作用是"倾听",他会把我们所不懂的和我们所说的不足给我们补充。

翻转课堂,它给了我们创造的能力。在翻转课堂中,我们有一个特色——"自主管理"小组,每个小组大概有6—8人。每个人都有自己的职责,分别有:体育、学习、纪律、卫生、生活、文娱班长。每个人都会担任一项工作,对于今天发生的一切事情做点评,这样能够更好地提高我们的口头表达能力。而文娱班长,就会准备一些节目,例如唱歌、猜字谜等,这样会让同学们放松,而不是一味地学习!

翻转课堂,更给了我们一个很好的锻炼机会。

让我们从以前的畏惧上讲台、害怕讲题、惧怕点评，到现在的上去展示清单，去点评，去当小老师。以前何曾有过呢？时代的发展，Wi-Fi地运用，有利于同学们在网上查找资料，我们还有智慧云课堂、图书馆等，给学生自主学习提供了很好的平台与机会！让我们跟上时代潮流，学会做翻转课堂的主人。

每个事物都是有两面性的，翻转课堂也不例外，我个人认为，它有一个不足——自律性。

我们接触传统课堂比翻转课堂的时间要多，有的人习惯了传统课堂，对于翻转课堂还是有点适应不了，也许是因为课目太多的原因，每天都要复习、预习、清单，忙得学不过来，而要放弃，不约束自己。

但是我想，如果一个人连最基本的"自律"都做不到，出门在外，又怎么能打下一片天呢？而翻转课堂，给了我们很好的机会，让我们学会"自律"。

自从接受了翻转课堂模式教学，也让我像大多数人一样，从胆小不敢说，害怕上讲台，到最后的侃侃而谈！

冯森：在教育创新的今天，我校紧跟发展的趋势实行了翻转课堂，并结出了累累硕果。经过一年多的学习，就我的感觉来谈一下翻转课堂的心得体会。

翻转课堂的特点之一是"能者为师"。面对学习上的困难，在所有同学中，只要有一个同学懂，就交给他来讲。第二个特点是课前预习，老师课前给我们发《学习任务清单》，让我们借助资料、网络自主完成。同学们之间互相讨论，互相合作探究解决。无法解决的话，在第二天的课堂上提出，由懂的小组代表进行讲解或老师解答。

翻转课堂是师生教与学方式的转变，是个性化学习的一剂良方。

翻转课堂的这些特点，提高了学生的自主能力、创新能力和语言的力量，激发了学生学习的积极性，养成了良好的学习习惯。老师讲得少，学生讲得多，让同学们有了展示自己的机会，使我们的成绩得到提高，各方面的能力都得到了增强。

晚上我们有自主点评活动。每个小组负责监督班级的卫生、生活、学习、纪律等情况，并指出做得不好的地方，第二天进行改正。点评完各种事情后，还有文娱活动，如才艺表演、唱歌、朗诵等，丰富了学生们的生活，增强了同学间的友谊。

凡事都有两面性，每个学生的基础不同，基础一般的同学，只能"跟着跑"；不能够适应的同学学习成绩更不好。世界上没有两片相同的叶子，注定了同学们迥异的性格，有的同学没有自主学习的习惯，有的不懂又不去问，有的因为羞涩而不敢上台展示。所以无法得到"翻转"的效果。

总之，扬长避短，好的继续发扬，不好的进行纠正。

李洁尚：我今年高二，是湛爱高的学生。来爱周之前，我接触的课堂都是传统课堂，来爱周之后，我接触了一个全新的课堂——翻转课堂。既然是全新的课堂，自然便与传统课堂有着很大的差异，具体有什么差异，听我来说一说。

（1）传统课堂都是以老师为主，老师讲，学生听。而翻转课堂恰恰相反，它是以学生为主、老师为辅助的一种课堂模式。

在上新课之前，老师都会给学生发一张清单，让学生自主预习。上课时，老师会花十分钟的时间讲解课本的重难点。剩下的时间，交给学生，让学生充当小老师，为其他同学讲解清单的题目，老师则在一旁辅助，遇到学生讲解不清楚、不理解的知识点时，老师便会帮助这位学生，纠正他的错误。这样一来，讲课的学生不仅知道自己错在了哪里，而且可以更好地了解本课的知识，而其他的同学，也可以以此为鉴，以免下次犯同样的错误。

（2）传统课堂学生的思路跟着老师转，而翻转课堂却是以散发思维为主。

翻转课堂，学生可以自主发言，把自己的看法、理解说出来，供大家研究、讨论，以便更好地理解课文，同时让大脑动起来，发散自己的思维，让思路更清晰，让大脑更灵活。

（3）传统课堂是同桌之间相互讨论、相互学习，而翻转课堂则是以小组为单位。

俗话说得好，人多力量大。同样地，一个小组的人讨论总好过两个人的讨论。如果你担心小组的人太多不好管理，那根本就是多余的。每个小组就6—8个人，还有小组长。小组长负责管理好本小组的纪律，维护好课堂秩序。

（4）翻转课堂相比传统课堂，自然也有它的弊端。

老师讲课时间较短，有些同学不能较好地理解课本的知识，课后需花较多的时间去巩固，导致时间分配不均，不能合理安排时间。

事物都有它的两面性，翻转课堂也不例外。该来的总会来，我们除了接受还要学会适应。适应时代的潮流，适应新的课堂——翻转课堂。

杨仁卓：自从我走进湛爱高的大门，给我留下最深印象的是湛爱高独有的翻转课堂。在翻转课堂中，讲课的不单只有老师，我们学生也能扮演老师这一角色，而且每个学生讲课的风格都是独一无二的，很新颖，可以极大地提高我们对知识的渴望。翻转课堂就是在40分钟里面有30分钟的时间属于学生，而剩下的时间是老师的。

记得我在高一刚来的时候，第一次接触翻转课堂，带给我创新性、与时俱进、非一般的感觉。每当我走上讲台讲题时，内心充满激动，也很荣幸作为一名学生可以充当小老师这一职责，协助老师、帮助同学解答，对于我来说这是多大的成就啊！我认为翻转课堂不仅可以又快又有效率地提高成绩，而且在个人能力方面也有极大提高，为以后的工作打下基础。

虽然翻转课堂有很多的好处，但我认为它也存在一定的弊端，人无完人，物也一样。在翻转课堂中大多数是学生讲课，但能听得懂的，可能只有少部分人，因为学生讲课还缺少很多的教学经验，包括一些重要的知识点概括不全，甚至使别人误入歧途。最后的结局还是由老师收拾，这样既浪费了别人的时间，也浪费了自己的学习时间。

翻转课堂与传统课堂相比较都有各自的优点和不足。在传统课堂上全程都由老师安排，紧跟老师步伐走，一个也不能掉，这是传统课堂的特点。但是传统课堂上缺少学生的自主观点，久而久之学生可能成为学习上的"哑巴"。如果能把翻转课堂与传统课堂的优势相结合，取长补短，我相信翻转课堂在不久的将来会受到人们的欢迎。

梅晓媚：众所周知，湛爱高是一个科技和网络较为先进的学校。其中，翻转课堂便是爱周教学的特色，我很荣幸能成为爱周的一份子，通过一年的学习，我了解到了翻转课堂的出现是基于让成绩较弱的同学补课的目的。它的出现必须具备两个前提：一是必须为学生提供一个完善的网络环境；二是学生必须具备非常强的自觉性。

翻转课堂模式又叫高效课堂教学模式，是由教师稍微牵引着同学，让同学自己学，关注每一位学生，由学生教学生、学生带学生的教学方法。这种模式真正地把课堂还给了学生，体现了学生的主体地位，教师在课堂上要充分关注学生的学习，充分给予学生自学、交流、思考、反馈的时间。

翻转课堂教学模式充分体现了新课标提出的课堂教学中要小组互动、师生互动、生生互动的精神，整堂课老师都是让小组派代表上去讲，组织合作学习，小组相互比赛，这样，学生的学习积极性提高了，学习氛围浓了，学习效果也好了。

翻转课堂教学模式还培养了学生阅读教材的习惯和能力。在过去的教学中，经常听到老师埋怨学生不读教材，不提前预习，导致对所学知识一知半解；学生埋怨老师布置作业太多，没有时间阅读教材。而翻转课堂是学生在课前首先认真阅读教材，然后再完成相关学案。通过阅读教材，学生良好的阅读习惯初步形成，阅读能力不断提高。

总而言之，通过翻转课堂的学习，提高了我的表达能力、思考能力和实践能力，让我受益匪浅。

三、高一学生

马水玲：随着教育改革的不断深入，课堂教学迎来了崭新的一页——翻转课堂时代。翻转课堂在于改变教学模式，但是其中也需要老师做出改变，比如放弃传统的教学思维与习惯。翻转课堂最大的益处就是全面提升了课堂的互动，具体表现在老师和学生之间以及学生与学生之间。

湛江市爱周高级中学也实行了翻转课堂。学校把一个班的学生分为几个小组，每天晚上各科老师会把印好的清单发给我们，让我们自学，为第二天上课做准备。同时，也会让各科的科代表给我们布置明天的任务。例如，通过自学明天上去讲题，让自己当一回小老师，这也是挺有趣的！在课堂上，你会观察到学生之间的互动。学生们彼此帮助，相互学习和借鉴。而不是依靠老师作为知识的唯一传播者。

学习翻转课堂并不是要大家照抄照搬，而是学习别人的改革意识，探索精神，整合能力，提高大家自觉投身课堂改革的积极性，并能够吸收别人先进的经验，提升我们的课堂效果，全面提升教育质量。

翻转课堂是当今时代的进步，它能促进广大学者更加热爱学习，也可以拉近同学之间的关系，改善师生关系。

蔡华燕：在不知不觉间，我竟在爱周生活了一年之久。我从不知翻转课堂为何物到对翻转课堂侃侃而谈；从对翻转课堂教学的不适应到现在的应对自如，这期间发生的一切，不得不让人感叹万分。

我校实现翻转课堂分为由课堂上学生自主学习和课后的学生自主管理两大部分构成。全班同学共被分为9个自主管理小组。

每天上课前，老师会在前一天晚上将第二天要讲的教学内容制成《学习任务清单》发给同学，进行自主预习和自主学习。等到第二天，便由自主管理的小组上讲台当小老师为同学们讲解，遇到不懂的地方可以当堂提出来，小组成员之间进行讨论，由懂的小组成员来解答。如果全班都不懂的话，再由老师来解答疑惑。

每天晚上的7：15—7：30分是进行自主管理的时间，由当周轮值的自主管理小组来进行自主管理。小组的每个同学都担任一定的班长，例如体育班长、生活班长、卫生班长、学习班长、纪律班长、文娱班长。首先，体育班长带领全班同学宣读社会主义核心价值观、班训、班口号等。其次，生活班长点评班级、宿舍的扣分情况，并给予一定建议。依次是卫生班长、学习班长、纪律班长。等到班长们点评完毕之后各小组的组员再上去点评自己这组今天一天的学习情况。最后，文娱班长再进行文艺表演，让同学们开怀大笑。

自主学习的教学方式，使同学们的学习热情高涨，也提高了同学们的学习成绩。而每晚的自主管理则有利于班风、学风的好转和有助于培养学生的自主管理能力。

希望爱周这个大家庭能一直保持这样的教学特色，能够让更多的人了解到爱周的教学特点，而我也为可以在这个大家庭中学习而感到自豪！

曹琳健：光阴似箭，日月如梭。转瞬间我们上高中已一年有余，高中的生活丰富多彩，我们过得多姿多彩，如：我们在书香的图书馆里看绚丽多彩的文学书，吸取书海中的营养；我们在宽阔的塑胶跑道上任意地奔跑，感受我们蓬勃的青春活力；我们在欢天喜地的课堂中和老师一起互动学习，和同学们一起抢答，我们的每一天都过得很充实。

高中的生活给我印象最深的便是翻转课堂教学，翻转课堂并不是传统的教学课堂，而是老师和学生一起互动，一起学习的新课理念。翻转课堂在老师和学生之间架起了一座沟通的桥梁。翻转课堂增加了师生间的互相理解，学生不再总对老师抱着敬畏的心理，老师也不再苦恼如何进入学生的世界。在翻转课堂中，经过一段时间的学习，就我的体验与感受，总结如下：

（1）翻转课堂是师生教与学方式的彻底转变，是个性学习的一剂良方。

实施了翻转课堂，学生做小老师，根据自己对课文的熟悉程度来对"学生"提出疑问，再判断他们的回答是对还是错，这样有利于同学们增加对课文知识点的熟悉，老师也知道学生对知识点的弱势在哪里，并根据学生对知识点的弱点展开重点教学，这样老师的教学也很轻松，翻转课堂是个性学习的一剂良方。

（2）课堂管理得到转变。

实施了翻转课堂，师生之间的互动性急速提高。不再是以前那种沉闷的课堂，老师一味地讲，学生一味地听，而是欢天喜地的快乐课堂。老师提问，学生抢答，整个课堂充满竞争的味道，使老师上得轻松和快乐，对学生充满希望，也使学生对下一节课期待，而不是排斥，让学生对学习充满兴趣。

（3）激发了教师参与校本研究的主动性，教师的备课方式发生了重大的变化。

在翻转课堂中，老师使用平台上课，重点难点都用不同的标志标记，来增加学生对知识点的掌握，遇到难点或重点，学生不理解或不懂的，老师在平台上播放视频，使学生在课堂上全面了解知识点。老师在课后准备下一堂课的知识，研究如何才能帮助学生对知识点的掌握和趣味，翻转课堂是帮助老师和学生一起互动学习，一起进步的。

互动的翻转课堂，在我们和老师之间架起了一座沟通的桥梁，使我们走进各自的心里，我们亦师亦友，共同欢笑，共同进退，在我们逐梦年华的岁月留下一抹难忘的课堂纪念。

第九章
教学管理制度改革

《构建"翻转课堂",促进学生主体发展的教学改革研究》实施方案

(广东省教育科学"十二五"规划2015年度课题,课题编号:2015YQJK177)

主持人:梁哲

一、课题实施的目的及价值

(一)实施"翻转课堂"教学模式是学校转型发展的实际需要

国内外教育机构在对翻转课堂的历史起源、演变历程、现状介绍和翻转课堂的模式探索、课堂实际应用上的研究已经取得了一定的成效,并构建出翻转课堂的基本教学模型,分析了翻转课堂实施过程中所面临的挑战,为中小学的教学改革提供了借鉴,也为开展更深广的研究奠定扎实的基础。

湛江市爱周高级中学(以下简称我校)是一所新建的高级中学,校园面积比较大,校舍比较新。但是作为市直属中学,又是一所比较薄弱的学校,学生的知识基础比较差;教师编制不足,若干年内需要三分之一的支教教师;教学设备设施不足等。要实现"在短时期内实现跨越式、优质发展",依靠传统的教学模式和管理模式是不可能实现的。努力实行课堂教学改革,构建"翻转课堂"教学模式,通过对各学科知识传授和知识内化的颠倒安排,改变传统教学中的师生角色,并对课堂时间的使用进行重新规划,用人性化的学习方式,增加学生和教师的互动和个性化沟通,实现对传统教学模式的革新,能较大程度地增强学生的自主学习能力和合作探究能力。先学后教、以学定教,是符合教学规律的,能够有效地提高课堂教学效率,全面提升学校的教学质量,改变我校的现状。

(二)"翻转课堂"教学模式必须抬头看路

目前,国内中小学已经有了不少"翻转课堂"的教学改革的实践研究,主要包括以下几个方面:

1. 翻转课堂的实施和应用研究

这方面的研究主要集中在翻转课堂的历史起源、演变历程、现状介绍和翻转课堂的模式探索、课堂实际应用上。如重庆聚奎中学的"课前四步骤、课中五环节"

模式，"课前四步骤"是：①教师集体备课，制作导学案。②由学科组教师代表录制微课，上传到云平台。③学生们在独立预习教材的基础上，观看教学视频和导学案；看完之后，通过网络学习平台，做预习检测题，学习平台立即对答题情况进行评判反馈。④教师通过软件平台可以及时了解学生的学习情况，调整课堂的教学进度、难度，制订个别辅导计划，增强课堂教学的针对性。"课中五环节"是：①学生在课堂独立做作业。②对于难题则通过小组、师生之间讨论协作予以解决。③教师巡视课堂，给学生以必要的个别指导。④学生完成网络平台上或其他资料上的相关练习。⑤学生通过观看答案详解或教师的习题评析视频，自主纠错，巩固所学知识，反思总结。

又如山东潍坊昌乐一中的"两段四步十环节"模式，"两段"是指两种课型，即自学质疑课和训练展示课。"四步"是指备课的"四步"流程：①课时规划。②微课设计。③两案编制。④微课录制。"十环节"是指每一种课型的基本流程。自学质疑课包括五个环节：目标导学、教材自学、微课助学、合作互学、在线测学；训练展示课包括五个环节：疑难突破、训练展示、合作提升、评价点拨、反思总结。二者合在一起构成一个完整的学习过程，即"十环节"。

这些研究已经取得了一定的经验和成果，我们需要认真地学习和借鉴，让我们在研究中清楚我们自己的目标和方向。通过研究分析，我们觉得，目前翻转课堂研究的针对性较弱，多数是从教学过程、教学要素考虑，或是单一阐述教师和学生角色的转化，缺乏全面审视的独立思考和对翻转课堂内师生发展的科学调整和规划等。

2. 翻转课堂的教学设计研究

我校倡导"以信息技术带动教学结构变革和学生个性化全面发展"，认为教学设计研究是翻转课堂研究的重中之重，在新理念和新技术不断涌现、信息技术与课程整合不断深入的时代，可以着眼于信息化环境中基于翻转课堂理念的有效教学设计模型，设计出翻转课堂模型，并根据模型的组合和流程给出实施的关键点，以支撑翻转课堂的顺利实施。

3. 翻转课堂的相关技术研究

随着教育信息化的深入发展，越来越多的中小学生拥有平板电脑、MP4等辅助学习的工具，中小学成为翻转课堂的潜在适用对象，而云计算机技术、电子书包等竞相成为翻转课堂研究者的诉求目标。

4. 翻转课堂的评价与反思研究

翻转课堂仅仅做到形似而非神似是教学实践效果没能大幅度提升的主要原因。要想真正实现翻转课堂，需要重新定位师生角色，精制课程教学视频，重建课堂对话。

（三）研究价值

1. 学术价值

在薄弱学校构建"翻转课堂"教学模式，利用《学习任务清单》，引导学生在无高科技做保障的前提下借助教材、教辅开展自主学习活动，先学后教，以学定教，从而提高基础薄弱的学生自主学习的主动性和个性化学习能力、合作探究能力，并形成基于薄弱学校的"翻转课堂"教学模式和教育教学理论。

2. 应用价值

构建具有我校特色的"翻转课堂"教学模式——"两段七步"教学模式。该模式能够多方面、多角度地对常规教学工作进行综合性、整体性的改革研究，探索出符合新课程改革理念、有学校特色的、师生喜欢的高效课堂教学模式，促进教研组建设和教师专业成长，培育新型教学文化形态。"翻转课堂"教学模式可以帮助学生实现个性化学习，培养核心竞争力，促进学生全面发展；可以创新课堂组织形式，增加课堂互动，促进师生间的深度交流，稳步推进课堂教学改革；可以创新教学管理方法，构建高中三个年级的学生学业质量目标、评价与监管体系；可以衔接中小学课改，彰显学校特色，提升学校的竞争力，形成地区优势，在全市同类学校中具有一定的辐射力和推广应用价值。

二、课题的内涵和研究内容

（一）核心概念界定

1. "翻转课堂"的含义

根据布鲁姆的教育"目标分类"理论，教学目标可分成6个不同的层次：识记、理解、应用、分析、评价、创造。每个教师在教学时，都要通过这一教学理论来设计教和学的活动。从能力层次看，由"识记"到"创造"，学习的难度是越来越高的，学生学习过程中的困难是越来越多的。传统课堂，通常是会把"识记""理解""应用"三个难度相对小的环节，放在课堂中进行，而把"分析""评价""创造"三个难度比较大的环节，放在课外（学生家中）让学生自己学习、解决，即容易的由教师在课内教，而难的却让学生在课外自学，这样其实是很不科学的。"翻转课堂"是相对传统课堂的教学过程而言的，它是将课内和课外的功能和顺序进行了倒置，即把"识记""理解""应用"三个难度比较小的环节放在课外，让学生通过教师编写的《学习任务清单》或者制作的教学视频和开放的网络资源能够自主完成学习任务；而把"分析""评价""创造"这三个难度大的环节，放在课内进行，教师给予了学生比较多的帮助，让学生解决更多的学习困难。

2. "促进学生主体发展"的含义

"促进学生主体发展"是指在翻转课堂教学模式中，帮助学生组建学习小组，并以小组为单位,在借助教师编写的《学习任务清单》或者制作的教学视频和开放的网络资源自主完成知识建构的同时,积极开展小组合作探究活动,让课堂成为学生完成作业、探讨问题或得到个性化指导的地方,促使学生摆脱被动接受知识的角色,成为整个教与学过程中的主体,在自主学习和动手的过程中掌握知识,从而增强自主学习能力和合作探究能力。

(二)基本内容和教学操作模式

本项目的研究内容主要包括:

(1)探索适合学科特点和学生特点的"翻转课堂"教学模式与流程。

(2)"微课程"开发与建构"翻转课堂"教学模式。

(3)创新课堂组织形式(走班式、一班两牌)与教学管理方法。

(4)构建高中三个年级的学生学业质量目标、评价与监管体系。

(5)规范建设学科教研组,引领教师专业成长。

(6)建立教学教研成果奖励制度。

我校实施的教学操作模式:翻转课堂"两段七步"教学法。具体操作方式如下:

第一段:课外学习——学生自主学习与建构

1. 有学习目标和要求

(1)目标。学习目标明确、具体、可达到。

(2)要求。《学习任务清单》要求合适、可行、可做到。

2. 三个步骤

(1)自学。研读教材(教科书、微课等),理解教材。

(2)自测。完成《学习任务清单》(课本习题、学习案)。

(3)存疑。记录疑惑和问题或者准备分享的课外学习成果。

第二段:课堂学习——师生协作学习

1. 要求

(1)师教生,生教生,生促师。

(2)适宜的学习难度、知识深度和广度。

2. 四个步骤

(1)评判。检测和评价课外学习结果。

(2)分享。释疑,分享学习经验、成果。

(3)梳理。整理已学内容,形成自我知识系统。

(4)新任务。布置下一课的学习任务单和要求。

上述的翻转课堂"两段七步"教学法,是一个基本的名称或者说是一个基本的教学操作要求。由于各个学科的特点和要求不同,从实际出发,各个学科和教师可以对"两段七步"教学法进行符合实际的调整,但是要有自圆其说的理由。对这次课改的正确态度是"不可以不改,可以慢点改"。

（三）重点、难点

（1）各班、各学科小组合作探究活动的开展和监督,基础薄弱学生自主学习、小组合作探究能力的培养。

（2）基于微课或纯文本"翻转课堂"学科教学模式的探索,微视频的录制和学生《学习任务清单》的拟制。

（3）学校师资队伍的建设。包括教师教育教学理论培训、信息技术能力和资源整合能力的培养,学科备课组集体备课活动的规范化。

（四）研究方法

1. 文献研究法

文献研究法主要指搜集、鉴别、整理文献,并通过对文献的研究,形成对事实科学认识的方法。我们根据提出的课题以及研究的设计,有目的、有计划地搜集并整理相关理论依据与事实依据,再根据这些理论来指导、检验、修正"翻转课堂"模式在实践中遇到的教学问题。通过理论学习与实践尝试,促使教师不断提升理论水平,不断提高运用理论解决实际教学问题的能力,积极探索适合学科和学生特点的教育教学模式,从而达到促进教师专业成长的目的。

2. 行动研究法

行动研究法就是在具体的行动中开展研究,是一种融教育研究和教育实践活动于一体的科研方法。行动研究主要由"计划—实施—观察—反思"四个相互联系、相互依赖的基本环节组成。其中,"计划"是要把提问的中心转移到鼓励学生为解决问题而寻找答案上来；"实施"包括验证计划的可行性、发现和寻找各种新的可能性、服务于学生的发展；"观察"不是一个独立的环节,而是在行动研究的全过程中的搜集资料和监察工作；"反思"是对行动效果的思考,并在此基础上计划下一步的行动。既是前一问题的终结,又是过渡到另一个问题研究的中介。

3. 案例研究法

案例是对现实生活中某一具体现象的客观描述。教育案例是教育活动中具有典型意义的,能够反映教育某些内在规律或某些教学思想、原理的具体教学事件的描述、总结,它通常是课堂内真实的故事,教学实践中遇到困惑的真实记录。对这些"真实记录"进行分析研究,寻找规律或产生问题的根源,进而寻求解决问题或改进工作的方法,或形成新的研究课题。

三、课题研究步骤

第一阶段：准备学习阶段（2015年3月至2015年8月）

全校范围内初步完成翻转课堂理念培训,确定翻转课堂教学实践教师和研究对象,制定学校"翻转课堂"教学实施方案,组织教师培训学习,课题开题。

第二阶段：实践研究阶段（2015年9月至2016年7月）

修订计划，组织全校教师参加各级理论、技能实践培训，以学科教研组为单位开展研讨活动，提出学科课堂教学模式的修改建议，组织调查活动，收集基础研究数据，建立研究档案，邀请专家做专题报告，开展观摩课、研讨课及教师教学大比武等活动。

第三阶段：总结提升阶段（2016年8月至2017年7月）

组织学科"翻转课堂"教学模式研讨活动，规范集体备课及课堂教学流程，全校推行"翻转课堂"教学模式，评选"翻转课堂"优质课、优秀微课、优秀教学设计和优秀教学论文，组织展评和表彰活动，整理、收集课题研究的材料，撰写论文、案例及总结"理论与实践"成果，写好结题报告，推广教学成果。

四、课题组人员分工及课题预期成果

课题组具体事项和任务分工如下：

（一）研究任务分工

1. 研究课题方案素材资料的收集及调查分析、总结

（1）资料收集和调查分析负责人：梁哲、林向翀；协助人员：黄春晖、姚洪霞

（2）调研报告、总结负责人：林向翀；协助人员：黄春晖、姚洪霞

2. "翻转课堂"教学实践

负责人：黄春晖、姚洪霞；协助人员：各学科教研组长、班主任

3. 课题成果鉴定、总结负责人

负责人：梁哲；协助人员：林向翀

4. 撰写课题开题、结题报告负责人

负责人：梁哲；协助人员：林向翀、黄春晖

（二）课题研究预期成果

（1）各个年级的学科备课组，每一课编写一个《学习任务清单》（导学案）。

（2）学科课题研究论文，每个教研组至少1篇，全校9–18篇。

（3）学科教学精品课例每个教研组3—5个，精品微课每个教研组至少6个。

（4）课题研究报告1篇。

五、课题研究工作计划

时间	内容	负责人	备注
2015年3月至7月	在全校范围内初步完成翻转课堂理念培训，通过自愿报名和学校遴选的方式确定翻转课堂教学实践教师；确定研究对象，选取高一、高二各两个班为实验班，开展教学实践探索活动；拟定学校"翻转课堂"教学实践方案	黄春晖	协助人员：班主任、教研组长
2015年8月	组织教师参加培训学习和经验交流活动；课题开题	林向翀	
2015年9月	小结第一阶段实践探索情况；各年级组、班级按要求确定学习小组组建和小组评价工作；组织全校教师参加各级理论、技能实践培训，以学科教研组为单位开展研讨活动，进一步熟悉翻转课堂教学模式	黄春晖 姚洪霞	协助人员：班主任、教研组长
2015年10月至12月	在高一、高二年级推行翻转课堂教学模式，开展观摩、研讨课活动，提出修改建议；组织开展研究调查活动，了解师生教学态度，形成基础研究数据，建立研究档案	黄春晖 姚洪霞	协助人员：各教研组长、班主任
2016年1月	学期教学教研总结；组织第二阶段教师业务培训，邀请专家做专题报告，继续提升教师的教育教学能力	林向翀	
2016年2月至7月	开展观摩课、研讨课以及教师教学大比武活动；组织开展阶段性研究总结活动，补充研究数据，制订一阶段研究计划	黄春晖 姚洪霞	协助人员：各教研组长
2016年8月	各教研组组织学科"翻转课堂"教学模式研讨活动，规范集体备课及课堂教学流程	教研组长	科任教师
2016年9月至2017年2月	在全校各年级大力推行"翻转课堂"教学模式，评选"翻转课堂"优质课、优秀微课、优秀教学设计和优秀教学论文，组织展评和表彰活动	林向翀	协助人员：黄春晖、姚洪霞及各教研组长
2017年3月至7月	整理、收集课题研究的材料，撰写论文、案例及总结"理论与实践"成果，写好结题报告；推广教学成果	梁哲 林向翀	参与人员：相关学科教师

《学生自主管理能力培养实施方案（试行）》

湛江市爱周高级中学

湛江市爱周高级中学的办学目标中有一句话是"培育有温度感的公民"，陶行知说"教是为了不教"。其实，教育的终极目标是"培养有终身学习能力与调适能力的人"。教师的作用就是帮助学生认识自己和认识社会，从而具备对自己负责、对社会负责的意识和能力；而学校的作用就是搭建平台，帮助教师认清教育本质，让每一位学生展示生命的美好。

一、指导思想

自主是生命被尊重的需要，是人们对世界发展认知的必然，唯有自主的人才会有创新的欲望和可能，也唯有自主的教育才能培养出具有"仁爱至周""和谐至兴"品格的人。在"互联网+"时代，学生的自主能力主要表现在三个方面：一是自主进行学习；二是自主进行管理；三是自主进行评价。因此，我们要围绕上述三个方面设计自主教育的实施方案，开展实实在在的自主教育活动，使我校的校训、校风等核心价值观得以落地生根。

二、培养内容

根据学校的核心价值观内涵，学校《2016年党政工作计划要点》提出了培育学生自主能力的工作要求。为了落实工作，从本学期起，在高一、高二两个年级实施"自主教育"。实施一个月后，校园的整体面貌有如下文明、美丽的变化：

（1）校园只有垃圾桶里有垃圾。校园卫生清洁非常好，学校的门、窗、教室、寝室、饭堂等一尘不染，洁净如初。学生是各司其职的卫生员，人人都是卫生员。任何人都不忍心丢下一片垃圾，见到垃圾就捡起来带走。（总务处负责）

（2）饭堂学生就餐没声音。真正实现古代人的"食不言"要求。就餐时间15分钟，整个餐厅除了勺子与不锈钢碗的轻碰声，就剩下咀嚼食物的声音了。（体卫艺处负责）

（3）宿舍学生秒静就寝。学生要做到古人要求的"寝不语"。中午休息铃声响起来和晚上熄灯后，学生在2秒内立刻停止一切活动；10分钟后，寝室就传出轻微的鼾声。（德育处负责）

（4）大课间活动多样。大课间时间，学生有如阅兵式的跑步，整齐美观的广播体操；有分年级的集体舞；还有分班级的拔河、打篮球、跳绳、仰卧起坐、打乒乓球、玩跳跳球、跳远等，每天的活动安排都不一样，确保每个孩子都能将以上活动玩到尽兴，并达到每天阳光运动一小时的目标。（体卫艺处负责）

（5）课堂训练有素的小老师。学生在课堂的表现，是主动、自信地分享，大胆地质疑，灵活地互动，发言衔接紧凑，进退有序，旁征博引，有理有据、奇思妙想与稚嫩的语言表达相映成趣。同学之间的相互点评、课代表的赋分简洁老道，已不亚于新入职的老师。（教导处负责）

（6）课室晚自习可以没有老师。每天的晚自习，课室不需要老师到班上。晚自习时，全校的各个课室内，学生都在安安静静地自主学习，没有一个学生是自己不学习还干扰他人的。老师则可以放心地在办公室享受属于自己的晚间备课时间。（教导处负责）

（7）学生人人都是管理者。每天晚自习前20分钟，是学生的自主班级管理时间，各个班同时响起班级宣誓。学生一个接一个到台前发表自己的意见，像管理者一样处理那些违反校纪班规的现象。除了班级事务点评，还有提建议的、自我反思的、表扬优秀行为的、分享好的学习方法及故事的等，同学们乐在其中。（团委负责）

三、责任分工

根据行政会议的讨论研究，进行了上述负责分工，相关的处室要根据相关的目标要求制订具体的实施办法，办公室则负责跟踪、评价各个处室的落实情况，并在行政会议上反馈，逐步完善实施过程，实现相关的教育目标。

"变脸"我们的教学工作检查

梁 哲

教学检查是我们实施教学常规管理的重要环节，对确保教学质量起到较大的调控作用。但是，随着"翻转课堂教学改革"的全面实施和学科核心素养的落实和推广，原有的教学检查方式明显过时了，必须改革。

一、赋予新的含义：督查与引领

教学检查是我校《教学工作基本要求》的规定，是对每个教师教学工作的全程进行检查、评估、督导和公开展示、交流。

教学检查能促进教师教学专业发展与教学技能水平的提高，评估教师的教与学生的学的达标情况，能为教师同行间的相互观摩、学习创造一个公开、平等的平台。

所以，我认为我们的教学检查实际上是一次学习、交流、观摩的活动，是一个相互评价、从中学会取舍的平台，对教师的专业成长与发展、完成教学任务、提高教学质量起到引领作用。

二、改革操作方式：抽查与例查

教学检查是否有流于形式之嫌？如何避免流于形式？有的，必须改革与完善，改革从两个方面去做，两者的功能和侧重点有所不同，前者重在诊断、督导，后者重在展示、观摩。

（1）加强平时的抽查、分散性检查，主要目的在于检查、诊断教学工作情况。由教导处和科组长在平时对教师的备课、上课、作业布置与批改等三个环节进行详细检查。通过检查备课本（教案）、学生作业本和教师听课本，可能了解我们每位老师的：①专业知识的储备与调用情况；②研究与使用课标的情况；③研究与处理教材的情况；④教辅资料的选用情况；⑤对教育信息技术的学习与应用情况；⑥课堂的调节与控制情况；⑦《学习任务清单》的布置、批改、讲评及对学生的个别指导情况；⑧向同行学习的情况以及其他可反映教师教学行为的材料情况。这样做的主要目的是检查与评估教师对教学工作的总体情况，做得好的，鼓励再提升；做得不够好的，提出整改意见；发现有疑惑或困难的，提出相关指引帮助解决。

（2）例查，就是集中检查，是一次全体性的评比、比较、展示、交流，是一次阶段性的教学工作总结。集中检查的重点在于相互学习、交流和展示。

集中检查的过程是：

（1）老师们相互学习、看阅，以求能找到自己想得到的东西或学习榜样。平时不好意思提出的趁这个机会学一把。

（2）相互评议，交流与分享。

（3）教研组长汇总、记录。在此基础上，写出一份书面总结并上交教导处。

（4）教导处全面总结，向全体教师反馈。

三、提两点建议：积累与反思

每次教学检查完了之后，老师们应做到两点：

（1）积累好自己的教学实践材料，长期保存，为以后的反思、实践积累素材，从而提高自身素质，提高教学水平与艺术，不走重复性教学之路，走不断创新之路。

（2）自我检查，自我反思，为建构自己的教学特色走好每一步，打好基础。让自己书写历史，让历史走向未来，让未来承载历史，有教学特色的老师总有其长期的教学实践积累的艰辛。

总之，我认为，教学检查是过程管理与结果管理的平台，是一次"神仙会"，是一次汇报会，是一次展示会，祝大家都能从中找到自己的"仙丹""仙果"！请时时记住品味四句话：①学习力决定竞争力；②定位决定地位；③思路决定出路；④细节决定成败。这几句话可能会对我们的教书职业生涯产生很大的作用。

湛江市爱周高级中学手机课堂教学评价表

授课人：_____　　学科：_____　　编号：_____

评价项目	评价标准	A	B	C	D	大项得分
教学理念和目标（10）	教学设计符合《新课标》的理念和要求，以发展学生素质为根本，体现以学定教的原则	5	4	3	2	
	教学目标定位科学合理，全面体现"三维"要求，关注学生学科核心素养的培养，符合学生的实际需求，可操作性强	5	4	3	2	
教学方法和手段（25）	学习氛围营造、情境创设和兴趣激励的教学策略科学有效	5	4	3	2	
	教学方法的选择符合课程、教材特点和学生实际	5	4	3	2	
	教学方法的运用能有效促进学生的自主学习、合作探究和发展	5	4	3	2	
	能够恰当有效地运用以手机为主的各种多媒体教学手段和教学资源辅助教学	10	8	6	4	
教学内容和过程（30）	体现翻转课堂"两段七步"教学流程：自学、自测、存疑（课前"清单"检查）、评判、分享、梳理、新任务的设计合理	10	8	6	4	
	教学内容选择合理精要，容量、密度适宜，重点难点处理得当	5	4	3	2	
	教师的教学评价、教学引导和调整能够促进学生学习的发展，学法指导清晰有效	5	4	3	2	
	整体教学思路清晰，时间安排合理，各环节之间衔接自然，教师指导学生的学习训练体现梯度性和针对性	10	8	6	4	
教师能力素养（15）	语言规范生动，教态大方、自然、得体，情绪饱满，富有激情	5	4	3	2	
	具有良好的文化底蕴、学科素养和信息技术素养，能够熟练使用手机等多媒体手段	5	4	3	2	
	善于组织教学，课堂随机调控能力强	5	4	3	2	
总体效果（20）	教学目标达成度高，学生能理解和运用所学知识解决问题或用媒体资源拓展学习内容	10	8	6	4	
	学生参与积极，生生互动充分，学生主体地位突出，不同层次学生在学科核心素养目标的实现过程中有所提高和发展，体验到成功感和喜悦感	10	8	6	4	
评价等级	优秀	良好	合格	不合格	总分：	
	100－85分	85－70分	70－60分	60分以下		
评语						

湛江市爱周高级中学课堂教学评价表（文科试用）

评价项目	评价标准	A	B	C	D	大项得分
教学理念和目标（10）	整体教学设计和目标是否符合《新课标》的理念和要求	5	4	3	2	
	教学目标确定是否科学恰当，具体而有层次性	5	4	3	2	
教学策略方法和手段（20）	学习氛围营造、情境创设和兴趣激励的教学策略是否体现	5	4	3	2	
	教学方法的选择是否符合课程、教材特点和学生实际	5	4	3	2	
	教学方法是否促进学生的自主学习、探究和发展	5	4	3	2	
	教学媒体的使用是否精当有效	5	4	3	2	
教学内容和过程（30）	体现翻转课堂"两段七步"教学流程：自学、自测、存疑（课前"清单"检查）、评判、分享、梳理、新任务。调动学生个人与学习小组，体现"自主学习、合作探究"的课堂特点	10	8	6	4	
	教学内容的选择是否精要，重点难点的教学处理是否得当	5	4	3	2	
	教师的教学评价、教学引导和调整是否促进学生学习发展	5	4	3	2	
	整体教学思路是否清晰合理，各环节之间衔接是否紧密，教师指导学生学习训练是否灵活有效，教学过程是否优化	10	8	6	4	
教师能力素养（20）	普通话是否准确流利，语言是否规范生动，教态是否大方、自然、得体	10	8	6	4	
	是否体现出良好的文化底蕴、学科素养和初步的教学个性	10	8	6	4	
总体效果（20）	师生是否融洽，学生是否充分参与学习过程并获得发展，教师是否充分体现教学能力，教学目标是否高效达成	20	16	12	8	
评语		总得分				

湛江市爱周高级中学课堂教学评价表（理科试用）

评价项目	序号	评价标准	权重	评分
教师素质 （20%）	1	教态大方、自然、得体，有亲和力和感染力，普通话准确流利，语言规范生动	5	
	2	对教学内容掌握娴熟，无知识性错误，媒体使用熟练，具有较高的中学数学学科素养	5	
	3	体现良好的个人教学风格与特色，课堂调控能力强	10	
教学设计 （25%）	4	教学目标明确具体，符合《新课程》要求，教学容量切合学生实际，体现以学定教和精讲多练的原则	10	
	5	选择科学恰当的教学模式和教学策略，准确把握和突破教学重点与难点	10	
	6	整体教学思路清晰，各环节之间衔接紧凑合理	5	
教学过程 （30%）	7	教学组织科学灵活，课堂结构严谨，教学方法得当，教学过程流畅自然，新课导入独特精练，紧扣主题，能够有效吸引学生	10	
	8	充分发挥教师的组织、引导、启发等作用，善于创设情境，激发兴趣，启发思维，师生交流自然，学习气氛民主、和谐	5	
	9	合理运用多媒体等各种教学资源，能恰当发挥网络媒体的作用	5	
	10	体现翻转课堂"两段七步"教学流程：自学、自测、存疑（课前"清单"检查）、评判、分享、梳理、新任务。调动学生个人与学习小组，体现"自主学习、合作探究"的课堂特点	10	
教学效果及创新 （25%）	11	师生交流活动融洽，学生充分有效参与学习过程并获得发展，教师充分体现教学能力，教学目标高效达成	15	
	12	教学有特色和独到之处，符合课堂教学改革的要求，能最大限度地激发学生的学习潜能和学习积极性	10	
评价			总分	

湛江市爱周高级中学课堂教学评价表(技术科试用)

评价项目		权重	评价标准	评价结果
教材处理	教学目标	5	三维目标明确具体,符合《通用技术课程标准》的要求和学生实际	
	教学内容	10	体现教学目标,具有科学性、系统性,理论联系实际,重点突出,注重学生能力的培养	
	教学结构	5	教学安排的循序渐进性、层次分明性、系统完整性、密度适中性良好	
教学方法	方法选择	15	方法灵活多样,与学生的年龄特征相适应,为学生的学习和实践创造丰富的物质条件	
	教学原则	10	体现翻转课堂"两段七步"教学流程:自学、自测、存疑(课前"清单"检查)、评判、分享、梳理、新任务。调动学生个人与学习小组,体现"自主学习、合作探究"的课堂特点	
	时间分配	5	各环节讲、练、演示、板书及主次内容的时间分配合理,精讲多练,加强能力培养	
	激发兴趣	5	有意识地激发学生的学习动机,培养学生的学习兴趣,提高教学效率	
教学效果	信息预设	5	教师能预设学生的反馈信息,并采取相应的调控措施进行教学	
	教师教态	5	教师教学情绪高涨,不低迷	
	作业体现	5	作业体现有效性、层次性	
	学生评价	5	注意引导学生自主评价	
教学基本功	教学语言	5	教学语言清晰、准确、简练、通俗、生动、逻辑严谨,普通话标准,没有知识性错误	
	板书设计	5	板书设计科学合理	
	设备使用	10	熟练运用现代化教学设备、仪器和现代化教学手段进行教学,操作规范	
教学特色		5	具有鲜明的个人特色,个性特长符合时代需求,极具个人魅力	
评委评价				合计

湛江市爱周高级中学课堂教学评价表（艺体科试用）

评价项目	评价标准	A	B	C	D	大项得分
教学理念和目标（10）	1. 课堂教学以发展学生素养为根本，体现艺术教学的育人功能，体现以学论教的原则	5	4	3	2	
	2. 教学目标科学恰当，具有可操作性，达到提高学生的审美目标	5	4	3	2	
教学方法和手段（25）	3. 学习氛围营造、情境创设和兴趣激励的教学策略科学有效	5	4	3	2	
	4. 教学方法的选择符合课程、教材特点和学生实际	5	4	3	2	
	5. 教学方法的运用能促进学生的自主、合作、探究学习和发展	10	8	6	4	
	6. 恰当地运用多媒体等教学手段和教具辅助教学	5	4	3	2	
教学内容和过程（35）	7. 合理利用课程资源，教学内容的呈现符合学科特点和学生的认知规律	5	4	3	2	
	8. 教学重点、难点处理得当，课堂容量、密度适宜，体现艺术学科的特点	5	4	3	2	
	9. 教师的教学评价、教学引导和调整有利于促进学生的学习	10	8	6	4	
	10. 学生充分地展开"自主、合作、探究"学习活动，体现课标"三维"目标	10	8	6	4	
	11. 整体教学思路清晰合理，教学环节衔接紧密，教学过程达最优化	5	4	3	2	
教师能力和素养（15）	12. 教态自然，语言清晰，板书美观，操作规范，示范准确	5	4	3	2	
	13. 具有良好的文化底蕴、学科素养和个人的教学风格与特色，学科基础知识扎实，教学视野开阔，教学调控能力强	5	4	3	2	
	14. 教学过程情绪饱满，富有激情、亲和力，感染力强	5	4	3	2	
总体效果（15）	15. 教学目标达成度高					
	16. 学生的艺术审美能力和实践能力得到提升和优化，具有艺术探究和创新兴趣，人文素养得到熏陶	5	4	3	2	
	17. 师生间有良好的情绪状态和交往状态，学生情感体验得到满足和提升	5	4	3	2	
评语		总得分				

湛江市爱周高级中学学生课堂学习评价表
（学生互评试用）

班级：_____　　学号：_____　　姓名：_____

项目	A级	B级	C级	个人评价	同学评价	教师评价
认真	上课认真听讲，作业认真完成，参与讨论态度认真	上课能认真听讲，作业按时完成，有参与讨论	上课无心听讲，经常欠交作业，极少参与讨论			
积极	积极举手发言，积极参与讨论与交流，大量阅读课外读物	能举手发言，有参与讨论与交流，有阅读课外读物	很少举手，极少参与讨论与交流，没有阅读课外读物			
自信	大胆提出和别人不同的问题，大胆尝试并表达自己的想法	有提出自己的不同看法，并做出尝试	不敢提出和别人不同的问题，不敢尝试和表达自己的想法			
善于与人合作	善于与人合作，虚心听取别人的意见	能与人合作，能接受别人的意见	缺乏与人合作的精神，难以听进别人的意见			
思维的条理性	能有条理地表达自己的意思，解决问题的过程清楚，做事有计划	能表达自己的意思，有解决问题的能力，但条理性差些	不能准确表达自己的意思，做事缺乏计划性、条理性，不能独立解决问题			
思维的创造性	具有创造性思维，能用不同的方法解决问题，独立思考	能用老师提供的方法解决问题，有一定的思考能力和创造性	思考能力差，缺乏创造性，不能独立解决问题			
我这样评价自己：						
同伴眼里的我：						
老师的话：						

注：1. 本评价表是针对学生课堂表现情况做评价。

2. 本评价分为定性评价部分和定量评价部分。

3. 定量评价部分总分为100分，最后取值为教师评、同学评和自评分数，按比例取均值。

4. 定性评价部分分为"我这样评价自己""同伴眼里的我"和"老师的话"，都是针对被评者做概括性描述和建议，以帮助被评学生改进与提高。